国家“十二五”重点图书出版规划项目
上海市科技专著出版基金资助

明挖法对既有大直径盾构隧道影响保护的理论与实践

孙巍 张冬梅 姜向红 主编 黄宏伟 主审

同济大学出版社
TONGJI UNIVERSITY PRESS

图书在版编目(CIP)数据

明挖法对既有大直径盾构隧道影响保护的理论与实践 / 孙巍，张冬梅，姜向红主编. -- 上海：同济大学出版社，2014.11

ISBN 978-7-5608-5568-4

Ⅰ. ①明… Ⅱ. ①孙…②张…③姜… Ⅲ. ①明挖法施工—影响—隧道施工—盾构法—研究 Ⅳ. ①U455.43

中国版本图书馆 CIP 数据核字(2014)第 160579 号

国家"十二五"重点图书出版规划项目

本书出版由上海市科技专著出版基金资助

明挖法对既有大直径盾构隧道影响保护的理论与实践

主编 孙 巍 张冬梅 姜向红 **主审** 黄宏伟

策划编辑 杨宁霞 **责任编辑** 高晓辉 **责任校对** 徐春莲 **封面设计** 陈益平

出版发行 同济大学出版社 www.tongjipress.com.cn

(地址：上海市四平路 1239 号 邮编：200092 电话：021-65985622)

经 销 全国各地新华书店

印 刷 同济大学印刷厂

开 本 787 mm×1092 mm 1/16

印 张 10

字 数 249 000

版 次 2014 年 11 月第 1 版 2014 年 11 月第 1 次印刷

书 号 ISBN 978-7-5608-5568-4

定 价 36.00 元

前 言

城市地下空间的不断发展，市政地下道路建设工程的增多，越来越多的基坑工程不可避免地出现在既有盾构隧道附近。由于盾构隧道拼装结构特点，其对邻近基坑卸载的影响十分敏感，因此基坑开挖对既有盾构隧道的影响成为近年来城市建设中的热点和难点问题。由于临近基坑工程施工引发的盾构隧道产生过大变形和隧道结构损伤时有发生，严重影响了已建盾构隧道结构安全和运营安全。尤其对大直径盾构隧道的影响与保护，理论与实践都缺乏适当的借鉴。

本书以上海市已建延安东路盾构隧道上方外滩通道明挖法施工为工程背景，系统地介绍了明挖法施工对下卧既有大直径盾构隧道的影响评价方法、设计方案和施工控制措施，以期为同类工程的设计和施工提供借鉴。全书共分为9章，主要内容包括：绪论、运营大直径盾构隧道结构的检测方法、运营大直径盾构隧道现状评价理论与方法、大直径盾构隧道变形保护指标的确定、明挖法施工对既有大直径盾构隧道影响的离心机试验和数值模拟预测分析、明挖法设计方案及施工控制措施、控制措施效果。本书在编写过程中，兼顾了理论方法与工程实践的内容。

本书由上海市政工程设计研究总院(集团)有限公司孙巍、同济大学张冬梅、上海建工集团第二建筑有限公司姜向红、同济大学黄宏伟共同编写。其中，第1，2，7章和第4，9章的部分内容由孙巍编写，第5，6章和第3，4章的部分内容由张冬梅编写，第7，8章和第9章的部分内容由姜向红编写，第3,4章的部分内容由黄宏伟编写。本书的部分素材取自于黄宏伟先前指导的研究生林楠硕士、黄栩博士的学位论文。全书由孙巍、张冬梅统稿。

本书的部分内容在研究过程中得到上海市科委“科技创新行动计划”(072112011)、十二五科技支撑计划(2012BAJ01B02)等项目的资助。

本书可供地下工程设计、施工等单位的管理、工程技术人员以及高等院校土木工程专业的师生参考。

限于编者水水平，书中难免有疏漏和错误之处，不足之处敬请广大读者不吝批评指正。

谨以此书献给上海市政工程设计研究总院(集团)有限公司成立60周年(1954—2014年)。

编 者

2014年6月

目 录

第 1 章　绪　　论

随着我国经济和城市化进程的发展,各大城市地下空间的建设迅速开展,明挖法作为城市地下空间施工的方法之一,因其费用较低、施工方便而被广泛使用。隧道作为现代城市的交通命脉,其安全性极为重要。然而随着地下空间的不断发展,尤其是市政地下道路建设工程的增多,不可避免地会在已建隧道附近出现各种各样的明挖施工的基坑工程,基坑开挖引起的卸载会对邻近既有盾构隧道结构产生不利影响。并且由于盾构隧道具有接缝多的特点,基坑开挖卸载不仅会引起隧道变形,还会使隧道产生附加内力和接头位移,过大的隧道变形会引发隧道渗漏水、混凝土局部压碎等影响结构安全的问题。因此,基坑开挖对既有盾构隧道的影响是近年来城市建设中的热点和难点问题。

1.1　国内外研究现状

1.1.1　明挖法对既有盾构隧道的影响概述

根据基坑和隧道的不同位置关系,基坑施工对隧道的影响可以主要分为两类:隧道上方基坑开挖的影响(图 1-1(a))和隧道侧方基坑开挖的影响(图 1-1(b))。

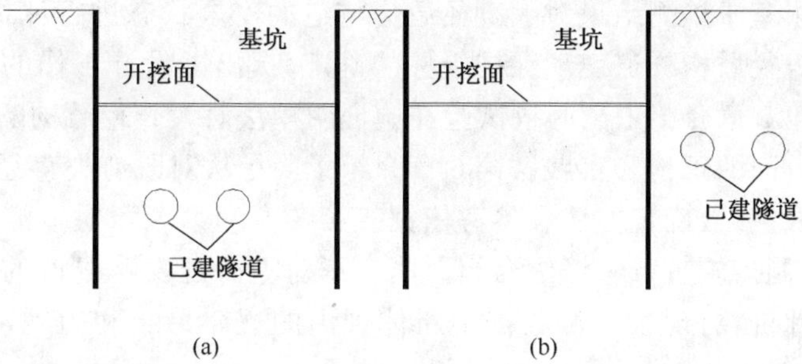

图 1-1　基坑开挖与既有盾构隧道的典型相对位置

对于第一类工程,基坑开挖对下方隧道的影响体现在以下方面:

(1) 由于隧道上方土体开挖,造成隧道在竖直方向上产生卸载,因此隧道会由于周边土压力的变化而产生相应的"竖鸭蛋变形"。

(2) 由于隧道上方的开挖卸载作用,使得隧道下方土体产生回弹变形,隧道随之产生隆起变形,但开挖区域范围有限,且卸载作用也会有一定差异,因此隧道在纵向的竖直方向上会产生不均匀沉降,从而对隧道结构和防水产生不利影响。

对于第二类工程，深基坑开挖对隧道的影响主要表现为：

由于深基坑开挖施工引起围护墙发生侧向位移及坑内隆起等，使坑外土体产生位移，埋于土层中的隧道也随土层产生附加位移。隧道的位移与其下卧土层的位移是相协调的，但由于基坑开挖是局部影响，且这一影响也有不均匀性，因此隧道会沿纵向产生不均匀位移，从而使隧道产生附加弯矩，造成螺栓受拉、受剪和环缝张开漏水以及衬砌管片压损。

与第二类工程相比较，第一类工程通常单次卸荷载量更大，可用的保护措施较为有限，工程中对隧道的保护也更为困难，且已有的工程经验较少。上海外滩通道明挖法施工对下卧大直径盾构隧道工程的影响则属于此类。

1.1.2 既有隧道上方明挖法施工的国内外发展现状

目前国内外已有一些在运营隧道上方进行开挖卸载的工程实例出现，各工程都根据现场情况及工程特点，采用了针对性的研究方法及有效的监控手段，保护了运营隧道的安全[1-5]。表1-1列出了国内外隧道上方开挖卸载的典型工程实例[6]，为开挖卸载对运营隧道的影响和保护提供了借鉴，但这些工程所涉及的隧道多为小直径盾构隧道，而对大直径盾构隧道上方卸载，目前还没有类似的工程可以借鉴。

1.2 本书主要内容

本书以上海外滩通道明挖法施工对下卧大直径盾构隧道工程为背景，系统、全面地介绍和总结了明挖法基坑对盾构隧道的影响与保护的设计、施工方法。全文内容共分为 9 个章节。

第 1 章为绪论。第 2 章介绍了对已有运营大直径盾构隧道进行健康检测的方法和手段。第 3 章介绍了基于检测结果对大直径盾构隧道的安全状态进行评估的理论和应用。第 4 章介绍了大直径盾构隧道变形保护指标的确定，提出了设计工作的依据和施工过程中的控制目标。第 5 章介绍了离心机试验在验证明挖法对大直径盾构隧道影响设计方案和探索变形规律方面的理论和实践。第 6 章介绍了明挖法对既有大直径盾构隧道保护数值计算的模型选取、参数确定方法和参考依据。第 7 章和第 8 章对上海延安路隧道的设计、施工方案和控制措施进行了详细介绍。第 9 章对上海延安路隧道的施工完成后的效果进行了反馈和评价，对现场实测数据中所体现出的规律总结和归纳，为以后的设计和施工提供了经验。

表 1-1　隧道上方大面积卸载工程实例

序号	工程名称	隧道尺寸/m	衬砌类型	隧道的投影长度/m	隧道位于土层	开挖深度/m	坑底至随顶距离/m	围护结构	支撑体系	开挖分块	加固方式	抗拔桩设置	隧道变形/mm
1	布拉格某办公楼地下室	马蹄形单圆形双圆形	块石砌筑、钢或钢筋混凝土管片	下方3条隧道	泥质页岩	12.7	7	重力式挡墙	锚杆	未知	未知	未知	双圆净空收敛3.7
2	上海广场基坑工程	$\phi 6.2$	盾构拼装管片	150	上海地区软土	6.70	8.3	地下连续墙	一道斜抛撑	分成小块开挖	搅拌桩格栅加固	不设	13.58
3	杨高南路立交工程	$\phi 6.2$	盾构拼装管片	34.5	上海地区软土	7.4	7	地下连续墙	2道钢支撑	分块开挖，横向抽条	振冲双液注浆满堂加固	隧道两侧设置钻孔灌注桩	13
4	南京龙蟠路地道	$\phi 6.2$	盾构拼装管片	13.6	淤泥质亚黏土	7	3	钻孔灌注桩	2道钢支撑	隧道上方纵向抽条	高压旋喷桩满堂加固	隧道两侧设置钻孔灌注桩	5.5
5	东方路—张杨路下立交	$\phi 6.2$	盾构拼装管片	18	上海地区软土	6.5	2.8	SMW工法桩	2道钢支撑	隧道上方纵向抽条	满堂加固，隧道两侧搅拌桩加固	隧道两侧设置H型钢	12.25
6	上海地铁8号线大世界站北风井	$\phi 6.2$	盾构拼装管片	未知	上海地区软土	9.1	7	SMW工法桩	2道钢支撑	隧道上方纵向抽条	高压旋喷桩满堂加固	隧道两侧设置H型钢	6.45
7	南京火车站站前广场西出口基坑	$\phi 6.2$	盾构拼装管片	11.2	淤泥质粉质黏土	7.55	1.67	人工挖孔桩	2道钢支撑	隧道上方纵向抽条	高压旋喷桩满堂加固，后改搅拌桩	隧道两侧设置钻孔灌注桩	8
8	南京路下沉式广场	$\phi 6.2$	盾构拼装管片	下方4条隧道交叉	上海地区软土	3.8	3.3	搅拌桩重力式挡墙	无内支撑	隧道上方纵向抽条	高压旋喷桩满堂加固	隧道两侧设置钻孔灌注桩	8.04

(续表)

序号	工程名称	隧道尺寸/m	衬砌类型	隧道的投影长度/m	隧道位于土层	开挖深度/m	坑底至随顶距离/m	围护结构	支撑体系	开挖分块	加固方式	抗拔桩设置	隧道变形/mm
9	北京五号线东单站	马蹄形高5.7，宽6.1	暗挖法复合式衬砌	23.66	卵石圆砾层、粉土和细中砂层	9.83	0.6	暗挖法施工	复合式衬砌	分洞开挖	双液浆满堂加固	设置抗拔锚杆	未知
10	上海新金桥广场基坑	φ6.2	盾构拼装管片	未知	上海地区软土	5	4	SMW工法桩	1道钢支撑	隧道上方纵向抽条	搅拌桩满堂加固	隧道两侧设置H型钢	4.8
11	上海雅居乐广场	φ6.2	盾构拼装管片	120	上海地区软土	4.9	3.55	SMW工法桩	一道角撑或斜抛撑	隧道上方纵向抽条	搅拌桩满堂加固	隧道两侧设置钻孔灌注桩	8.52
12	上海金昌广场	φ6.2	盾构拼装管片	120	上海地区软土	5	4	SMW工法桩	未知	隧道上方纵向抽条	搅拌桩满堂加固	未知	7.71
13	北京成府路中段地下通道	马蹄形高5.5，宽6.06	暗挖法仅施工初期支护	未知	粉质黏土	12.2	7.33	土钉墙	无内支撑	未知	未知	未知	~20

注:“隧道上方纵向抽条”表示开挖的土条垂直于隧道线路方向。

第 2 章　运营大直径盾构隧道的检测方法

2.1　概述

目前评价盾构隧道结构安全的评价指标主要包括隧道外观、隧道结构变形、隧道结构材料强度、隧道结构耐久性和隧道渗漏水。隧道外观包括管片混凝土裂缝、破损和污渍。隧道结构变形包括隧道沉降、断面收敛以及接头张开和错台；隧道结构材料强度主要指混凝土材料强度；隧道结构的耐久性包括混凝土碳化以及隧道内环境特点。隧道检测是根据上述评价指标而展开的。

运营大直径盾构隧道性能现状检测是指通过对运营隧道的结构进行调查、检测、分析，调查隧道结构现状，测定其性能指标，检测隧道结构损伤状况（包括损伤位置、损伤程度），从而分析其结构安全状态，以合理评价开挖卸载对既有盾构隧道的影响，并根据其安全状态制定合理的保护措施。

随着运营盾构隧道不断增加，盾构隧道结构安全养护与检测成为盾构隧道领域的新课题。国际隧道协会（ITA）专门成立了一个工作组（Working Group 6：Maintenance and Repair）对此问题展开研究。该工作组先后于 1987 年发布了 *Civil Engineering Records of Underground Structures* 研究报告[7]，1991 年发布了 *Report on the Damaging Effects of Water on Tunnels During Their Working Life* 研究报告[8]，1995 年发布了 *State-of-the-art of Non-destructive Testing Methods for Determining the State of a Tunnel Lining* 报告[9]。

在盾构隧道起步较早的英国，隧道服役年限已接近或超过 100 年，因此对隧道结构的检测更加重视，Gleig Frazer[10] 等于 1998 年开始着手对自 19 世纪开始建造的伦敦地铁178 km隧道结构的安全现状进行检测和评估，以此来评价隧道结构的健康安全状态。

日本是隧道技术最为发达的国家，对运营隧道结构安全也十分重视，日本建设省对全国 3 529 座公路隧道检查，结果发现 60％以上的隧道结构都存在着不同程度的病害。为此，日本政府向日本铁路技术研究所（Railway Technical Research Institute）提供 520 万美元的经费用于研究隧道病害的检测评估方法及整治措施。日本隧道技术研究所发布了《日本公路隧道老化手册》[11]用以指导如何对既有隧道进行检测与可靠性寿命评估。此外还进行了多项有关公路隧道长期安全性评价和维护加固对策的专题研究，在此基础上形成了《隧道补强、修补手册》[12]。该手册对隧道衬砌的检测进行细致的分类，并对衬砌劣化、渗漏、冻融以及衬砌混凝土爆裂等提出了应对措施。以上措施在日本的津轻（Tsukayama）、福冈（Fukuoka）等隧道的维护过程中都得到很好的应用。

在德国,检测作为主要的隧道结构维护手段被规定在 DIN1076[13](隧道检测评估规范)中,并对隧道结构以及附属设施的检测方案及检测项目做了具体分类,给出了隧道结构检测和维护的时间和步骤安排,采用激光扫描等方法对伦斯泰格隧道进行了成功检测。

韩国的 Lee 和 Choi 等[14]提出了基于检测数据的隧道结构系统识别方法,可根据刚度均减或裂缝概念估计隧道衬砌破损的程度和位置。

我国由于盾构隧道起步较晚,目前关于隧道检测主要集中在铁路隧道方面,而地铁隧道方面的检测主要集中在对隧道沉降和横向变形方面的量测,如王如路等[15]通过长期从事地铁监护的工作经验和理性分析,根据对地铁结构近年来发现的诸多问题,结合引起上海地铁一、二号线车站及隧道结构沉降、渗漏水的相关因素进行了分析和研究,提出了相应的整治对策。随着运营盾构隧道不断增加,对盾构隧道结构安全检测技术的需求也日益增加。

2.2　运营盾构隧道现状检测指标

2.2.1　盾构隧道外观检测指标

盾构隧道外观检测指标是指能够在不破坏结构的情况下,可以用肉眼直接观察到的结构表面特征。

1. 混凝土开裂

盾构隧道衬砌结构在施工和运营期间,受到多种荷载的作用,经历了复杂的受力过程,加之其浇筑、运输、拼装及运营期间受温度、混凝土收缩、震动、纵向不均匀沉降等影响,可能产生裂缝。由于衬砌结构一般长期处于地下水位以下,结构一旦存在裂缝,在隧道外水压力作用下,地下水就可能渗入裂缝,造成混凝土结构水蚀变异、钢筋锈蚀。而且隧道内部漏水,影响内部设备,破坏隧道正常使用,甚至威胁隧道运营安全。

按照裂缝发展方向可分为斜裂缝、环向裂缝、纵向裂缝、不规则裂缝等,不同的裂缝产生的机理不同,所反映的隧道混凝土衬砌结构性态也不同。例如,斜裂缝、环向裂缝一般认为是由于剪切、不均匀沉降等原因引起的;不规则裂缝大多是因混凝土收缩、温度应力、施工工艺不当等原因产生的;而纵向裂缝的产生原因,影响因素较多,从其规律上分析,是由于外荷载变化所引起的。

对于混凝土裂缝,采用裂缝的长度、宽度和深度作为主要检测指标,并且采用裂缝的发展性、方向和密度作为裂缝长度和宽度的辅助检测指标。

2. 混凝土破损

混凝土破损现象也是在运营隧道中极为常见的,混凝土破损的原因主要有:①管片制作、运输过程中产生的破损,可称为初始缺陷;②隧道施工拼装过程中千斤顶顶力不均匀导致管片边缘或角部破损;③螺栓安装过程中,造成螺栓孔附近混凝土破损;④运营过程中管片受力变形导致混凝土接缝处压碎、表层剥落;⑤受外力冲击导致损伤(如隧道内异物在高速运行的列车作用下碰撞混凝土管片导致破损,隧道工作人员在工作过程中失误造成混凝土表面破损);⑥由于风化、侵蚀导致混凝土剥落甚至产生孔洞。

针对不同的破损情况,应对混凝土衬砌结构的破损位置、规模(面积或体积)、分布、发展、性质等进行全面检测,绘制结构破损展开图,并与设计和竣工资料展开对比分析,了解和掌握隧道结构的损伤状况。

隧道检测中选取衬砌结构的破损位置、规模(面积或体积)、分布作为混凝土破损情况的主要检测指标,隧道结构破损的发展速度和趋势可作为辅助的检测指标。

3. 混凝土表面污迹

当混凝土内部钢筋产生腐蚀时,铁锈可能沿渗漏水路径,如裂缝、注浆孔(内部裂缝连通注浆孔)、接缝(内部裂缝连通接缝)等部位被水携带到混凝土管片表面,从而沉积附着在表面上,导致混凝土管片表面会产生颜色的变化,形成表面污迹。当螺栓发生腐蚀时,也会在接缝或是螺栓孔附近发现类似的污迹。此外,隧道周围土体中的有色物质或是泥沙也可能随渗漏进入隧道内表面,并附着在管片上,形成污迹。

因而,污迹不但可以判断渗漏水位置,还可以作为判断钢筋和螺栓腐蚀位置的依据,此外还可以对隧道周围腐蚀性物质进行鉴定。

对于混凝土表面污迹采用污迹的位置作为主要检测指标。此外,污迹的面积以及成分可以作为辅助检测指标。

对于有外装饰材料或保护层的盾构隧道,不仅需要对主体结构进行检测,而且需要对装饰材料或是保护层进行检测。对装饰材料或是保护层进行检测,不但可以反映其现状,而且可以辅助分析内侧主体结构的性态,并且可以为破除表层对内部主体结构进行检测提供一些有用的信息,如破除表层的位置以及规模等。

表层的检测指标为表观性态检测指标和渗漏水检测指标,具体的检测指标同主体结构检测指标,但是一般情况下只做一般性检测,不需要进行细致的检测。

2.2.2 变形及位移检测指标

1. 变形检测指标

1) 纵向沉降

隧道结构的纵向沉降指隧道沿轴线方向在竖直方向和水平方向的位移情况,反映了隧道纵向的整体力学特性,可用以评价隧道结构纵向稳定性和纵向抗震性能等。

饱和软土地层中的装配式隧道衬砌结构,受其沿线地层的物理力学性质以及荷载等条件的影响,纵向产生不均匀沉降。隧道纵向不均匀沉降将导致隧道沿纵向出现不均匀的压弯和拉伸现象,严重时会引起管片压碎破损。隧道接头的错动变形,影响隧道的防水甚至正常使用。软土地层隧道的纵向沉降性态,对隧道结构本身及其地表结构的影响都非常显著。因此,国际隧道协会(ITA)在《盾构隧道衬砌设计指南》[16](*Guidelines for the Design of Shield Tunnel Lining*)提到,必要时要将隧道的纵向沉降影响列入荷载种类的其他荷载项予以考虑。

对于隧道纵向沉降,可以采用纵向曲率半径作为主要检测指标,辅以整体沉降、差异沉降和沉降速率等。

2) 横断面变形

在饱和度、灵敏度较高的沿海软土地区,施工阶段对土的扰动及运营阶段沿线新建工程的影响,尤其是未来城市地铁的立体化建设使得隧道结构变形的大小达到了不可忽略的程度。隧道结构横断面变形,引起接头张开量增加会给隧道横断面带来不可忽略的附加内力。横断面变形可用以判断隧道结构在该横断面处的变形和力学性能,为结构的安全评价提供基础。一般情况下需给出隧道薄弱部位和关键断面的横断面变形。

横断面变形对隧道的影响可以用横向位移和横向收敛变形等指标来反映。对于收敛变形,采用椭圆率作为评价指标。

3）接缝性态检测指标

装配式衬砌的重要特征是接头的存在,接缝性态直接影响着整个隧道衬砌的力学性态。同时接缝是盾构隧道防水的一道重要防线,如果接缝张开量或者错台过大,极易导致隧道渗漏水和接头损坏,从而影响隧道的力学性态和运营安全。此外,接缝的性态还可以反映隧道变形以及不均匀沉降的状态。因此,有必要加强隧道接缝性态的调查,以确保隧道防水是否处于安全状态。

接缝的性态检测指标主要包括接缝的错台、接缝张开量。有条件的情况下可以测定接缝防水材料的老化程度及防水性能。

2. 位移检测指标

位移检测主要是为了确定目前隧道的位置及线形,以补充原有设计及施工资料,确保临近工程设计施工采用现有隧道位置作为参考。同时,位移检测也可以辅助确定隧道变形状态。

(1) 高程测量。可以确定隧道的埋深,还可以用来计算隧道纵向沉降。

(2) 中线测量。可以确定隧道的线位,还可以用来计算隧道的水平纵向变形。

2.2.3 渗漏水检测指标

隧道工程渗漏水是盾构隧道常见的一种病害形式,尤其是在上海等多雨及地下水位较高的软土地区,除了隧道结构本身的特点影响以外,渗漏水不仅与地下工程周边地质水文环境、结构埋深、防水设计方案、防水材料等有关,还与结构混凝土性能、施工方案、施工工艺等有关,因而多数隧道工程在运营阶段或多或少都会存在局部渗漏的质量缺陷。由于隧道渗漏水,增加了隧道内空气的湿度,容易造成通讯、照明器材、机电设备及隧道结构等损坏;由于道床及轨道积水,直接危及隧道的使用功能,造成不应有的交通事故;隧道渗漏水还加快了管片混凝土的碳化速率,特别是有腐蚀性的地下水,破坏了混凝土的结构,减少了隧道的使用寿命;隧道渗漏水还可能降低地下水位,加速隧道沉降,对生态环境造成破坏。

对于隧道渗漏水对隧道的影响,可以采用渗漏部位、渗漏速率、湿渍面积等作为主要检测指标来反映。漏水压力、渗漏水中泥沙率可以作为辅助检测指标。

调查整个隧道的渗漏情况并对渗漏的程度进行分级、对严重渗漏给出渗漏路径和渗漏量,存在漏泥现象的部位,检查其结构背后空洞情况,并绘制渗漏展开图。

2.2.4 力学性能检测指标

隧道结构材料力学性能的评价指标是隧道结构安全性评价的主要指标。为满足隧道结构安全性评价的需要,力学性能检测指标可以分为混凝土、钢筋、管片螺栓和接头材料强度指标,隧道衬砌混凝土及钢筋、螺栓的动静弹性模量以及水文地质参数等。

1. 强度指标

强度指标不但是结构设计时的一项重要参数,而且也是结构安全评价的一项重要指标,如果结构材料强度不足,会导致结构的局部破坏或引起整体破坏,其后果是极其严重的。虽然在设计之时，材料强度往往都有较大的余量，可以确保结构安全，然而由于材料的初始缺陷、质量不过关或是老化等原因；其强度并不是一个恒定不变的量，因此需要在检测时对强度指标进行测定。

强度指标主要用以判断隧道结构材料的强度状况，包括衬砌混凝土强度、钢筋强度、管片螺栓强度和接头材料强度等。

2. 弹性模量

隧道衬砌混凝土及钢筋、螺栓的动静弹性模量是进行结构变形计算的基本参数，因此也是性能检测的基本指标。

3. 水文地质参数

水文地质参数是对隧道结构性能现状进行评估的重要参数，用于提供荷载条件，一般情况下可根据隧道建设时的详细勘查资料得到，对于建设时间较早而缺乏相关资料或水文地质条件有较大改变时需重新测试。

2.2.5 耐久性性能检测指标

1. 环境指标

1）渗入水质

量测隧道内渗入水质，包括不同部位渗漏水中氯离子、硫酸根离子等有害离子含量、渗入水的 pH 值等，了解隧道结构外侧表面的有害物质含量，将其作为耐久性性能检测的渗水水质指标。

2）空气质量

空气质量指标包括隧道内二氧化碳、二氧化硫、水蒸气等的日、月或年的平均含量，了解隧道结构所处环境空气的质量以及这些指标对隧道结构的直接和间接的影响，将其作为耐久性性能检测的空气质量指标。

3）环境温湿度

隧道内日、月或年平均的环境温湿度及其变化情况，将其作为耐久性性能检测环境指标之一。

2. 隧道主要结构材料指标

1）混凝土指标

(1) 碳化深度/保护层厚度

管片混凝土的碳化一般是指空气中的二氧化碳与水泥石中的水化产物发生物理化学反应，生成碳酸盐或其他物质的现象。由于混凝土表面碳化后生成的碳酸盐硬度较高，使管片混凝土表面硬度增高，回弹值增大，对管片混凝土强度影响不大。然而，混凝土碳化会降低混凝土材料的碱度，继而破坏钢筋表面的钝化膜，使混凝土失去对钢筋的保护作用，发生钢筋腐蚀。混凝土碳化深度用以判断既有结构现状的碳化侵蚀程度，同时根据混凝土保护层厚度的实测值，结合混凝土碳化模型可估算因碳化导致钢筋脱钝的剩余时间。

(2) 氯离子(Cl^-)/硫酸根离子(SO_4^{2-})含量及浓度分布

离子侵蚀主要包括 Cl^- 侵蚀和 SO_4^{2-} 侵蚀。Cl^- 是一种极强的去钝化剂，当钢筋表面的 Cl^- 浓度达到临界浓度时，Cl^- 便可渗入钝化膜与 Fe^{2+} 发生化学反应，生成 $FeCl_2$，从而破坏钢筋钝化膜，引起混凝土内钢筋锈蚀，并逐渐导致混凝土结构的破坏。

实验室内用滴定的方法测试混凝土中氯离子/硫酸根离子含量及其浓度分布，从而得到隧道结构的氯离子和硫酸根离子侵蚀程度，作为既有结构的耐久性性能检测的指标。

(3) 混凝土渗透性

混凝土渗透性反映了混凝土材料对外界有害物质传输的抵抗能力，对于地下工程混凝土渗透性对有害物质在混凝土内的传递机理和传递速度往往起控制作用。

(4) 混凝土化学成分

给出隧道结构混凝土材料的化学产物组成、混凝土微观结构、主要化学成分及其含量等，从而了解相应混凝土材料的微观化学组成。

2) 钢筋指标

指隧道结构主要构件主筋的锈蚀退化程度，包括钢筋的锈蚀层厚度、剩余直径、腐蚀电流、腐蚀电位、腐蚀电阻等，作为既有结构耐久性性能的检测指标。

3) 钢构件指标

了解整个隧道连接螺栓、钢构件锈蚀情况，包括钢构件的结构尺寸、锈蚀范围、锈蚀深度、腐蚀电流等，从而给出隧道结构稳定能力的丧失程度。

4) 接缝防水材料性能

防水密封材料是保证盾构隧道管片结构水密性的重要组成部分。由防水材料劣化而导致的隧道渗漏水不仅会降低钢筋混凝土管片的耐久性，而且影响到隧道内各种设施的使用功能，恶化隧道内的运营环境，是影响结构耐久性正常使用极限状态一个重要方面。

防水密封材料评价着重于要求密封材料的功能来决定既有密封垫的安全性。作为评价密封材料劣化程度的一个大致标准，可以考虑采用接触面应力的长期保持性，即如果在长期接触面应力降低较小时，则可认为其耐久性是良好的。假定以“接触面初应力由 588 kPa 降低至 196～294 kPa 的时效变化就是老化(寿命)”作为判定标准[17]，也就是从作为衡量劣化程度指标的止水性能着眼，用长期的接触面压力的变化予以判断，是目前最为有效的方法。但是考虑到评价指标的可操作性，密封垫接触面压力较难量测，而由于防水密封材料属于弹塑性材料，可以根据相应的本构关系，根据位移值确定接触面压力。因此，可以将密封垫压缩量作为防水材料性能的检测指标。

当有条件并且允许采样时，可以对接缝防水材料进行室内拉压试验和抗渗性试验。

2.3 检测方法与仪器

2.3.1 混凝土表观性能检测

1. 混凝土裂缝

通常采用目测的方法寻找有裂缝的位置，并使用裂缝尺、检验规和卷尺等进行裂缝宽度和长度的测量。裂缝的深度和方向以及混凝土内部裂缝可通过钻孔取芯进行检查。此外，超声波无损检测方法因其对隧道没有损伤而应用较为广泛。

根据检查要求的不同，将裂缝检查分为简易检测和跟踪检测。

1）裂缝简易检测

使用简易的测量器具或方法，测量裂缝的现状并查明裂缝形状有无发展变化。

（1）砂浆扁饼。横跨裂缝涂以拌合砂浆（扁饼），观察裂缝有无新的发展（由于振动等原因，砂浆扁饼可能掉落，因此不宜设置在隧道顶部）。

（2）标记。目测裂缝末端位置并标记，用油漆等标明检查日期。

（3）裂缝测量计。横跨裂缝设置机械式宽度测量计或采用裂缝观测仪，测量裂缝宽度变化。

（4）标点。横跨裂缝设置标点，用卡尺测量其间距变化。

2）裂缝跟踪检测

主要针对裂缝发展变化进行连续观测，可采用电阻丝应变型的裂缝变形计进行测量。由于季节的变化，裂缝会随混凝土的热胀冷缩而变化，因此宜连续测量1年以上的时间，将检测结果按时间顺序记录整理，掌握裂缝发展速度及其规律等。

2. 混凝土破损

采用目测以及卷尺对混凝土破损进行检测。

3. 混凝土表面污迹

采用目测以及卷尺对混凝土表面污迹进行检测，当需要对污迹成分进行进一步分析时，可采样带回实验室进行室内分析。

2.3.2 渗漏水

目前，渗漏水的检测主要采用目测，辅以红外热成像仪、雷达等对隧道进行定性和定量的判定方法。全隧道进行渗漏程度分类，调查渗漏严重部位、渗漏路径和渗漏量以及漏泥通道的部位，检测其结构背后空洞情况，并绘制渗漏展开图。根据检查的内容、要求等，将其分为两类进行检测。

1. 漏水简易检测

（1）位置。采用目测的方式检查漏水的位置、数量、浑浊程度、冻结以及原有防（排）水设施的功能。检查清楚后，将漏水位置及范围标记于隧道展示图上。

（2）漏水量。检查漏水流量、漏水状态以及排水沟内的水流状态等。水量较小时采用观察法记录水滴每分钟的个数，通过测量面积定量判断，并辅以红外热成像仪、雷达等对隧道进行定性和定量的判定。在漏水显著的情况下，可用秒表和计量容器等测定其流量。

（3）浑浊。漏水如果是浑浊的，需要检查沙土是否和漏水一起流出；如有，需测定每处沙土流出量（如水槽内堆积的沙土量）。降雨后出现漏水浑浊的隧道，有必要进行详细的检查。

（4）背后空洞。对渗漏严重或存在漏泥现象的部位，采用地质雷达对其结构背后空洞情况进行专项调查。

（5）pH值。漏水是助长衬砌材质劣化的原因之一，特别是漏水显示出强酸性时，混凝土有严重劣化的危险，必须引起注意。检查时，一般使用pH试纸对漏水的酸碱度做简易测定。

（6）原有防排水设施检查。检查原有防排水设施的设置及技术状况，其功能是否发挥正常，能否满足现在的防排水要求。

2. 水质检测

当漏水有可能具有腐蚀劣化作用时，应对其水质进行检测。通过对漏水和流入隧道中的地表水的温度、pH 值、导电度等的测定，可查明混凝土劣化的原因，大致推定漏水的流径。简单的漏水检测一般需要如下的工具：

水温检查——温度计。

pH 值检测——pH 值测定器、比色管法（水的酸碱性的表示）。

导电度检查——导电计（全溶解物质及其数量的推定）。

当需要详细检查漏水所含成分时，可取漏水水样，送交专业的水质检测机构进行详细的水质分析。

2.3.3 变形及位移检测

1. 纵向沉降及位移

利用水准仪、全站仪、GPS 等，沿隧道内车道板两侧既有测点对竖向变形进行测量；对水平变形沿隧道定长布置测点，测量中心偏差。

2. 横断面变形

选取关键断面，利用激光测距仪、收敛尺、全站仪、Bassett 收敛系统等进行测量。

关键断面主要选取在上方地面局部超载处、地层的水位发生变化处、周围工程及工程相关活动的受影响处等。

3. 接缝性态

对错台、管片接缝张开量可以采用钢尺、游标卡尺、百分表等进行测量的方法称为接缝性态。

2.3.4 力学性能指标检测

1. 强度指标

1）混凝土强度

方法 1：对间隔一定距离的断面进行选取，通过芯样抗压试验得到混凝土的实际强度或有效衬砌厚度。所谓有效衬砌厚度，是指混凝土强度不小于设计标准强度的衬砌的厚度，当不了解设计标准强度时，可取 15 MPa 为标准。因此，可以直接用隧道衬砌的实际强度与设计强度之比或有效衬砌厚度和设计衬砌厚度之比来反映隧道衬砌断面强度的变化。

方法 2：在现场可以利用超声回弹方法测量混凝土强度。

2）钢筋强度

选取关键断面，抽样选取一定数量位置的钢筋，采用抗拉实验或里氏硬度仪，进行钢筋强度测试。

3）螺栓强度

按照现场实际情况，抽样选取一定数量的螺栓，采用抗拉实验或里氏硬度仪，对螺栓的强度进行测试。

4）接头材料强度

在必要且允许的情况下，取样进行拉压试验。

2. 弹性模量

采用混凝土强度测试所选取的芯样，通过抗压试验测试混凝土弹性模量。

2.3.5 耐久性指标检测

1. 环境检测

1）渗入水质

选出运营隧道内部分渗漏水处进行水质测量，包括不同部位渗漏水中氯离子、硫酸根离子等有害离子含量、渗入水的 pH 值等，了解隧道结构外侧表面的有害物质含量，按关键断面或实际渗漏水位置采样，测定水中 Cl^-、SO_4^{2-} 含量，可以采用分光光度计、pH 计等。

2）空气质量

量测运营隧道内多处空气质量，除对隧道内关键断面二氧化碳、二氧化硫采样外，还应包括隧道通风口及出入口处，可以采用大气采样仪、分光光度计、二氧化碳分析仪等仪器进行测量。

3）环境温湿度

量测运营隧道内日平均、月平均或年平均的环境温湿度及其变化情况，除对隧道内关键断面测量外，还应包括隧道出入口处，可以采用温、湿度计来测量。

2. 混凝土材料

包括混凝土碳化深度/保护层厚度、混凝土抗氯离子侵蚀性能/氯离子/硫酸根离子含量、混凝土渗透性能、混凝土化学成分等几个方面。

（1）混凝土碳化深度/保护层厚度一般用酚酞、pH 试剂来测量混凝土碳化深度，用雷达来测量保护层厚度。

（2）混凝土抗氯离子侵蚀性能/氯离子/硫酸根离子含量可以采用 RCM 法、电通量法来测量混凝土抗氯离子侵蚀性能，并用硝酸银溶液滴定法来检测混凝土氯离子/硫酸根离子含量。

（3）混凝土化学成分可以选用扫描电镜、能谱分析来检测混凝土微观组成。

3. 金属材料检测

1）钢筋锈蚀

对于钢筋混凝土结构，可用截面损失率来表征钢筋锈蚀程度，截面损失率可采用取样检查法和裂缝观察法等方法确定。

取样检查法就是破开混凝土保护层直接检查钢筋锈蚀情况，如剩余直径、剩余周长、腐蚀坑深度和长度或锈蚀产物的厚度等，根据量测结果就可以计算出钢筋截面的损失率。采用取样检查法时，宜选择构件上钢筋锈蚀比较严重的部位，如保护层被胀裂、剥落处，和保护层有空鼓现象等部位。量测钢筋剩余直径和剩余周长前，应将钢筋除锈，使钢筋露出金属的光泽。

裂缝观察法是根据混凝土裂缝的形状、分布及裂缝宽度等来判断钢筋的锈蚀程度，该方法的优点是不必凿出钢筋。

2）连接螺栓锈蚀

检测连接螺栓的锈蚀深度、腐蚀电流，可以通过现场量测或进行室内试验获得。

4. 管片接缝防水材料检测

对于接缝防水材料而言，由于其是盾构隧道防水的重要环节，为避免对防水材料的损伤，一般不对其进行采样检测，而是采用密封垫压缩量作为指标，并采用钢尺、游标卡尺等进行量测。

接缝防水材料老化程度，应进行接缝材料的抗拉、抗压强度实验来进行检测；接缝防水材料抗渗性能应通过接缝防水材料的室内抗渗试验来检测。

2.4 检测方案的确定

2.4.1 检测断面和部位选取

1. 选取标准

按照国际隧道协会《盾构隧道衬砌设计指南》[16]的要求，选取如下断面作为关键检测断面：①覆土层最厚的断面；②覆土层最浅的断面；③地下水位最高的断面；④地下水位最低的断面；⑤附加荷载大的断面；⑥具有偏心荷载的断面；⑦地表不平的断面；⑧目前已有毗邻隧道或将来规划有毗邻道的断面。

2. 原有资料

参考相关标准推荐的关键检测断面后，在制定隧道检测方案之前，应首先收集原设计施工及竣工文件、原地质及水文资料、隧道结构形式及尺寸等资料，并进行查阅分析。

对于已进行过隧道检测并有相关记录的隧道，应首先调取存档的隧道检测文件，包括渗漏水巡检资料、裂缝展开图、结构损伤调查记录、结构纵横向变形曲线、曲率半径和沉降速率以及相关的影像资料等。

对于已实施过隧道养护维修的隧道，还应调取隧道日常养护维修记录（日常注浆堵漏、裂缝修补、结构补强等）和大修记录（结构性大修和功能性大修）。

在充分了解已有资料的基础上，初步确定检测断面、部位以及相应的检测项目，并制订现场查勘方案以及踏勘检测项目表。

3. 隧道检测段全段现场踏勘

在充分了解已有资料的基础上，综合前期制订的初步方案，在实施检测之前组织检查小组对运营隧道的现实情况进行现场踏勘与调查，此次踏勘要做到覆盖面广、踏勘项目简易快捷，一方面是对已有检查维修资料的确认、补充或更改，另一方面是对关键部位选取进行现场分析（包括可行性分析和必要性分析）。踏勘过程需记录相应检测结果，包括填写踏勘检测项目表以及留取影像资料。

如果需要时，可在现场对特殊断面进行简易取样，踏勘结束后对现场采集的样本进行室内试验分析。

根据已有隧道设计资料、地质水文资料和检查维修资料等，综合踏勘成果，选定隧道的关键部位和薄弱环节作为检测的关键区域或断面。

4. 补充计算分析

根据已有水文地质资料和隧道检查维修资料等，对隧道进行理论计算分析或有限元模拟，并综合考虑现场踏勘和标准建议初步判定的关键断面和区域，确定最终的关键断面或部位进行重点检查，并对其他部位进行随机抽查以检验分析的合理性。

2.4.2 检测频率确定

隧道检测可以分为常规检测和特殊检测。以下分别讨论其检测频率的确定。

1. 常规检测

常规检测即在无特殊情况下进行的检测,包括日常检测、定期检测和全面检测。

日常检测是防止出现重大安全事故的一个重要方面,通过隧道监护人员日常的巡查,可以及时发现隧道病害,并给予修复。日常检测的频率可以为两周一次,检测的项目以表观性能检测项目为主,主要通过检测人员目测,并辅以简单的测量工具。利用快速的目视检查,可以确定隧道有无任何明显的损坏征兆,如混凝土碎裂崩落、隧道渗水、漏水或其他可影响行车运转安全的情形,并配合司机及轨道维修人员的反映回报,确保隧道的功能正常并提供安全的营运环境。与此同时,对隧道安全的重要指标,如差异沉降、曲率半径等进行量测,沉降的量测采用精密水准仪沿隧道定点进行。

定期检测是对隧道性能现状相对完整的检测,一个季度一次。定期检测以日常检测记录成果为基础,选取关键断面进行无损检测。

全面检测是对隧道性能深入完整的检测,一年一次。全面检测的项目需要覆盖隧道性能检测指标,保证必要的和可行的检测项目的实施。

常规检测定期检查的项目和测点,一般通过拟定检测方案确定。首先,为了保证在检测周期内整个隧道都能被检测到,应对检测项目和测点进行具体分配,但必须综合考虑检测项目的代表性和检测手段的配合。然后,对测点(沿着隧道纵向)进行分组,保证每组测点具有一定的代表性,且反映全体,通过典型断面+随机断面检测来推测其他同类测点的情况。将各组测点在一个周期内进行排序,放在前面的应对后面的具有参考价值,前面的组一旦发现缺陷,可以促使采措施加以补救。同时,前面组的测点被检测完之后,还可以被选为附加测点。此外,较易发生缺陷的测点应该放在前面组。最后根据结构计算分析结果选择附加测点。根据检测结果后续检测进行修正,可以排除不必要的测点,推测已发生破坏的部位并发现遗漏的检测部位。

2. 特别检测

特别检测主要是在发生特殊情况时对特定的区域安排额外的检测作业。例如,超过一定震级的地震发生后,严重的隧道淹水或特殊行车事故后,应进行特别检查,评估隧道的安全状况并进行适当处理。或是由于周边有新的工程需要施工时,要对隧道进行检测并对现有状态进行评估。

特别检测依据不同的特殊情况可以进行专项检测或全面检测。

2.5 上海市延安东路盾构隧道检测实例

2.5.1 上海市延安东路隧道概况

上海市延安东路越江隧道南北线隧道分别建成于 1996 年与 1988 年,位于上海市中心,以客运为主。延安东路隧道是上海连接浦东与浦西,跨越黄浦江的一条主要道路,由南北两条隧道组成,共 4 条行车道。每条隧道都为单向双车道,长度分别为 2 207 m 与 2 261 m。

采用盾构法施工。

隧道浦西出口位于延安东路福建路口，浦东出口则位于陆家嘴银城中路路口，直接连接世纪大道，如图 2-1 所示。车道宽 7.5 m，高 4.5 m，每小时流量为 1 000 辆，交通繁忙，隧道运营安全十分重要。

图 2-1　延安东路隧道图

2.5.2　检测目的

延安东路隧道从投入运营到现在已经超过 10 年。根据以往工程经验，盾构隧道在长期运营过程中，隧道结构会发生一定的变形和位移，在周围水土压力的共同作用下，将会出现沿隧道纵向发展的沉降及内部发生渗漏水等病害，从而对整个工程的运营及安全带来影响。

与此同时，上方的外滩通道基坑开挖会对运营中的延安东路隧道造成一定的不利影响。由于深基坑开挖对土体的卸载与扰动，隧道管片将产生一定的纵向、环向变形，同时隧道整体也将被土体带动发生水平位移和竖向沉降，对原有隧道结构的承载能力和接缝防水产生不利影响，当这些影响超过一定程度时，将危及隧道的正常运营。

为了了解延安东路隧道的现状，就必须对隧道裂缝、损伤、渗漏水、不均匀沉降、断面变形等进行检测，对隧道性能现状进行评价，继而为临近外滩通道工程设计、施工方案提供依据，为其继续运营提供安全保障。

2.5.3　检测内容及方法

为了较好评估延安东路隧道性能现状，并考虑经济性、合理性和可行性，对隧道结构性能现状检测的主要检测内容及方法见表 2-1。

表 2-1　延安东路隧道检测内容及方法

检测项目	检测内容	指　标	具体要求	检测方法
隧道表观性能检测	渗漏	渗漏部位、渗漏速率、漏水状态、pH值、渗渍面积	全隧道进行渗漏程度分类，并绘制渗漏展开图	目测，辅以红外热成像仪
	裂缝	长度、宽度、方向	主要结构构件裂缝的形式、贯通情况，裂缝的分布、宽度、长度，并绘制裂缝展开图	目测，钻孔取芯，超声波无损检测方法辅以裂缝尺、检验规和卷尺测量
	破损	破损位置、面积、分布	确定破损的位置、规模(面积或体积)等，并绘制结构破损展开图	目测，卷尺等 撞击回波法、超声波法、地质雷达法
	污迹	污迹的位置、颜色	确定污迹的位置、颜色，并绘制污迹展开图	目测
隧道变形检测	纵向沉降	高程、中轴线偏差	竖向变形沿隧道内车道板两侧既有测点进行测量；水平变形沿隧道 50 m 布置一侧点，测量中心偏差	水准仪、全站仪、GPS 等
	断面变形	水平直径变化率	按关键断面选取，在开挖影响段 10 m 布置一个	内轮廓断面变形通过收敛计、激光测距仪
	接缝	接缝错台、接缝张开量	调查整个隧道的接缝情况，包括接缝的错台量、管片张开度等	目测、游标卡尺、钢尺
力学性能检测	混凝土强度	强度	渗漏水、混凝土表观损伤严重位置处	回弹法、超声法
耐久性能检测	混凝土碳化深度	碳化深度	关键断面处、混凝土表面严重损伤处	酚酞、pH 试剂
	空气质量	CO_2、SO_2 含量	关键断面处、出入口、横通道	大气采样仪、分光光度计
	环境温湿度	温度、湿度	关键断面处、出入口、横通道、渗漏严重部位	温度计、湿度计
其他	壁后空洞	是否存在、大小	渗漏严重部位，调查渗漏路径和漏泥的部位，检测其结构背后空洞情况	雷达

2.5.4 检测方案

延安东路隧道检测方案见表 2-2。

表 2-2 延安东路隧道检测方案

检测项目	检测内容	备　注
隧道表观性能检测	渗漏	全段检测，区分不同的渗漏情况，绘制渗漏展开图
	裂缝	全段检测，区分不同的裂缝情况，绘制裂缝展开图
	破损	全段检测，区分不同的破损情况，绘制破损展开图
	污迹	全段检测，区分不同的污迹情况，绘制污迹展开图
隧道变形检测	纵向变形	高程测量：每 5 环设置一个测点； 中线测量：每 10 环设置一个测点
	断面变形	每 10 环设置一个检测断面，与中线测量对应
	接缝	每 10 环设置一个检测断面，与中线测量对应
力学性能检测	混凝土强度	每 20 环设置一个检测断面，与接缝测量凿开处对应； 混凝土表面严重损伤处、渗漏水严重处
耐久性能检测	混凝土碳化深度	每 20 环设置一个检测断面，与接缝测量凿开处对应； 混凝土表面严重损伤处
	空气质量	每 10 环设置一个检测断面，与中线测量对应； 出入口、横通道、混凝土
	环境温湿度	每 10 环设置一个检测断面，与中线测量对应； 出入口、横通道、渗漏严重部位
其他	壁后空洞	渗漏严重部位

注：① 由于延安东路隧道有内墙、内装饰以及素混凝土保护层，所以隧道管片结构无法直接接触到，可采用对内墙、内装饰以及素混凝土保护层的表观性能对管片表观性能进行估计。对于有较为严重现象的断面，可以凿除表面混凝土进行检测。同时，可借助红外线热成像仪以及雷达进行辅助判断。

② 对于接缝的检测，需要凿除接缝边缘的混凝土层，以左右各 5 cm 为宜。

③ 对于混凝土强度和碳化深度的检测点，可设置在混凝土凿开处，每 20 环设置一个检测点。

第 3 章　运营大直径盾构隧道现状评价理论与方法

3.1　概述

国内外关于隧道结构安全评估问题的研究主要针对隧道结构渗漏水、结构纵横断面变形、结构裂缝、管片材质老化等某一单方面的安全性事故进行研究，但仅仅对单项安全性事故进行分析会存在一定的不足：各个单项事故之间的关系从表面上看是互相独立的，实际上相互之间有一定的联系，如结构变形、裂缝开展与渗漏水等之间互有影响，这就导致了单项分析有时难以准确判断隧道结构的安全状态；影响隧道结构安全状态的各个因素，有可能原来是次要的转化为主要影响因素的情况，若不考虑这些变化，将得出不符合实际情况的结论。因此，对隧道结构安全状态的判定不仅要考虑单个项目所反映的局部性态，还要考虑多个项目所反映的整体性态。因此隧道结构的安全评估问题是一个多项目、多层次的递阶分析问题。为此，应按照研究综合评价问题的一般原理和步骤对隧道结构安全状态评估问题进行研究，如图3-1所示。

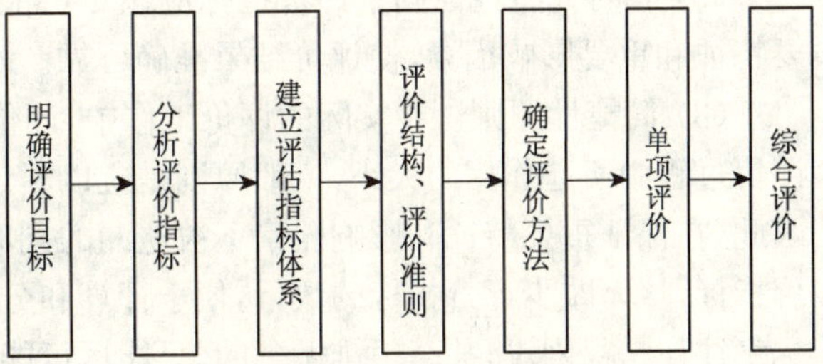

图 3-1　综合评价的步骤

隧道属地下结构，工作条件十分复杂，其运营的安全状态不仅与设计、施工水平有关，而且受地质条件、水文条件、列车通过次数和载重情况、维修养护条件和运营年限等因素的影响。根据现代安全管理理论，对隧道结构这一系统中存在的安全性事故进行充分的辨识与定性和定量的分析，同时采用有针对性的、适用的安全评价方法，得到客观综合的评价指标，科学地建立隧道结构安全评估指标体系，对正确评价隧道结构系统安全现状，确定运营养护措施，提高隧道结构系统安全总体水平具有十分重要的意义。

以隧道结构安全状态的评估结果为评价目标，先对隧道结构安全状态的影响因素进行深入分析，确定隧道结构安全状态的评价指标，以此为基础，合理地构造隧道结构安全评估指标体系，使待解问题层次化；然后根据组成指标体系的各评价指标的特性，建立各评价指标的判定标准，以实现对各评价指标的判定；再根据隧道结构安全状态评估的特点，采用一定的方法，确定各评价指标的权重；最后根据上述层次化的指标体系和指标判定标准，采用一定的评价模型，以实现对隧道结构安全状态进行定量评价的目的。即对隧道结构安全状态评估的研究可以分为评估指标体系、评价指标的判定标准、指标权重、评价模型等几个研究方面。所以，首先必须建立起一套比较完整、科学合理的评估指标体系。基于此，应根据选取评估指标体系中评价指标的原则，对评估指标体系的组成进行比较系统的研究，从而建立多项目、多层次的隧道结构安全状态评估指标体系。

3.2 隧道结构安全评估指标体系的研究

3.2.1 评价指标的选取原则

评价指标是定量研究隧道结构安全状态的基础，选取的评价指标是否恰当，将直接影响到最终的评估结果是否合理、可靠。评价指标选取得太多，会使得评价指标数量庞大，可能造成指标间信息重复，相互间有干扰；评价指标选取得太少，可能使所选取的指标缺乏足够的代表性，指标信息覆盖不全，产生片面性，这都会影响评估结果的准确性。因此，为了使所选取的评价指标具有足够的代表性和更好地反映隧道结构的安全状态，在建立隧道结构安全评估指标体系时，选取评价指标应遵循一定的原则[18, 19]。

(1) 科学性原则。评价指标必须概念明确，具有一定的科学内涵，能够反映隧道结构安全状态某一方面的特征。

(2) 相对完备性原则。评价指标应该尽可能全面、完整地反映隧道结构安全状态的重要特征和重要影响因素，使评价结果准确可靠。

(3) 简捷性原则。在实际的评价工作中，评价指标并非越多越好，关键在于评价指标在评价过程中所起作用的大小，一般原则是应以尽量少的主要指标运用于实际的评价工作中。因此，在保证重要特征和影响因素不被遗漏的同时，应该尽可能选择主要的、有代表性的评价指标，从而减少评价指标的数量，便于计算和分析。当然，在大多数情况下，要确定最优指标集往往是很困难，甚至很难做到的，只能尽可能地做到简捷。

(4) 相对独立性原则。各评价指标应能相对独立地反映隧道结构安全状态某一方面的特征，各评价指标之间应尽量排除兼容性。

(5) 可操作性原则。评价指标应能通过已有手段和方法进行度量，或能在评价过程中通过经研究可获得的手段和方法进行度量。有些指标虽然很合适，但不容易得到或无法得到，就不切实可行，缺乏可操作性。

(6) 层次性原则。将隧道结构安全状态评价指标体系这个复杂问题分解为多个层次来考虑，形成一个包含多个子系统的多层次递阶分析系统，从而全面地对隧道结构安全状态进行逐步深入的研究。

3.2.2 评价指标的选取

隧道结构安全状态反映的是隧道结构的损伤状态，对隧道结构安全状态的评价就是综合考虑隧道结构的各种损伤过程。隧道结构的损伤状态可以用各种结构损伤形态来综合反映，这些结构损伤形态的情况可以通过隧道的现场调查和检测得到，因此，可以采用隧道结构损伤形态作为隧道结构安全评估指标体系的候选指标。

隧道结构损伤形态主要包括渗漏水、管片结构变形、材质劣化、混凝土裂缝等。

1. 渗漏水

隧道渗漏水按照渗漏部位的不同可以分为隧道车站渗漏和区间隧道渗漏，产生的原因可以归纳为以下几点：

1）结构自防水失效

结构自防水是极为重要的防水措施，但在现实工程中却难以做到，主要是车站结构裂缝很难避免，并且区间隧道的结构特点使得隧道结构本身就存在接头，加之由于隧道工程空间环境的特殊性，混凝土施工质量均匀性欠佳，混凝土内部存在局部缺陷，或者管片接头处止水带由于不同原因造成的防水失效，都会破坏隧道结构的自防水能力。

2）隧道施工的质量控制不佳

如防水混凝土未达到预期的防水效果；混凝土结构变形缝、施工缝等部位防水设计不周、措施不当、施工工艺不精细；防水涂料等选材不当或施工质量欠佳；管片接头止水带处理时，操作不细；管片壁后同步注浆施工质量未能达到设计要求。

3）防水材料选择不当，不能满足长期防水要求

渗漏水对隧道的影响可以用渗漏部位、漏水压力、渗漏速率、漏水状态、渗漏水中泥沙率、pH 值、渗渍面积等指标来反映。

虽然漏水状态可以较直观地反映渗漏水的程度，但在分析漏水状态时，需要考虑漏水部位。因此，从相对独立性的角度考虑，未将漏水状态和漏水部位作为渗漏水的评价指标。

由于进行漏水状态分类时需要考虑漏水压力，而且如何判定漏水压力还需要进一步研究。因此，从可操作性的角度考虑，未将漏水压力作为渗漏水的指标。

渗漏状态可以用渗漏速率来表征，并且渗漏速率可以通过简单的方法测定，因此采用渗漏速率作为一个评价指标。

漏水浑浊情况需根据漏水的透明程度初步判定，有泥沙流出的地方需要测定每处沙土流出量。泥沙的渗漏对于隧道结构的安全状态有着很严重的影响，对于出现漏水浑浊的隧道结构，有必要进行详细的检查。因此，在该评估体系未将渗漏水中的泥沙率作为渗漏水的一个评价指标。

渗漏水是加速衬砌材质劣化的原因之一，特别是当渗漏水显示出强酸性时，混凝土有严重劣化的危险。在隧道检查时，一般使用 pH 试纸对漏水的酸碱度作简易测定。

根据我国《地下工程防水技术规范》（GB 50108—2001）[20] 以及《地铁设计规范》（GB 50157—2003）[21] 中的相关规定，地下车站及机电设备集中区段的防水等级应为一级，不允许渗水，结构表面无湿渍；区间隧道及连接通道等附属的隧道结构防水等级应为二级，顶部不允许滴漏，其他不允许漏水，结构表面可有少量湿渍，总湿渍面积不应大于防水面积的 6/1 000；任意 100 m^2 防水面积上的湿渍不超过 4 处，单个湿渍的最大面积不大于 0.2 m^2。因此考虑到规范规定以及可操作性，一方面渗漏水的湿渍面积较易得到，另一方面有明确的规范标准规定，因此将湿渍面积作为渗漏水的一个评价指标。

根据上面的分析，对于渗漏水，采用渗漏速率、pH 值、湿渍面积作为评价指标。

2. 管片结构变形

在饱和度、灵敏度较高的沿海软土地区，施工阶段对土的扰动及运营阶段沿线新建工程的影响，尤其是未来城市隧道的立体化建设使得隧道结构变形的大小及其不均匀性达到了不可忽略的程度。隧道结构变形又分为纵向变形和横向变形。隧道结构变形不仅会导致隧

道纵向、环向轴应力的变化及纵向接头张开量增大，而且会给隧道横断面带来不可忽略的附加内力。国际隧协(ITA)盾构法隧道衬砌设计指南中第一次提到将隧道纵向沉降的影响必要时列入荷载种类的其他荷载项予以考虑，证明隧道纵向沉降对隧道的影响已经引起国际隧道工程界的重视。

无论是在施工阶段还是在运营阶段，隧道都会发生结构变形，而且由于地质条件和施工条件沿隧道线路的变化，隧道的结构变形，尤其是纵向沉降又往往是不均匀的，其对隧道的长期正常工作是有不利影响的。盾构法隧道运营期产生不均匀沉降的原因主要有以下几点：

1）施工阶段对下卧土层的扰动

在盾构施工中，开挖面以下的土体将产生回弹和孔隙水压力下降现象，这是土体受到扰动后初始应力释放的反应。此外，盾尾后压浆不及时或不充分、盾构在曲线推进或纠偏推进中的超挖、盾壳对周围土体的摩擦和剪切、盾构挤压推进等都会对隧道周围土体造成扰动，并且软弱土层的固结需要较长一段时间，因此受施工阶段扰动的下卧土层必定会在运营期发生较大的再固结沉降。

2）隧道下卧土层特性不同

在同样埋深和盾构施工扰动下，各种不同性质的下卧土层所发生的扰动、回弹量、再固结的沉降量、沉降速率和总沉降时间有着不同程度的差异。因此当隧道沿线的下卧土层特性及土层分布不均匀时，就会导致隧道的不均匀沉降。

3）隧道上方地面局部超载

在软弱黏土层中的隧道，当隧道上方地面的局部荷载增加，隧道的沉降和差异沉降就会增加，并且还会引起隧道横向变形。特别是在大面积的地表堆载下，加荷面积越大，附加应力值及扩展范围越大。

4）隧道渗漏水和地下水位发生变化

处于含水层和不透水层的复杂地层的隧道，在长期使用中会因隧道渗漏水或者地下水位的变化，使隧道纵向荷载发生变化并引起纵向不均匀沉降和横向变形。

5）周围工程及工程相关活动的影响

隧道周围深基坑的施工或其他开挖过程施工时，由于抽取地下水引起土层有效应力增加，使作用在隧道周围的荷载发生变化，进而导致隧道发生结构的纵、横向变形。

隧道纵向沉降对隧道的影响可以用管片接缝张开量、管片环间错台、纵向曲率半径等指标来反映。同样，横向变形对隧道的影响可以用横向位移和横向收敛变形等指标来反映。考虑到指标间的相对独立性和可操作性，根据上面的分析，对于纵向沉降，采用管片接缝张开量、管片环间错台、纵向曲率半径作为评价指标；对于横向变形，采用椭圆率作为评价指标。

3. 材质劣化

隧道结构材质劣化按照结构构件可分为钢筋混凝土管片的材质劣化和防水密封垫的材质劣化。材质劣化可以用管片混凝土碳化、离子侵蚀、管片强度、钢筋腐蚀、密封垫失效等指标反映。

离子侵蚀主要包括 Cl^- 侵蚀和 SO_4^{2-} 侵蚀。Cl^- 是一种极强的去钝化剂，当钢筋表面的 Cl^- 浓度达到临界浓度时，Cl^- 便可渗入钝化膜与 Fe^{2+} 发生化学反应，生成 $FeCl_2$，从而破坏钢筋钝化膜，引起混凝土内钢筋锈蚀，并逐渐导致混凝土结构的破坏。

Cl^- 侵蚀的主要反应式如下[22]：

$$Fe \rightarrow Fe^{2+} + 2e^-$$

$$Fe^{2+} + 2Cl^- + 4H_2O \rightarrow FeCl_2 \cdot 4H_2O$$

$$FeCl_2 \cdot 4H_2O \rightarrow 2Fe(OH)_2 \downarrow + 2Cl^- + 2H^+ + 2H_2O$$

$$4Fe(OH)_2 + O_2 + 2H_2O \rightarrow 4Fe(OH)_3$$

可以看出，Cl^- 在反应过程中虽然不构成腐蚀产物，在腐蚀中也不消耗，但是却在腐蚀过程中起了催化作用，因此氯化物是一种对普通钢筋混凝土结构最危险的侵蚀介质之一。

SO_4^{2-} 的侵蚀作用与 Cl^- 有所不同，它是通过侵蚀混凝土强度而非钢筋来破坏混凝土结构的。其腐蚀机理一般可认为是 Na_2SO_4、$MgSO_4$ 等硫酸盐溶液与混凝土内水泥石中的某些成分(如 $Ca(OH)_2$ 和 $CaO \cdot Al_2O_3 \cdot xH_2O$)发生化学反应，生成膨胀性产物石膏和水化硫铝酸钙，使混凝土因应力过大而胀裂破坏[23]。根据 SO_4^{2-} 浓度的不同，主要反应式如下[24]。

(1) 当溶液中的 SO_4^{2-} 浓度较低时，反应式为

$$3CaO \cdot Al_2O_3 \cdot 6H_2O + Na_2SO_4 + 2CaSO_4 + Ca(OH)_2 + 25H_2O \rightarrow 3CaO \cdot Al_2O_3 \cdot 3CaSO_4 \cdot 31H_2O + 2NaOH$$

该反应的主要产物为水化三硫铝酸钙(钙矾石)[25]，其体积约为原水化铝酸钙的 2.5 倍。因为生成物体积膨胀较大，互相挤压后形成极大的内力，导致混凝土结构胀裂，其破坏特点是混凝土表面出现较为粗大的裂缝。

(2) 当溶液中的 SO_4^{2-} 浓度较高时，反应式为

$$Na_2SO_4 \cdot 10H_2O + Ca(OH)_2 \cdot 2H_2O \longrightarrow CaSO_4 \cdot 2H_2O + 2NaOH + 8H_2O$$

该反应的主要产物为二水石膏($CaSO_4 \cdot 2H_2O$)，其体积约为原 $Ca(OH)_2$ 的 2 倍。同样是因为生成物体积膨胀形成过大的内力，导致混凝土结构胀裂，其破坏特点是混凝土没有粗大裂缝但遍体溃散。

通过上述分析，离子侵蚀最终将导致管片强度和钢筋腐蚀，严重者还能造成管片的开裂，即离子侵蚀与管片强度和钢筋腐蚀两个指标间存在一定的相关性，因此，从独立性的角度考虑，未将离子侵蚀作为管片材质劣化的一个指标。

管片强度的变化可以直接反映管片材质的劣化情况。在钢筋混凝土管片结构中，一旦钢筋的钝化膜破坏，在有水和氧气的条件下，钢筋就会腐蚀。钢材腐蚀时在钢材表面析出 $Fe(OH)_2$，$Fe(OH)_2$ 失水后生成铁锈，其体积一般要膨胀增长 2～4 倍，对周围的混凝土产生挤压力，把混凝土保护层胀开，使混凝土开裂、剥落，造成钢材与混凝土之间粘结力破坏，钢筋截面积减小，结构或构件承载力降低，随着时间的推移，锈蚀会逐渐恶化，最终可能导致结构的完全破坏[26]。因此将管片强度和钢筋腐蚀作为材质劣化的两个评价指标。

防水密封材料是保证隧道管片结构水密性的重要组成部分。由防水材料劣化而导致的隧道渗漏水不仅会降低钢筋混凝土管片的耐久性，而且影响到隧道内各种设施的使用功能，恶化隧道内的营运环境，是影响结构耐久性正常使用极限状态一个重要方面。

目前常用的管片接缝密封材料一般均为高分子合成材料[26]。早期的防水密封材料主要是以未加硫的异丁烯橡胶为代表的单一成分的密封材料，随后便朝着合成材料的密封材料过渡，现在均为水膨胀密封材料。当今接缝弹性密封垫主要有以下几类：西方国家采用的氯丁橡胶类材；流行于亚洲地区（如日、韩、新、港、台）的水膨胀橡胶类（通常指吸水性聚合物与氯丁二烯橡胶和氨基甲酸乙酯橡胶混合材）。我国的隧道工程界则是二者并用。

这些水膨胀性密封材料的防水工作机理是：首先与水反应而引起自身膨胀，使体积增加，由于受到密封槽容积的限制，产生了抵抗力（图 3-2）。正是这种抵抗力抵抗水压，才能防止水的侵入。

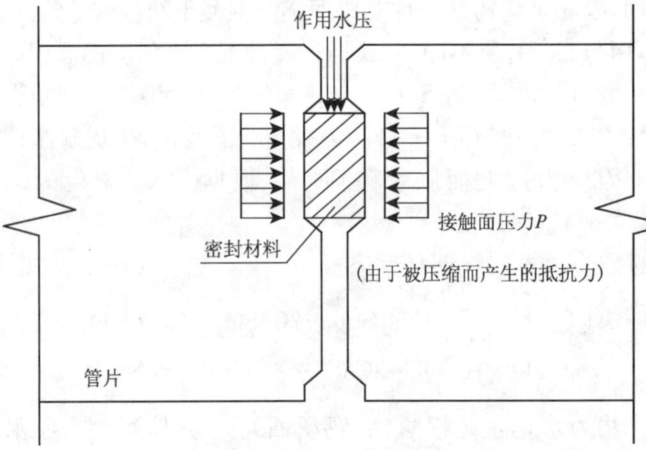

图 3-2　密封材料止水机理

一般评价橡胶材料的耐久性可考虑以下几个方面的因素：耐气候性；耐热、耐低温性；耐臭氧性；耐化学性（耐酸性、耐碱性、耐海水性等）；耐生物性（耐微生物、昆虫的食害等）；耐磨耗、耐侵蚀性；耐动力疲劳性；耐干湿疲劳性；对电气的耐久性（耐热、耐电弧性等）；耐水性、耐湿性；耐蠕变性、耐应力松弛性；水膨胀材料膨胀压力（接触面的应力）的长期保持性。

但是，采用所有这些因素来评价防水密封材料的耐久性是不现实的，而着重于要求密封材料的功能来决定既有密封垫的安全性评价的项目较为现实。作为评价密封材料劣化程度的一个大致标准，可以考虑采用接触面应力的长期保持性，即如果在长期接触面应力降低较小时，则可认为其耐久性是良好的。文献[17]假定以“接触面初应力由 588 kPa 降低至 196～294 kPa的时效变化就是老化（寿命）”作为判定标准，也就是从作为衡量劣化程度指标的止水性能着眼，用长期的接触面压力的变化予以判断，目前看来是最为有效的方法。但是考虑到评价指标的可操作性，密封垫接触面压力较难量测，而由于防水密封材料属于弹塑性材料，可以根据相应的本构关系，根据位移值确定接触面压力。因此，可以将密封垫压缩量作为材质劣化的一个评价指标。

根据上面的分析，对于材质劣化，采用混凝土管片强度、钢筋腐蚀、密封垫压缩量作为评价指标。

4. 混凝土裂缝

混凝土是一种由砂石骨料、水泥、水及其他外加材料混合而形成的非均质脆性材料。由于混凝土施工和本身变形、约束等一系列问题，硬化成型的混凝土中存在着众多的微孔隙、气穴和微裂缝。正是由于这些初始缺陷的存在才使混凝土呈现出一些非均质的特性。微裂缝通常是一种无害裂缝，对混凝土的承重、防渗及其他一些使用功能不产生危害。但是在混凝土受到荷载、温差等作用之后，微裂缝就会不断地扩展和连通，最终形成肉眼可见的宏观裂缝，也就是混凝土工程中常说的裂缝，其产生的根本原因是混凝土中的拉应力超过了混凝土的抗拉强度[27]。一般取 0.05 mm 为可见宏观裂缝的起始宽度，小于或等于 0.05 mm 的裂缝为微观裂缝，即“无裂缝的混凝土”，它对隧道正常使用、承载无太大影响。

混凝土裂缝产生的原因很多，有变形引起的裂缝，如温度变化、收缩、膨胀、不均匀沉降等原因引起的裂缝；有外荷载作用引起的裂缝；有养护环境不当和化学作用引起的裂缝等。变形裂缝一般不影响结构承载力，裂缝一旦出现，变形得到释放，自应力也就消失。对于已经运营相当长一段时间的隧道而言，由于混凝土收缩不均匀和徐变等引起的裂缝已基本完成，可不予考虑。受力裂缝预示结构承载力可能不足或存在其他严重问题，对隧道混凝土裂缝的评价，主要是进行受力裂缝的评价。

虽然裂缝产生的原因比较多，但裂缝产生的部位多是在区间隧道封顶块和标准块管片以及车站结构的侧墙和顶板。在目前已建成的盾构隧道中，裂缝按产生的形式可分为斜裂缝、环向裂缝、纵向裂缝和不规则裂缝等。斜裂缝、环向裂缝一般认为是由于剪切、不均匀沉降等原因引起的；不规则裂缝大多是因混凝土收缩、温度应力、施工工艺不当等原因而产生的；而纵向裂缝的产生原因、影响因素较多，从其规律上分析，产生纵向裂缝是由于外荷载变化所引起的[28]。

混凝土裂缝对区间隧道和车站稳定性的影响比较复杂，它涉及裂缝位置、长度、宽度、深度、发展性、密度、方向等诸多方面。

衬砌裂缝的长度和宽度直观地反映了衬砌裂缝的状态，是目前分析衬砌裂缝时最常用的指标之一。对于混凝土裂缝深度的检查，以往是采用钻孔取芯的方法，目前超声波无损检测方法已应用于衬砌裂缝深度的检测，该方法简便易用，并在推广应用中。

由于季节的变化，混凝土裂缝宽度会随着混凝土热胀冷缩而变化，然而针对隧道结构混凝土裂缝的发展，目前并没有相应的规范标准。依照我国《公路隧道养护技术规范》(JTGH 12—2003)[29]（以下简称《公路隧道养护规范》），其建议在对裂缝发展变化进行连续观测时，宜连续测量 1 年以上的时间，以便掌握裂缝发展速度及其规律，这使得在实际的隧道调查和检测工作中，限于检测时间的限制，有时无法确定混凝土裂缝是否存在发展。为了考虑裂缝发展性对裂缝的影响，在我国《公路隧道养护规范》中，已经分别给出了裂缝存在开展和无法确定裂缝是否存在发展这两种情况下，根据裂缝的长度和宽度判定裂缝状态的判定标准。因此，从独立性和简洁性的角度考虑，未将裂缝的发展性作为混凝土裂缝的一个指标，而只是作为裂缝长度和宽度的辅助判定指标。

为了考虑裂缝方向对衬砌裂缝的影响，依照我国《公路隧道养护规范》中的相关规定，根据裂缝的长度和宽度判定裂缝状态时，主要是以水平方向的裂缝或剪断裂缝为对象。对于横向裂缝，在判定时将判定结果相应地降低一个等级即可。因此，从独立性和简洁性的角度考虑，未将衬砌裂缝的方向作为衬砌裂缝的一个指标，而只是作为衬砌裂缝长度和宽度的辅助判定指标。

对于裂缝的密度，依照我国《公路隧道养护规范》中规定，宽度为 0.3～0.5 mm 以上的裂缝，其分布密度大于 200 cm/m^2 时，可升高一个判定等级或者采用判定分类中较高的判定。因此，从独立性和简洁性的角度考虑，未将衬砌裂缝的密度作为衬砌裂缝的一个指标，而只是作为衬砌裂缝长度和宽度的辅助判定指标。

根据上面的分析，对于混凝土裂缝，采用裂缝的长度、宽度和深度作为指标，并且采用裂缝的发展性、方向和密度作为裂缝长度和宽度的辅助判定指标。

3.2.3 隧道结构安全评估指标体系的建立

在建立隧道结构安全评估指标体系时，鉴于难以一次性考虑问题的全部细节，故采用系统科学中的层次性原理，即大系统理论中的分解协调原理，将问题分解为多个层次，每个层次又有多个构成要素，由粗到细、由表及里、从全局到局部地逐步深入分析，将影响隧道结构安全状态的诸多因素条理化、层次化，从而建立递阶层次分析模型，即采用层次分析法（the Analytic Hierarchy Process，AHP）的思想建立隧道结构安全评估指标体系[30]。

不失一般性，设评估指标体系 $P(M, C, b)$ 的递阶层次结构如图 3-3 所示。其中 $C = \{C_1, C_2, \cdots, C_k\}$ 为评价指标集，$\boldsymbol{b} = \{b_1, b_2, \cdots, b_k\}$ 为权向量，M 为各评价指标函数所构成的指标函数集或称为模型集。

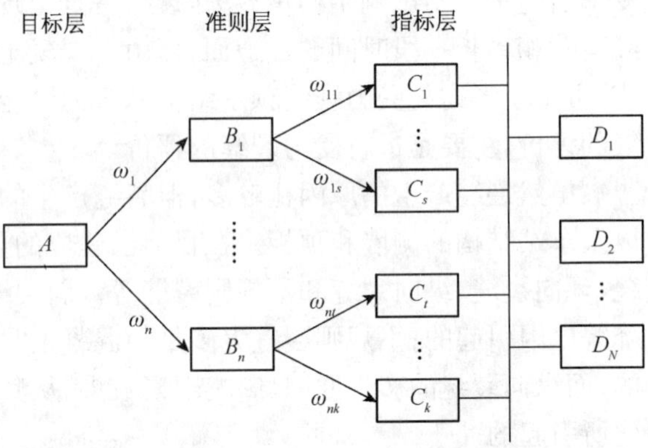

图 3-3 指标体系递阶层次结构图

对于任一被评对象 D_p，设其 k 个评价指标值分别为 C_1^*，C_2^*，…，C_k^*，则 D_p 相应于总目标的效用值记为 A^*，有：

$$A^* = \omega_1(\omega_{11}C_1^* + \cdots + \omega_{1s}C_s^*) + \cdots + \omega_n(\omega_{nt}C_t^* + \cdots + \omega_{nk}C_k^*) = \sum_i \sum_j \omega_i \omega_{ij} C_j^* \tag{3-1}$$

由此可以看出，评价指标 C_j 的权为 $\omega_i\omega_{ij}$，记 $b_j = \omega_i\omega_{ij}$，于是得到评价指标集 $C = \{C_1, C_2, \cdots, C_k\}$ 的权向量 $\boldsymbol{b} = \{b_1, b_2, \cdots, b_k\}$。

在具体建模时采用改进的层次分析法、模糊数学相结合的方法，避免了单纯采用层次分析法计算各层次指标权重的局限性。按照指标体系中评价指标的选取原则，在对影响隧道结构安全的因素进行充分分析的基础上，依据 AHP 思想，建立适用于上海软土地区的、能够全面反映盾构隧道结构受力特点并综合考虑使用功能的隧道结构安全评估指标体系。

根据上面的分析，可以将隧道结构安全评估指标体系分为三层。第一层为目标层，包含一个目标对象，即隧道结构的安全状态，用 A 表示。第二层为准则层，由可能影响隧道结构安全状态的因素组成，包括渗漏水、纵向沉降、横向变形、材质劣化、混凝土裂缝 5 个方面，分别用 B_1，B_2，B_3，B_4，B_5 表示，这 5 个因素组成了隧道结构安全状态综合评估的准则层因

素集 B，即 $B=\{B_1, B_2, B_3, B_4, B_5\}$。第三层为指标层，由可能影响准则层因素的各项指标组成：渗漏水包括渗漏速率、pH 值、湿渍面积 3 项指标，用 C_1，C_2 和 C_3 表示；纵向沉降包括接缝张开量、管片环间错台、纵向曲率半径 3 项指标，分别用 C_4，C_5 和 C_6 表示；横向变形包括椭圆率 1 项指标，用 C_7 表示；材质劣化包括混凝土强度、钢筋腐蚀、密封垫压缩量 3 项指标，分别用 C_8，C_9 和 C_{10} 表示；混凝土裂缝包括裂缝长度、裂缝宽度、裂缝深度 3 项指标，分别用 C_{11}，C_{12} 和 C_{13} 表示。则可建立图 3-4 所示的隧道结构安全评估的递阶层次指标体系。

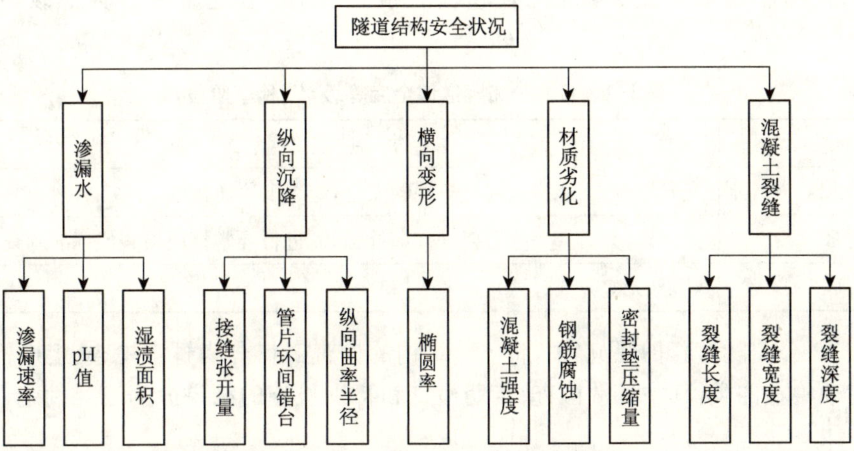

图 3-4　隧道结构安全评估指标体系框图

3.2.4　隧道结构安全状态等级的设计

评价指标是隧道结构安全评估递阶分析系统的基石，要对隧道结构的安全状态进行判定，必须对所拟定的评价指标特性的"优""劣"状况做出评价。但是，评价指标特性的"优""劣"是十分抽象的、具有模糊特性的概念，难以具体操作，因此，为了能对隧道结构安全状态进行定量评估，需要将隧道结构安全状态划分为若干个可度量的等级，并对各等级加以说明。亦即构造一个安全等级的集合，并对集合中的每一个元素加以定义。

隧道结构安全状态等级的划分与隧道结构的养护和维修等功能息息相关，它反映了隧道结构在服役周期内所处的各个阶段，决定了隧道结构所需的相关养护对策信息，而且不同的安全状态能够通过一定的养护措施予以保持或提高。

隧道结构安全状态等级划分的多少，是一个实践性很强的问题，它涉及相应规范、已有方法、实践经验等多方面因素。若划分的安全状态等级数目过少将失于简略，则很可能在评估结果中"淹没"某些重要信息；如果安全状态等级数目划分过多、过细，则又会使相邻等级间的指标相似太近，各等级区间界限不易确定，给操作者带来难度。参照各国对公路及铁路隧道安全等级的划分，可以看到，划分的思路虽然基本相同，但在具体的划分上仍存在差别，而且即使在同一国家不同时期的规范或手册中，对安全状态等级的划分也不同。

目前对于隧道结构安全状态等级如何合理划分的问题研究得较少，为此，本节在分析国内外公路及铁路隧道安全等级的基础上，结合医学上对健康等级的划分，建立了隧道结构安全状态等级。

根据资料和文献，目前已有的隧道安全等级划分方法有以下几种。

1. 三级划分法

德国《铁路隧道设计、施工与养护规范》(DS 853)中的《人工建筑物的监控和检查规范》[31]规定，用损坏数字1，2，3作为隧道衬砌损坏和缺陷的评价尺度。

在日本《公路隧道维持管理便览》[32]中，以车辆通行的安全性为重点，将检查阶段(包括日常检查、定期检查、异常检查和临时检查)的隧道健康度分为三级，如表3-1所示。

表3-1 日本公路隧道健全度等级[32](检查阶段)

等级	判定内容
A	变异显著，不能确保通行车辆的安全，应采取紧急措施
B	无变异，为研究是否需要补修和补强，需进行异常情况检查或标准调查
C	健全(无变异或轻微)

在我国《公路隧道养护规范》中，将土建结构的检查工作分为日常检查、定期检查、特别检查和专项检查四类，其中日常检查、定期检查和特别检查的结果分为三类判定，如表3-2所示。

表3-2 我国公路隧道检查结果的判定[29](日常、定期和特别检查阶段)

等级	判定内容
A	变异情况显著，危及行人、行车安全，应采取处治措施或特别对策
B	存在异常情况，但不明确，应作进一步检查或观测以确定对策
S	情况正常(无异常情况，或虽有异常情况但很轻微)

2. 四级划分法

在日本铁路隧道总体检查中，把健全度分为A，B，C，S四级，A级又细分为AA，A_1，A_2三级，如表3-3所示。

表3-3 日本铁路隧道健全度等级[32]

等级	对运行安全的影响	变异程度	措施
AA	危险	重大	立即采取
A_1	迟早会造成威胁，有异常外力时危险	变异发展，功能继续降低	及早采取
A_2	以后有危险	变异发展，功能会降低	必要时采取
B	如发展，变为A级	如发展，变为A级	监视(必要时采取)
C	现状时无影响	轻微	重点检查
S	无影响	无	无

在日本《公路隧道维持管理便览》[32]中，将调查阶段隧道的健全度分为四级，如表 3-4 所示。对于调查阶段健全度的判定，主要根据隧道变异的发展性和紧急性的优先程度考虑的，具体包括：与利用者有关的，如安全性和使用性等；与结构物有关的，如承载性和耐久性等；与管理方面有关的，如维修管理等；变异的发展性和特征等。表 3-5 给出了隧道健全度等级与判定因素的关系。

表 3-4 日本公路隧道健全度划分等级[32]（调查阶段）

判定分级	判 定 内 容
3A	变异显著，对第三者、通行车辆有危险，应立即采取措施
2A	有变异且在发展，早晚会对通行者、通行车辆造成威胁，应及早采取对策
A	有变异将来对通行者、通行车辆会造成威胁，应重点监视，有计划地采取对策
B	无变异，或变异轻微，对通行者、通行车辆无影响，可进行监视

表 3-5 日本公路隧道判定健全度等级的判定因素[32]（调查阶段）

判定等级	判 定 因 素				对策的紧急性
	对通行者、通行车辆	对结构物安全性的影响	对维修挂管理作业的影响	变异的程度	
3A	危险	重大	显著	重大	立即采取对策
2A	早晚有危险，异常时有危险	早晚变成重大	大	发展中，功能降低	及早采取对策
A	将来危险	将来重大	中等影响	发展中，功能可能降低	重点监视
B	无影响	无影响	几乎无影响	轻微	监视

在我国《公路隧道养护规范》中，将土建结构专项检查的结果分为四类判定，如表3-6 所示。对于隧道检查阶段结果的判定，主要根据结构的破损程度、发展变化趋势和对交通安全、结构设施安全的影响等因素进行判定，如表 3-7 所示。

表 3-6 我国公路隧道专项检查结果的判定[29]

判定分级	检 查 结 论
3A	结构存在严重破坏，已危及行人、行车安全，必须立即采取紧急对策措施
2A	结构存在较严重破坏，将会危及行人、行车安全，应尽早采取对策措施
A	结构存在破坏，可能会危及行人、行车安全，应准备采取对策措施
B	结构存在轻微破损，现阶段对行人、行车不会有影响，但应进行监视或观测

表 3-7　我国公路隧道专项检查结果的判定因素

判定分类	判定因素				对策
	破损程度	破损发展趋势	对行人、行车安全的影响	对结构、设施安全的影响	
3A	严重	迅速	危险	危险	立即采取紧急对策
2A	较重	较快	已有一定的威胁，比较危险	已有一定的威胁，比较危险	尽快采取对策措施
A	一般	较慢	暂无，将来可能构成危险	暂无，将来可能构成危险	准备采取对策措施
B	轻微	无或趋于稳定	无或轻微	无或轻微	监视、观测

3. 五级划分法

日本水工隧洞健全度判定时以断水为原则，将水工隧洞健全度分为五级，如表 3-8 所示。

表 3-8　日本水工隧洞健全度等级

等级	判定内容
5 级	改建
4 级	下次断水时改建
3 级	再下次断水时改建
2 级	今后需继续进行监视
1 级	进行一般检查即可

在 1997 年颁布的我国铁路行业标准《铁路桥隧建筑物劣化评定标准——隧道》[33]中，规定采用劣化度的方法判定铁路隧道结构物的功能状态，并将铁路隧道劣化等级分为五级，如表 3-9 所示。

表 3-9　我国铁路桥隧建筑物劣化等级[33]

劣化等级		对结构功能及行车安全的影响	措施
A	AA(极严重)	结构功能严重劣化，危及行车安全	立即采取措施
	A_1(严重)	结构功能严重劣化，进一步发展危及行车安全	尽快采取措施
B(较重)		劣化继续发展会升至 A 级	加强监视，必要时采取措施
C(中等)		影响较少	加强检查，正常维修
D(轻微)		无影响	正常保养及巡检

1999 年，日本建设省混凝土结构耐久性研究会提出隧道劣化度判定标准，该标准实际上是一个基于衬砌混凝土剥落、剥离的判定标准，如表 3-10 所示。

表 3-10　日本水工隧洞劣化度等级

劣化度	判定标准
Ⅰ	有明确的剥落、剥离的危险，需立即进行补修
Ⅱ	有多处可能发生剥落、剥离的部分，需研究是否需要补修
Ⅲ	有可能发生剥落、剥离的部分，例如，打击声检查中认为存在有异常声的地点
Ⅳ	可能有与剥落、剥离有关的部分，例如，出现开裂和施工缝、出现锯齿状变异等
Ⅴ	没有剥落、剥离的迹象，结构物健全

4. 十级划分法

美国《公路和铁路交通隧道检查手册》[34]将隧道检测中的结构单元状态分为 0～9 十级，如表 3-11 所示，该分级方法来源于美国联邦公路局桥梁检查者培训手册中的一个分级方法。

表 3-11　美国隧道健康等级判定[34]

等级	判定内容
9	新完成的结构
8	极好的状态——没有发现缺陷
7	良好的状态——不需修复，结构只有少量的缺陷
6	“5”和“7”两级之间
5	较好的状态——需少量的修复，但结构单元仍能正常工作，有轻度的、中度的和少量严重的缺陷，但没有显著的断面损失
4	“3”和“5”两级之间
3	较差的状态——需大量的修复，结构不能正常工作，存在严重的缺陷
2	严重的状态——立即进行大量的修复以保证结构物能为公路和铁路交通开放
1	危险状态——立即停止使用，并进行结构修复的可行性研究
0	危险状态——停止使用，在修复中

5. 医学上对健康的划分

目前，医学上对病人健康的评价一般分为健康、基本健康、健康欠佳、健康状况差四种情况，其中，健康是指基本无疾病或有亚临床疾病，身体健康者；基本健康是指无器质性疾病，但有一项或几项临床指标临界，存在亚健康状况；健康欠佳是指有严重器质性疾病和(或)伴有相应后遗症，但仍能坚持工作的；健康状况差是指有严重器质性疾病，伴有器官损害、功能失代偿者，恶性肿瘤或生活不能自理者。

从上面可以看出，在隧道健康等级的划分方法中，三级划分法比较简单，但主要用于日常、定期和特别检查结果的判定。在五级划分法中，我国铁路隧道劣化度等级划分方法实际上是在日本铁路隧道四级划分法的基础上，将 A 级细分为两级，实际上也是一种四级划分法；日本建设省的隧道劣化度判定标准实际上是一个基于衬砌混凝土剥落、剥离的判定标准，如果用于对隧道健康状态的评价会有很大的局限性，不能判定其他缺陷检测结果。十级划分法则划分过细，确定各等级区间界限的难度较大，而且在隧道结构安全状态评估时，有些状态是不需要的。同时，在日本铁路隧道总体检查阶段、日本公路隧道检查阶段、我国公路隧道的专项检查阶段以及医学上对健康的划分中，结果的判定均分为四级，说明四级划分法已有了一定的使用基础。

综合以上分析，对隧道结构安全状态等级的划分采用四级划分法，并以我国公路隧道专项检查结果的四级判定等级为基础，在Ⅰ级增加了结构无破损这种情况，建立的隧道结构安全状态等级如表 3-12 所示。

表 3-12　隧道结构安全状态等级

判定分级	判定结论
Ⅰ	结构无破损或存在轻微破损，现阶段对行人、行车无影响，但应进行监视或观测
Ⅱ	结构存在破损，对行人、行车产生一定的影响，应准备采取对策措施
Ⅲ	结构存在较严重破损，对行人、行车安全产生较大的影响，应尽早采取对策措施
Ⅳ	结构存在破坏，已危及行人、行车安全，必须立即采取紧急对策措施

3.3　评价指标判定标准

为了对隧道调查和检测的结果进行判定和评估，同时也为了使指标体系中指标的评价能和评估结果相联系，需要建立各评价指标的判定标准。判定标准是指对应于某一安全等级，各层评价指标的值或状态应处于的变化区间或状态。判定标准包括定性的判定标准、定量的判定标准以及定性与定量相结合的判定标准。在给出了评价指标的判定标准后，就可以使不同结果的评价指标能与安全等级相对应，以实现对隧道结构安全状态的评估。为此，本节通过参照公路及铁路隧道条例、规范的相关规定，对公路及铁路隧道评估评价指标的判定标准进行了深入研究，结合隧道结构自身的特点，给出了隧道结构安全评估指标体系中各评价指标的定量判定标准。

3.3.1　渗漏水的判定标准

1. 基于渗漏速率的判定标准

在我国铁路隧道养护工作中，根据漏水程度将渗漏水定性地分为润湿、渗水、滴水、漏水、射水、涌水六级[35]。在日本《铁道土木构造物等维持管理标准・同解说（隧道编）》[36]、日本《公路隧道维持管理便览》[32]和我国《公路隧道养护规范》中，根据漏水压力、渗漏速率等因素将隧道漏水状态定性地分为浸渗、滴漏、涌流、喷射四级，这种四级漏水状态实际上是前面六级漏水状态的一种精简。在美国《公路和铁路交通隧道检查手册》[34]中，对这个标准进行了量化，即轻度的（混凝土表面潮湿但无滴水）、中度的（流量小于 30 滴/秒）、严重的（流量大于 30 滴/秒）。在《地下工程防水技术规范》[20]中，采用定性描述和定量相结合的方法将地下工程防水等级分为四级，如表 3-13 所示。杨新安等在《隧道病害与防治》[37]一书中介绍了一种国外的隧道防水分级方法，该方法按最大允许渗漏量将隧道防水等级定量地分为七级，即一级（肉眼看不出）、二级（1 L/(m^2 · d)）、三级（3 L/(m^2 · d)）、四级（13 L/(m^2 · d)）、五级（30 L/(m^2 · d)）、六级（100 L/(m^2 · d)）、七级（不限制）。

表 3-13 地下工程防水等级标准[20]

防水等级	标　　准
四级	有漏水点，不得有线流和漏泥沙； 整个工程平均漏水量不大于 2 L/(m^2 · d)；任意 100 m^2 防水面积的平均漏水量不大于 4 L/(m^2 · d)
三级	有少量漏水点，不得有线流和漏泥沙； 任意 100 m^2 防水面积上的漏水点数不超过 7 处，单个漏水点的最大漏水量不大于 2.5 L/d，单个湿渍的最大面积不大于 0.3 m^2
二级	不允许漏水，结构表面可有少量湿渍。 工业与民用建筑：总湿渍面积不应大于总防水面积（包括顶板、墙面、地面）的 1‰。 任意 100 m^2 防水面积上的湿渍不超过 1 处，单个湿渍的最大面积不大于 0.1 m^2。 其他地下工程：总湿渍面积不应大于总防水面积的 6‰。 任意 100 m^2 防水面积上的湿渍不超过 4 处，单个湿渍的最大面积不大于 0.2 m^2
一级	不允许渗水，结构表面无湿渍

可以看出，目前对隧道漏水状态还是以定性判定为主，尽管地下工程防水标准以定量的形式给出了防水等级，但由于地下工程防水要求比隧道渗漏水更严格，因此还不能应用于隧道结构渗漏水判定。而杨新安等[37]所提出的定量的判定标准是针对于岩石公路隧道，因此也不适用于建造在软土地区的隧道。但根据我国《地下防水工程质量验收规范》(GB 50208—2002)[38]中相关规定，并结合运营隧道定期监测和检测的实际情况来看，当渗漏速率达到 300 滴/分钟时，漏水的状态将由滴漏转变为连续的线流。因此，从实用性和可操作性的角度考虑，采用表 3-14 中的判定标准作为基于漏水状态的判定标准。

表 3-14 基于渗漏速率的隧道结构渗漏水的判定标准

判定等级	渗漏水状态	渗漏速率/(滴 · 分钟$^{-1}$)
Ⅰ	结构从管片接头及管片、车站裂缝等处无渗水或混凝土表面潮湿	<5
Ⅱ	结构从管片接头及管片、车站裂缝等处滴水	5～60
Ⅲ	结构从管片接头及管片、车站裂缝等处漏水	60～300
Ⅳ	结构从管片接头及管片、车站裂缝等处流水	>300

2. 基于 pH 值的判定标准

在我国《铁路工务技术手册——隧道》(修订本)[39]中，将侵蚀性环境水对隧道衬砌混凝土的侵蚀程度定量地分为三级，如表 3-15 所示。在日本《铁道土木构造物等维持管理标准 · 同解说(隧道编)》[36]、日本《公路隧道维持管理便览》[29]、我国《铁路桥隧建筑物劣化评定标准——隧道》[33]和我国《公路隧道养护规范》中，将渗漏水 pH 值对隧道衬砌腐蚀的影响程度定量地分为四级，判定标准如表 3-16 所示。虽然上述标准均是针对公路和铁路隧道衬砌混凝土而制定的，但是由于该指标仅涉及侵蚀性环境水与混凝土材料之间的相互作用，而未涉及隧道修建的施工工法与运营用途等。因此，从实用性和使用广泛性的角度考虑，基于渗漏水 pH 值的定量判定标准采用表 3-16 中的判定标准。

表 3-15 环境水对混凝土酸性侵蚀的判定标准

侵蚀程度	强侵蚀	中等侵蚀	弱侵蚀
pH 值	6.5～5.5	5.4～4.5	＜4.5

表 3-16 基于渗漏水 pH 值的判定标准

腐蚀等级	pH 值	对混凝土的作用
Ⅰ	6.1～7.9	在混凝土使用初期要注意
Ⅱ	5.1～6.0	表面易损坏
Ⅲ	4.1～5.0	在较短时间内表面凸凹不平
Ⅳ	＜4.0	水泥溶解崩溃

3. 基于湿渍面积的判定标准

湿渍主要是由混凝土密实度差异造成毛细现象或由混凝土容许裂缝(宽度小于 0.2 mm)产生,在混凝土表面肉眼可见的“明显色泽变化的潮湿斑”,一般在人工通风条件下可消失。根据《地下工程防水技术规范》[20]和《地下防水工程质量验收规范》[38]中相关规定,并考虑到隧道同工业与民用建筑对防水要求的差异性,采用表 3-17 中的判定标准作为基于湿渍面积的定量判定标准。

表 3-17 基于湿渍面积的隧道结构渗漏水的判定标准

判定等级	判 定 标 准
Ⅰ	结构表面无湿渍
Ⅱ	结构表面可有少量湿渍; 任意 100 m^2 防水面积上的湿渍数不超过 4 处,单个湿渍的最大面积不大于 0.2 m^2
Ⅲ	结构表面可有较多湿渍; 任意 100 m^2 防水面积上的湿渍数不超过 10 处,单个湿渍的最大面积不大于 0.5 m^2
Ⅳ	结构表面任意 100 m^2 防水面积上的湿渍数超过 10 处,单个湿渍的最大面积大于 0.5 m^2

3.3.2 横向变形的判定标准

由于产生横向变形的原因复杂,不仅包括设计阶段的各种恒载、活载和动荷载,施工阶段管片制作及安装误差,还包括运营阶段保护区内工程施工的扰动以及纵向不均匀沉降传递的剪力作用等;另一方面,由于纵向不均匀沉降程度与横向附加内力之间不是完全的正相关,比如在一般情况下,纵向变形曲率较大时,传递的纵向剪切力也较大,因此,在横向其他外力相同时,随着横向剪切力的增大,隧道横向变形增大,但是如果该环管片同时受到较大的地面荷载,即使纵向变形较均匀,同样会产生相当大的横向变形。而且横向变形曲线也并非是标准的“横鸭蛋”形。因此,用传统的由力求位移的思想分析运营期盾构隧道结构内力和变形难度较大。

文献[40]中针对横向变形进行了理论推导，提出采用表 3-18 中的判定标准作为横向变形的定量判定标准。在实际情况中，综合考虑椭圆率 e 与直径变化量 ΔD，在具体评估时，主要参考椭圆率 e。

表 3-18 横向变形的定量判定标准

判定等级	判定标准：椭圆率 e
Ⅰ	≤1.01
Ⅱ	1.01～1.03
Ⅲ	1.03～1.10
Ⅳ	≥1.10

3.3.3 材质劣化的判定标准

1. 基于混凝土强度的判定标准

在日本《铁道土木构造物等维持管理标准・同解说（隧道编）》[36]、日本《公路隧道维持管理便览》[32]和我国《公路隧道养护规范》中，都采用有效衬砌厚度和设计衬砌厚度之比来表示衬砌断面强度的变化，如表 3-19 和表 3-20 所示（其中，中国和日本公路隧道的判定标准相同）。所谓有效衬砌厚度，是指混凝土强度不小于设计标准强度的衬砌的厚度，当不了解设计标准强度时，可取 15 MPa 为标准。在我国《铁路桥隧建筑物劣化评定标准——隧道》[33]中，采用定量与定性相结合的方法将衬砌材料劣化程度分为五级。公路隧道和日本铁路隧道的判定标准是全量化的判定标准，而且公路隧道的判定标准更简便，因此，以我国公路隧道的判定标准为基础来建立衬砌强度和厚度的判定标准。

表 3-19 日本铁路隧道衬砌强度判定标准[16, 32]

有效厚度/设计厚度，有效厚度	判定
有效厚度/设计厚度＜1/3，有效厚度＜250 mm	A_2/AA
1/3≤有效厚度/设计厚度＜2/3	B/A_2

注：当劣化范围是极小部分时，可降低一级。

表 3-20 我国公路隧道衬砌强度判定标准[29]

判定	2A	A	B
有效厚度/设计厚度	＜1/2	1/2～2/3	＞2/3

注：实际的衬砌有效厚度必须确保 30 cm，如小于 30 cm，即可考虑判定为 1A/2A 级。

由于通过隧道调查和检测可以得到隧道衬砌的实际强度和实际厚度，因此，可以直接用隧道衬砌的实际强度与设计强度之比来反映隧道衬砌断面强度的变化。为此，采用了如表 3-21 所示的基于衬砌强度的判定标准。

表 3-21 隧道结构混凝土强度的定量判定标准

判定	Ⅰ	Ⅱ	Ⅲ	Ⅳ
实际强度/设计强度	＞3/4	2/3～3/4	1/2～2/3	＜1/2

2. 基于钢筋腐蚀的判定标准

对于钢筋混凝土结构，可用截面损失率来表征钢筋锈蚀程度，截面损失率可采用取样检查法和裂缝观察法等方法确定。

取样检查法就是破开混凝土保护层直接检查钢筋锈蚀情况，如剩余直径、剩余周长、腐蚀坑深度和长度或锈蚀产物的厚度等，根据量测结果就可以计算出钢筋截面的损失率。采用取样检查法时，宜选择构件上钢筋锈蚀比较严重的部位，如保护层被胀裂、剥落处，以及保护层有空鼓现象等部位。量测钢筋剩余直径和剩余周长前，应将钢筋除锈，使钢筋露出金属的光泽。

裂缝观察法是根据混凝土裂缝的形状、分布及裂缝宽度等来判断钢筋的锈蚀程度，该方法的优点是不必凿出钢筋。钢筋锈蚀后会出现体积膨胀，造成混凝土产生顺筋裂缝，因此，通过观察混凝土构件表面有无顺筋裂缝和裂缝宽度可判定钢筋锈蚀程度。建研院结构所的调研和试验数据表明，钢筋截面损失率与裂缝宽度等指标有下述关系[41]，如式(3-2)及式(3-3)所示：

$$\lambda = 507e^{0.007a} f_{cu}^{-0.09} d^{-1.76} \quad (0 \leqslant b < 0.2\ \text{mm}) \tag{3-2}$$

$$\lambda = 232e^{0.008a} f_{cu}^{-0.567} d^{-1.08} \quad (0.2 \leqslant b < 0.4\ \text{mm}) \tag{3-3}$$

式中 λ—— 钢筋截面损失率(%)；
a—— 混凝土保护层厚度(mm)；
f_{cu}—— 混凝土立方体强度(MPa)；
d—— 钢筋直径(mm)；
b—— 锈蚀裂缝宽度(mm)。

基于截面损失率的钢筋锈蚀定量判定标准见表 3-22，这是参考我国《公路旧桥承载能力鉴定方法(试行)》[42]中钢筋锈蚀等级判定标准建立的。

表 3-22 基于钢筋腐蚀的定量判定标准[42]

判定	Ⅰ	Ⅱ	Ⅲ	Ⅳ
截面损失率	0～3%	3%～10%	10%～25%	>25%

3. 基于密封垫压缩量的判定标准

文献[16]假定以“接触面初应力由 588 kPa 降低 196～294 kPa 时效变化就是老化(寿命)”作为判定标准，以此为据，根据防水密封垫材料相应的本构关系，最终采用了如表 3-23 所示的基于密封垫压缩量的定量判定标准。

表 3-23 基于密封垫压缩量的定量判定标准

判定	Ⅰ	Ⅱ	Ⅲ	Ⅳ
密封垫压缩量/mm	>6	3～6	1～3	<1

3.3.4 混凝土裂缝的判定标准

基于混凝土裂缝长度和宽度的判定标准有以下几类。

1. 根据混凝土裂缝的宽度判定

在我国《铁路工务技术手册——隧道》[39]中，按裂缝的宽度将裂缝定量地分为四级，如

表3-24 所示。在美国《铁路交通隧道和地下建筑物检查方法和程序》中，将裂缝定性地分为轻微的、中等的、严重的三级。在美国《公路和铁路交通隧道检查手册》[34]中，对非预应力混凝土结构，按裂缝宽度将裂缝定量地分为三级，对预应力混凝土结构，裂缝宽度超过0.1 mm时就认为是严重的，不超过 0.1 mm 是中等的。我国《铁路隧道设计规范》[21]规定，钢筋混凝土结构构件，按荷载基本组合所求得的最大裂缝宽度不应大于 0.2 mm。李治国[43-45]根据《混凝土结构设计规范》(GBJ 10—89)、《铁路隧道设计规范》(TB 10003—2001)、《民用建筑可靠鉴定标准》(GB 50292—1999)这三个规范或标准的有关规定，并参照国内多座铁路、公路隧道、地下铁道区间隧道和车站的设计标准以及多座病害隧道的调查、统计资料和整治经验，将钢筋混凝土结构的隧道裂缝宽度影响程度分为四级，如表 3-24 所示，并利用断裂力学的方法研究了混凝土开裂后隧道的稳定性。

表 3-24　隧道结构混凝土裂缝的定量判定标准

序　号	裂缝判定			
	裂缝宽度 b/mm			
1	大	中	小	毛
	>20	2~20	0.3~2	≤0.3
2	严重	中等	轻微	
	>3.2	0.8~3.2	≤0.8	
3	严重影响	较大影响	较小影响	轻微影响
	≥0.5	0.3~0.5	0.2~0.3	<0.2

注：序号 1 代表《铁路工务技术手册——隧道》，序号 2 代表美国隧道手册，序号 3 代表李治国。

2. 根据混凝土裂缝的长度和宽度判定

在日本《铁道土木构造物等维持管理标准・同解说(隧道编)》[36]中，给出了根据裂缝的长度和宽度对裂缝进行定量判定分级的标准，如表 3-25 所示。在日本《公路隧道维持管理便览》[32]和我国《公路隧道养护规范》中，也都给出了根据裂缝长度和宽度对裂缝进行定量判定的标准，两个标准基本相同。判定时，首先根据裂缝有无发展情况将裂缝分为存在开展的裂缝和无法确定是否存在开展的裂缝两类，然后根据裂缝的长度和宽度给出了这两种情况下的衬砌裂缝判定标准，如表 3-26 和表3-27 所示。其中，表中的裂缝是以水平方向的裂缝或剪断裂缝为主要对象的，对于横向裂缝，可将判定分级相应降低 1 个等级即可。对宽度为 0.3~0.5 mm 以上的裂缝，其分布密度大于 200 cm/m^{2}时，可提高 1 个判定等级或者采用判定等级中较高的等级。在我国《铁路桥隧建筑物劣化评定标准——隧道》[33]中，则采用定量和定性相结合的方法将裂缝分为五级，定量时综合考虑了裂缝的长度和宽度，如表 3-28 所示。

表 3-25　日本铁路隧道衬砌裂缝判定标准[36]

裂缝长度 l/m 裂缝宽度 b/mm	>10	5~10	<5
>5	AA—A_1	A_1	A_1
3~5	A_1	A_1	A_2

注：AA 级代表危险，A_1级代表迟早有危险，A_2级代表以后有危险。

表 3-26　当裂缝存在开展时的判定标准[29]

裂缝长度 l/m 裂缝宽度 b/mm	>5	≤5
>3	3A—2A	2A—A
≤3	A	A

注：3A 级代表危险，2A 级代表早晚有危险，A 级代表将来有危险。

表 3-27　当无法确定裂缝是否存在开展时的判定标准[29]

裂缝长度 l/m 裂缝宽度 b/mm	>10	5～10	≤5
>5	3A—2A	2A—A	2A—A
3～5	2A	2A—A	A
≤3	A—B	A—B	A—B

注：B 级代表无影响。

表 3-28　我国铁路隧道衬砌裂缝的判定标准[33]

等级	裂缝状态
AA(极严重)	长度 L>10 m，宽度 b>5 mm； 且变形继续发展，拱部开裂呈块状，有可能掉落
A1(严重)	L 为 5～10 m，但 b>5 mm； 开裂使衬砌呈块状，在外力作用下可能崩塌和剥落
B(较重)	L<5 m 且 3 mm≤b≤5 mm；裂缝有发展，但速度不快
C(中等)	L<5 m 且 b<3 mm
D(轻微)	一般龟裂或无发展状态

3. 根据混凝土裂缝的图像判定

国内外学者已研究用图像分析技术来定量评价混凝土裂缝[46-51]，该方法是基于图像分析技术，通过对裂缝图像进行处理获得所需的图像特征，并分析运算出相应的特征参数，然后采用合理的运算法则来量化二值化图像中可用于表征裂缝信息的指标，从而实现对裂缝的定量评价。Liu 等[51]通过处理探测到的衬砌裂缝图像，根据裂缝图像处理结果将裂缝分为有裂缝、无裂缝和中间状态三种情况。由于该方法中所用的裂缝图像是用裂缝探测仪器检测的，检测结果比用人工检查更准确，但该分级方法是通过对图像处理后的附图进行分析后得到的，需要对大量图像进行分析研究，而且目前只能分析直线形裂缝，图像识别精度也不太高，还不能推广应用。

根据上面的分析可知，第三类判定方法目前还处于研究阶段。第二类判定方法综合考虑了衬砌裂缝的长度、宽度对隧道衬砌结构的影响，与第一类判定方法相比，该类判定方法更全面。同时，在第二类判定方法中，与铁路隧道规范相比，在日本和我国的公路隧道规范中，判定时还综合考虑了裂缝的发展性、方向、密度等因素，考虑地更细致，实用性更强。为此，基于衬砌裂缝长度和宽度的判定标准，采用我国公路隧道的判定标准，如表 3-26 和表 3-27 所示。

对衬砌裂缝深度的判定，目前还鲜有研究。在我国《公路隧道养护技术规范》中，只是给出了衬砌裂缝深度的检测方法，尚未给出判定标准。文献[43-45, 52]利用平面有限元位移法和断裂力学分析了衬砌裂缝的深度、宽度和条数对二次衬砌开裂后的隧道承载能力的影响。从研究成果中可以总结出，衬砌开裂后的隧道衬砌承载安全系数 f 的值随裂缝深度与衬砌厚度比值 k 的增大而减小；当 k 值小于 1/3 时，f 值随 k 值的增大而迅速减小；当 k 值由 1/3 增大到 1/2 时，f 值变化不大；当 k 值在由 1/2 增大到 2/3 时，f 值随 k 值的增大而减小；当 k 值由 2/3 增大到 1 时，f 值随 k 值的增大而减小。为此，从安全性的角度考虑，采用了如表 3-29 所示的基于衬砌裂缝深度的判定标准。

表 3-29　基于混凝土裂缝深度的判定标准

判　定	Ⅰ	Ⅱ	Ⅲ	Ⅳ
k（裂缝深度/管片厚度）	＞2/3	1/2～2/3	1/3～1/2	＜1/3

3.4　评价指标权重

隧道结构安全评估指标体系是一个多项目、多层次的复杂系统，每个层次又由多个评价指标组成。要对隧道结构的安全状态进行综合评估，需要对各层中的评价指标的评估结果进行综合。由于每层评价指标在隧道结构安全评估指标体系中的地位、作用不同，从而使得它们对整个隧道结构安全状态评估结果的贡献也就不同。如果仅将各层评价指标的评估结果简单地进行综合，并以此来代表隧道结构的安全状态，则有可能得出失真的结论。因此，应采用适当的方法，分别确定同一层次中各指标在隧道结构安全评估指标体系中相对于上层指标的"相对重要性"，即权重，然后将各层指标的权重与其评估结果综合考虑，才能得出其上层指标合理的评估结果，如此逐步综合直至得到隧道结构安全状态的评估结果。指标的权重反映了某一指标在指标体系中所起作用的大小，是指标对总目标的贡献程度，可以将其看作是把指标联结为一个整体的量的纽带。所以，权重问题是隧道结构安全状态评估中的一个需要重点研究的问题。

3.4.1　评价指标权重的特点

隧道结构安全状态的评估既具有一般综合评价问题的共同特性，也具有其本身固有的特点。因此，隧道结构安全评估指标体系中指标的权重，也具有其不同于其他综合评价问题的特点。

(1) 隧道结构安全评估指标体系是一个由多指标组成的多层次复杂递阶系统，各个评价指标对隧道结构安全状态的反映程度不同，因而它们在安全状态评估中的重要性也不同，对与重要的调查和检测项目有关的评价指标应赋予较大的权重。

(2) 隧道结构监测和检测资料是进行隧道结构安全状态评估的重要依据，在权重确定时，应设法充分利用实测资料所给出的信息。同时，由于各监测和检测项目的精度（仪器固有的、人为的等）不尽相同，权重的确定还应充分考虑监测和检测数据的精度对隧道结构安全状态反映的可靠程度和灵敏程度，对可靠程度和灵敏程度高的指标应赋予较大的权重。

(3) 隧道结构安全状态的恶化常常是从某一部位开始而最终导致隧道结构的破坏,结构安全状态的恶化常可以被部分指标的监测或检测资料所反映。在这种情况下,若按照常规的权重确定方法,则有可能掩盖隧道结构的真实安全状态。此时应对那些反映隧道结构安全状态恶化的评价指标赋予较大的甚至是1(其他评价指标为0)的权重。也就是说,这些评价指标对隧道结构安全状态具有绝对的评估权。

3.4.2 指标权重确定的方法

在评价问题中,按权重确定方法中源信息的出处,可将权重确定方法分成两类:一类是主观赋权法,其源信息来自专家咨询,即利用专家群的知识和经验,如专家咨询法和层次分析法;另一类是客观赋权法,其源信息来自统计数据本身,如主成分分析法、人工神经网络法。这些方法从不同的角度对权重问题进行了研究,但也都有一定的适用范围和局限性。

(1) 专家咨询法又称为德尔菲法,该方法是对专家进行调查,了解专家的意见,通过统计处理、反馈和修改等步骤,把意见逐步收敛到较为一致的基础上,从而确定各指标的权重。该方法带有较大的主观经验性,专家的选择将直接影响到结果的准确性。

(2) 层次分析法是美国运筹学家 T. L. Saaty 在 20 世纪 70 年代提出的一种将半定性、半定量问题转化为定量计算的方法。该方法于 80 年代传入我国,应用较广,但其标度问题一直未得到良好的解决。

(3) 主成分分析法是现代多元统计分析中的一种方法。该方法虽然以实测资料为基础,比较客观,但它只注重实测数据间的关联性,缺乏对不同评价指标在物理力学关系上的重要性的考虑。

(4) 人工神经网络法是利用人工神经网络的自组织、自学习特性,通过神经网络确定权重,它可以学习和自适应不确定的系统,能同时处理定量和定性知识,利用样本训练后,就能得到与评价情况相符合的指标权重值。由于神经网络是利用实测数据来得到权重,因此它需要较多的实测数据。

由此可见,虽然权重的确定方法不少,但均不是十全十美,各有优缺点。究其原因,一方面是由于权重确定问题比较复杂,另一方面也是由于各种权重确定方法本身存在局限性。因此,有必要对已有方法予以改进。

为此,根据隧道结构安全评估指标体系中评价指标两两比较时的具体特点,在分析层次分析法的基础上,采用一种改进的层次分析法——乘积标度法来确定准则层和指标层指标的权重。

3.4.3 乘积标度法

1. 乘积标度法原理

层次分析法(AHP)是美国运筹学家 T. L. Saaty 在 20 世纪 70 年代提出的一种实用决策方法,近些年来,在我国得到了广泛的应用。这种方法采用数字标度的形式,将定量与定性相结合,将人的主观判断用数量形式表达和处理,提高了决策的有效性、可靠性和可行性。

运用层次分析法解决问题,大体可分为四个基本步骤:

(1) 建立递阶层次结构；

(2) 构造两两比较判断矩阵；

(3) 计算单一准则下元素的相对权重(排序权向量)；

(4) 计算各层元素的组合权重，进行总的判断一致性检验。

层次分析法的关键步骤在于通过因素之间的两两比较获得因素之间的相对重要性，然后根据给定的数字标度，将相对重要性的语言描述转化为数字描述，从而获得相应的判断矩阵。通过大量的使用经验，人们发现，用这种方法分析的结果，在确定因素的排序上是基本合理、比较可靠的，但是由它得出的权重值有时并不可靠，与人们的估计偏离较远。在仔细地分析了这一问题后，发现问题的症结在于，层次分析法最初所采用的标度法是层次分析法的创始人 T. L. Saaty 所提出的 1～9 标度法，如表 3-30 所示，这种标度法有时并不合理。例如，在 T. L. Saaty 的 1～9 标度法中，"稍微大"的标度值为 3，即把比"相同"大到 3 倍的情况认为是"稍微大"，这与人们通常的认识相差太大；又如，取"明显大"的标度值为 5，而"明显大"对"稍微大"之比为 5：3≈1.67，甚小于 3，即把一个"明显大"的事物与一个"稍微大"的事物相比，还远不能说是稍微大，这显然又是不合理的。引用这些不合理的标度值进行计算，要想得到数量上比较可靠的权重值，显然是不可能的。为此，一些研究者对数字标度进行了研究[53-56]，试图对这种状况作一些改进，并提出了 9/9～9/1 标度法、10/10～18/2 标度法、指数标度法等标度法，其具体标度如表 3-30 所示。

表 3-30　层次分析法的 4 种标度法[53-56]

区　分	1～9 标度法	9/9～9/1 标度法	10/10～18/2 标度法	指数标度法
相　同	1	9/9(1.000)	10/10(1.000)	9^0(1.000)
稍微大	3	9/7(1.286)	12/8(1.500)	$9^{(1/9)}$(1.277)
明显大	5	9/5(1.800)	14/6(2.333)	$9^{(3/9)}$(2.080)
强烈大	7	9/3(3.000)	16/4(4.000)	$9^{(6/9)}$(4.237)
极端大	9	9/1(9.000)	18/2(9.000)	$9^{(9/9)}$(9.000)
通　式	K	$9/(10-k)$	$(9+k)/(11-k)$	$9^{(k/9)}$
	$K=1\sim9$	$K=1\sim9$	$K=1\sim9$	$K=1\sim9$

无论是 1～9 标度法，还是 9/9～9/1 标度法、10/10～18/2 标度法及指数标度法，其共同特点都是在进行两两比较时，先划分若干比较级别，如表 3-30 中的"相同"、"稍微大"、"明显大"、"强烈大"、"极端大"等，然后再根据比较对象的具体情况进行套用。这样做的好处是使权重的确定规范化，不足之处在于分类过于苛刻，限制过于死板。

同时，在隧道结构安全评估指标体系中，权重反映的是各评价指标之间的相对重要性。在这些评价指标的两两比较中，一般不存在"强烈大"和"极端大"的情况，出现"明显大"的情况也不多，而比较多的情况是在"稍微大"附近变化。这是因为如果评价指标 A 比评价指标 B 的重要性"强烈大"或"极端大"，那么在隧道结构安全评估指标体系中，设置评价指标 B 的意义就极小，完全可以取消其设置。因此，下面介绍一种比较灵活的乘积标度法[57]。

乘积标度法是以层次分析法为基础，可以考虑隧道结构安全状态评估客观特点的一种权重确定方法。乘积标度法的思路是，在评价指标重要性的两两比较时，不先划分过多的等级，而只设置两个等级，即评价指标A与评价指标B的重要性“相同”或“稍微大”，然后以此作为基础进行递进乘积分析。这样可以使确定方法具有更大的灵活性。

在对指标A和指标B进行两两比较时，对“相同”和“稍微大”一般有如下数量上的大体概念，即认为“相同”是指允许指标A和指标B之间存在微小的差别(绝对的“相同”是不存在的)，通常在做工程计算时允许误差为10%，因此可以认为权重之比为

$$\omega_A : \omega_B \approx 1 : (0.9 \sim 1.1) \tag{3-4}$$

则取乘积标度法中“相同”的标度值为

$$\omega_A : \omega_B = 1 : 1 \tag{3-5}$$

认为“稍微大”是指指标A和指标B之间存在的差别不应大于1.5，即认为权重之比为

$$\omega_A : \omega_B \approx (1.1 \sim 1.5) : 1 \tag{3-6}$$

从表3-30所示的几种标度方法可以看出，“相同”的标度值均取为1，“稍微大”的标度值分别为3，1.286，1.500，1.277。除1～9标度法关于“稍微大”的标度值较大外，其余三种标度方法关于“稍微大”的标度值都比较接近，均在1.1～1.5之间。为此，乘积标度法中“稍微大”的标度值取为后三种标度法中“稍微大”的标度值的平均值，如式(3-7)所示：

$$\omega_A : \omega_B = \frac{1.286 + 1.500 + 1.277}{3} : 1 = 1.354 : 1 \tag{3-7}$$

根据乘积标度法中“相同”和“稍微大”的标度值以及乘积标度法的思路，确定简单二层评估系统评价指标权重的乘积标度法的基本步骤如下：

(1) 根据经验或实测资料，对m个评价指标定性地进行重要性排序。

(2) 对评价指标进行两两对比，确定评价指标A与评价指标B之间的重要性差异属于“相同”或“稍微大”。当评价指标A与评价指标B之间的重要性“相同”时，取权重为

$$(\omega_A, \omega_B) = (0.5, 0.5) \tag{3-8}$$

当评价指标A的重要性比评价指标B的重要性“稍微大”时，取权重为

$$(\omega_A, \omega_B) = \left(\frac{1.354}{1.354 + 1}, \frac{1}{1.354 + 1}\right) = (0.575, 0.425) \tag{3-9}$$

(3) 当评价指标A与评价指标B之间的重要性用“稍微大”还不足以反映时，可以用多个“稍微大”来反映。如当认为A与B之间的重要性差异比“稍微大”还要“稍微大”时，可取

$$\omega_A : \omega_B = (1.354 \times 1.354) : 1 = 1.833 : 1 \tag{3-10}$$

则权重为

$$(\omega_A, \omega_B)=\left(\frac{1.833}{1.833+1}, \frac{1}{1.833+1}\right)=(0.647, 0.353) \tag{3-11}$$

依此类推。

(4) 综合同层 m 个评价指标两两比较的结果，并满足归一化条件，如式(3-12)所示：

$$\sum_{i=1}^{m} \omega_i = 1 \tag{3-12}$$

最终得到下一层各评价指标对相邻上层研究对象的层次单排序权重。

2. 指标层指标的权重

对于指标层指标的权重，采用乘积标度法确定。

1) 渗漏水

渗漏水的指标层指标包括渗漏速率、pH 值和湿渍面积 3 个指标。

"渗漏速率"是渗漏水的直观、有效的反映，比较方便测量，它直接影响隧道内行车安全；渗漏水的"pH 值"是通过腐蚀区间隧道管片混凝土和车站侧墙或顶板混凝土而影响隧道结构的。但是由于该评估体系是建立在适用于上海软土地区的隧道结构基础之上的，因此，从危害性的角度考虑，认为"渗漏速率"的重要性比渗漏水"pH 值"的重要性"稍微大"，如式(3-13)所示：

$$\omega_{c1} : \omega_{c2} = 1.354 : 1 \tag{3-13}$$

与渗漏水的"pH 值"相比，"湿渍面积"在危害性方面比"pH 值"要小，而且对行车安全的影响也较"渗漏速率"要小很多，因此，综合认为渗漏水的"pH 值"的重要性比"湿渍面积"的重要性"稍微大"，如式(3-14)所示：

$$\omega_{c2} : \omega_{c3} = 1.354 : 1 \tag{3-14}$$

则渗漏水的 3 个指标的标度权重为

$$\omega_{b1} = (\omega_{c1} \quad \omega_{c2} \quad \omega_{c3}) = (0.438 \quad 0.323 \quad 0.239) \tag{3-15}$$

式中，下标 c1，c2 表示渗漏速率和 pH 值；下标 c3 表示湿渍面积。

2) 纵向沉降

纵向沉降的指标层指标包括接缝张开量、管片环间错台和纵向曲率半径 3 个指标。

"接缝张开量"是纵向沉降较为直观、有效的反映，比较方便测量。从某种意义上讲，它直接反映了隧道纵向沉降的大小；"管片环间错台"是由于管片环之间产生剪力作用而发生的，此类错台主要表现为竖向错台，它将引起相邻止水带不能正常吻合压紧，严重的会引起渗漏水。但是由于"管片环间错台"量较小，而且有可能在施工过程中已经发生错台，故很难断定运营期间管片环间错台的量值。因此，从危害性和检测数据可靠性的角度考虑，认为"接缝张开量"的重要性比"管片环间错台"重要性"稍微大"，如式(3-16)所示：

$$\omega_{c4} : \omega_{c5} = 1.354 : 1 \tag{3-16}$$

式中，下标 c4，c5 表示接缝张开量、管片环间错台。

"接缝张开量"反映的是管片环间的相对变形，而"纵向曲率半径"则反映了一定距离的区间隧道所表现出来的相对变形，因此“纵向曲率半径”更加宏观地反映了隧道的纵向不均匀沉降。但是到目前为止，并没有一种公认的方法可以利用监测得到的沉降数据分析、计算得到隧道沿线某一点上具体的纵向曲率半径，因此，综合考虑认为“接缝张开量”的重要性与“纵向曲率半径”的重要性相同，如式(3-17)所示：

$$\omega_{c4} : \omega_{c6} = 1 : 1 \tag{3-17}$$

式中，下标 c6 表示纵向曲率半径。

则纵向沉降的 3 个指标的标度权重为

$$\omega_{b2} = (\omega_{c4} \quad \omega_{c5} \quad \omega_{c6}) = (0.365 \quad 0.270 \quad 0.365) \tag{3-18}$$

3）横向变形

横向变形的指标层指标只有椭圆率 1 个指标(7)，因此，其标度权重为

$$\omega_{b3} = (\omega_{c7}) = (1) \tag{3-19}$$

4）材质劣化

材质劣化的指标层指标包括混凝土强度、钢筋腐蚀和密封垫压缩量 3 个指标，分别用 c8，c9 和 c10 表示。

“混凝土强度”这个指标是材质劣化最直观、最有效的反映，对混凝土强度资料的获取和分析方法的研究也都比较充分；然而，参照我国《公路隧道养护技术规范》，“钢筋腐蚀”只是钢筋混凝土结构物的附加评判指标，而且“钢筋腐蚀”数据的获取比“混凝土强度”要困难，其判定也主要是定性的。因此，认为“混凝土强度”的重要性比“钢筋腐蚀”的重要性比“稍微大”还要“稍微大”，如式(3-20)所示：

$$\omega_{c8} : \omega_{c9} = 1.833 : 1 \tag{3-20}$$

防水密封垫的劣化主要会导致隧道渗漏水从而降低钢筋混凝土管片的耐久性，对隧道结构的安全状态造成一定的影响，而且密封垫的劣化可以用“密封垫压缩量”来表征。但是“密封垫压缩量”的测量和研究并不很充分，因此，从危害性和可操作性的方面考虑，认为“混凝土强度”的重要性比“密封垫压缩量”的重要性“稍微大”，如式(3-21)所示：

$$\omega_{c8} : \omega_{c10} = 1.354 : 1 \tag{3-21}$$

则材质劣化的 3 个指标的标度权重为

$$\omega_{b4} = (\omega_{c8} \quad \omega_{c9} \quad \omega_{c10}) = (0.438 \quad 0.239 \quad 0.323) \tag{3-22}$$

5）混凝土裂缝

混凝土裂缝的指标层指标包括裂缝的长度、宽度和深度 3 个指标，分别用 c11，c12 和 c13 表示。

混凝土裂缝的“长度”和“宽度”是混凝土裂缝最直观、最有效的反映，是目前分析混凝土裂缝时最常用的指标。裂缝“长度”和“宽度”的量测比较方便，国内外学者对裂缝“长度”和“宽度”的分析和判定也进行了许多研究，同时在判定裂缝的“长度”和“宽度”时，还采用了裂缝的发展性、方向、密度等因素来辅助判定，因此，认为在混凝土裂缝的 3 个指标中，裂缝“长度”和“宽度”的重要性最大，且重要性“相同”，如式(3-23)所示：

$$\omega_{c11} : \omega_{c12} = 1 : 1 \tag{3-23}$$

混凝土裂缝的“深度”也是混凝土裂缝性态一个方面的反映。对于裂缝的“深度”，可以通过钻孔取芯和超声波无损检测的方法来检测，但由于钻孔取芯法是一种半破损检测方法，对结构构件有局部损害，考虑到隧道结构的特殊性以及运营隧道的实际情况，钻孔取芯的可操作性不大。同时，采用超声波无损检测方法检测混凝土裂缝深度还不成熟，检测结果会受到一些条件的影响，所以，对裂缝“深度”的测定还不是很成熟，而且对裂缝“深度”的判定还需要进一步研究。因此，从指标的可操作性和准确性的角度，认为混凝土裂缝的“深度”在对混凝土裂缝的性态反映方面不如裂缝的“长度”和“宽度”重要，所以，认为混凝土裂缝“长度”和“宽度”的重要性比“深度”的重要性“稍微大”，如式(3-24)所示：

$$\omega_{c11} : \omega_{c12} : \omega_{c13} = 1.354 : 1.354 : 1 \tag{3-24}$$

则混凝土裂缝的 3 个指标的标度权重为

$$\omega_{b5} = (\omega_{c11} \quad \omega_{c12} \quad \omega_{c13}) = (0.365 \quad 0.365 \quad 0.270) \tag{3-25}$$

3.5 隧道结构安全状态的模糊综合评价模型

由于隧道结构安全状态是一个外延不太明确而内涵丰富的概念，状态的好坏是模糊的。而且隧道结构安全状态涉及的因素也比较复杂，这些因素自身表现为随机性，与安全状态的关系又表现为模糊性。一方面，有些因素不能用精确的数量来描述，只能是模糊概念；另一方面，各种因素的变化与安全状态之间不存在一一对应的函数关系，不可能建立精确的数学模型来求解。因此，引入模糊理论来对隧道结构安全状态进行综合评价。

3.5.1 模糊综合评价原理

自 1965 年美国控制论专家 Zadeh 教授创立模糊理论以来，模糊理论已广泛应用于社会、经济、军事、工程等众多领域[58-70]。模糊理论为综合评价问题提供了一种新的方法，模糊综合评价就是以模糊理论为基础，应用模糊关系合成的原理，将一些边界不清、不易定量的因素定量化，然后进行综合评价，可以使定性的评价指标定量化，定量的模糊评价指标向精确性逼近[71]。

设 $C = \{c_1, c_2, \cdots, c_m\}$ 为刻画被评价对象的 m 种评价指标的集合，$V = \{v_1, v_2, \cdots, v_n\}$ 为刻画每一指标所处状态的 n 种评语等级的集合。这里存在两类模糊集，一类是标志指标集 C 中诸元在人们心中的重要程度的量，表现为指标集 C 上的模糊权重向量 $\boldsymbol{\omega} = \{\omega_1, \omega_2, \cdots, \omega_m\}$；另一类是 $C \times V$ 上的模糊关系，表现为模糊矩阵 $\boldsymbol{R}$，这两类模糊集都是人们价值观念或偏好结构的反映。再对这两类集合施加某种模糊运算，便得到 V 上的模糊子集 $Z = \{z_1, z_2, \cdots, z_n\}$。因此，模糊综合评判是指寻找模糊权重向量 $\boldsymbol{\omega} = \{\omega_1, \omega_2, \cdots, \omega_m\} \in F(C)$，以及一个从 C 到 V 的模糊变换 $\tilde{f}$，即对每一个指标 c_i 单独做出一个判断 $\tilde{f}(c_i) = (r_{i1}, r_{i2}, \cdots, r_{in}) \in F(C)$，$i = 1, 2, \cdots, m$，据此构造模糊矩阵 $\boldsymbol{R} = [r_{ij}]_{m \times n} \in F(C \times V)$，其中，$r_{ij}$ 表示指标 c_i 具有评语 v_j 等级的程度，即被评价对象从指标 c_i

来看对评语级别 v_j 的隶属度。进而求出模糊综合评价 $Z=\{z_1, z_2, \cdots, z_n\}\in F(V)$，其中，$z_j$ 表示被评价对象具有 v_j 的程度，即被评价对象从整体看对 v_j 等级的隶属程度。

由此可见，模糊综合评判的数学模型涉及三个基本要素：

(1) 评价指标集 $C=\{c_1, c_2, \cdots, c_m\}$；

(2) 评语等级集合 $V=\{v_1, v_2, \cdots, v_n\}$；

(3) 单因素判断 $\tilde{f}: C \to F(V)$，$c_i \mapsto \tilde{f}(c_i)=(r_{i1}, r_{i2}, \cdots, r_{in})\in F(V)$。

由 $\tilde{f}$ 可诱导模糊关系 $R_f \in F(C\times V)$，其中，$R_f(c_i, v_j)=\tilde{f}(c_i)(v_j)=r_{ij}$，而由 R_f 可构成模糊矩阵，如式(3-26)所示：

$$\boldsymbol{R}=\begin{bmatrix} R_1 \\ R_2 \\ R_3 \\ R_4 \end{bmatrix}=\begin{bmatrix} r_{11} & r_{12} & \cdots & r_{1n} \\ r_{21} & r_{22} & \cdots & r_{2n} \\ \vdots & \cdots & \cdots & \vdots \\ r_{m1} & r_{m2} & \cdots & r_{mn} \end{bmatrix} \tag{3-26}$$

式中，r_{ij} 表示被评价对象从指标 c_i 来看对 v_j 等级的隶属度，一般是将其归一化，使之满足 $\sum_{j=1}^{n} r_{ij}=1$。

对于指标集 C 上的权重向量 $\boldsymbol{\omega}=\{\omega_1, \omega_2, \cdots, \omega_m\}$，通过 $\boldsymbol{R}$ 变换为评语等级集合 V 上的模糊集 $Z=\boldsymbol{\omega}\circ\boldsymbol{R}$，于是 $(C, V, \boldsymbol{R})$ 构成一个综合评价模型，它像一个如图 3-5 所示的转换器。若输入一权重分配 $\boldsymbol{\omega}\in F(C)$，则输出一个综合评价 $Z=\boldsymbol{\omega}\circ\boldsymbol{R}\in F(V)$。

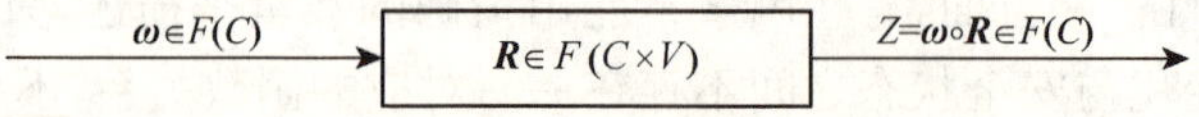

图 3-5　模糊转换器

综上所述，模糊综合评价的具体操作可分为以下几个基本步骤：

(1) 确定评价指标集。根据评价对象的特点，确定评价指标集，如式(3-27)所示：

$$C=\{c_1, c_2, \cdots, c_m\} \tag{3-27}$$

(2) 确定评语等级集合。根据评价对象的特点，将评价指标划分为若干等级，制定相应的等级判定准则，从而将定性指标转化为定量指标。假设评语有 n 个，评语等级集合为

$$V=\{v_1, v_2, \cdots, v_n\} \tag{3-28}$$

(3) 确定评价指标的权重向量。一般情况下，各评价指标对被评价对象并非是同等重要的，各个指标对总体表现的影响是不同的，因此在模糊合成之前要确定权重向量，如式(3-29)所示：

$$\boldsymbol{\omega}=\{\omega_1, \omega_2, \cdots, \omega_m\} \tag{3-29}$$

(4) 利用隶属函数进行单因素模糊评价，建立模糊关系矩阵。

(5) 进行复合运算得到综合评价向量，如式(3-30)所示：

$$Z=\boldsymbol{\omega}\circ\boldsymbol{R}=(z_1, z_2, \cdots, z_n) \tag{3-30}$$

式中，z_j 表示被评对象从整体上看对 v_j 等级的隶属程度。

(6) 对模糊综合评价向量进行分析。模糊综合评价的结果是被评对象对各等级的隶属度，它构成了一个模糊向量，而不是一个点值，因而它提供的信息比其他方法更丰富。在实际的评价活动中，往往还需要知道具体的评价值，以便进一步比较分析，具体方法见 3.5.3 节所述。

3.5.2 模糊综合评价中的几个重要问题

1. 隶属函数的确定

模糊数学是要用精确的数学方法去表现和处理现实世界中客观存在的模糊现象，要达到此目的，隶属函数的确定居于首要的地位，确定了隶属函数，就为解决实际问题跨出了最重要的一步。但如何建立隶属函数，至今仍无统一方法可循，主要根据实践经验来选取。但无论用什么方法，都是要建立一个从论域 C 到[0, 1]上的映射，用来反映某对象具有某种模糊性质或属于某种模糊概念的程度，这种函数关系建立得是否正确，要看是否符合客观规律，这就是确定隶属函数的原则。常见的确定隶属函数的方法有模糊统计法、三分法、五点法、模糊分布法等[71]。

模糊统计法借用了概率统计的思想，通过模糊统计试验来确定指标对评语等级集合的隶属度，当模糊统计试验次数增大时，指标对评语等级集合的隶属频率会呈现稳定性，频率稳定值就称为指标对评语等级集合的隶属度。实际采用模糊统计法计算指标对评语的隶属度时，常用指标对评语的隶属频率来表示其隶属度。设指标 C 中任一指标 c_i 对评语集合 V 的隶属向量为

$$R_i = (r_{i1} \quad r_{i2} \quad \cdots \quad r_{im}) \quad i = 1, 2, \cdots, m \tag{3-31}$$

式中，$r_{i1} = \dfrac{v_{i1}}{\sum\limits_{k=1}^{n} v_{ik}}$，$r_{i2} = \dfrac{v_{i2}}{\sum\limits_{k=1}^{n} v_{ik}}$，…，$r_{ij} = \dfrac{v_{ij}}{\sum\limits_{k=1}^{n} v_{ik}}$，…，$r_{in} = \dfrac{v_{in}}{\sum\limits_{k=1}^{n} v_{ik}}$。

即 r_{ij} 的取值方法为：统计资料中的 c_i 应划归评语 v_j 的个数 v_{ij}，v_{ij} 即为 c_i 应划归评语 v_j 的频数，r_{ij} 即为 c_i 应划归评语 v_j 的频率。当测试数据较多时，采用这种方法确定隶属度是比较准确的。

三分法是用随机区间的思想来处理模糊性的试验模型，通过对指标集合的分划将模糊试验转化为随机试验，并利用二维随机变量的概率分布来确定隶属度。这种方法需要预先进行调查统计，建立概率分布曲线。

模糊分布法类似概率统计，根据实际情况，选定某些带参数的函数表示某种类型的模糊概念的隶属函数，然后再确定参数，该方法是目前使用较多的隶属函数确定方法，本项目采用模糊分布法确定隶属函数。

对于隧道结构安全状态模糊性的研究，每一评判单因素与决策评语集对应划分成相应的区段，所以决策评语集是多相模糊集。多相模糊集中相邻两相的分界点是最模糊的点，区段的中点是模糊集中最清晰的点，该点对于所属模糊相隶属度为 1，对于相邻模糊相隶属度为 0。在模糊评判中，通常认为最模糊点是相邻两相的中点。由于隧道结构安全评估指标体系中评判因素的模糊性不是均匀的或线性的，因此其模糊集的最模糊点应该在区间分段

的端点而不在相邻相的中点。同时,在对评价指标的模糊分析中,除了参数的两个极端外,如要将一区间范围内的一段连续子区间值清晰地归为某一属性,在理论上是难以确定的。因此,在中间区段内,主值区间通常是一个点区间。最模糊点和最清晰点这些关键点确定后,就进行选定隶属函数的曲线形式。在评价系统中常用的分布类型主要有单值型、三角与半三角分布、矩形与半矩形分布、梯形与半梯形分布、正态分布、Cauchy 分布等,可根据不同的变量类型来选择隶属函数。目前还无法用理论来证明对隶属函数选择效果的好坏,主要是根据实践经验来选取。但研究表明[71],不同的隶属函数对于同一参数得出的隶属度在数值上有差异,但最终的模糊结论一致。

根据上述分析,本研究采用如下方法来构造隶属函数:设隶属函数为 $u(x)$,将评价指标的范围值划分为 n 个级别,如图 3-6 所示,对于第一个级别,划分的端点通常为 $x \leqslant b_0$,最后一个级别的端点通常为 $x > b_{n-1}$。对于第一级别,实际其区间为$[0,\ b_0]$,中点为 $x = a_0 = b_0/2$。对于第一级别区间,根据隶属模糊原则,在$[0,\ a_0 = b_0/2]$范围内,令 $u_1^{(1)} = 1$;在$[a_0 = b_0/2,\ b_0]$区间内,根据条件 $u(b_0/2) = 1$, $u(b_0) = 0.5$ 确定 $u(x)$ 的具体形式为 $u_1^{(2)}$。对于第二级别区间$[b_0,\ b_1]$,利用条件 $u(b_0) = 0.5$, $u(a_1) = 1$ 确定 $u(x)$ 的具体形式为 $u_2^{(2)}$。根据总隶属度为1的原则,得到 $u_1^{(3)} = 1 - u_1^{(2)}$。对于最后一个区间,端点值为 $x > b_{n-1}$,取点 $a_n = b_{n-1} + 0.5b_{n-1}$ 作为区间的中点,当 $x > a_n$ 时,令 $u(x) = 1$,在$[b_{n-1},\ a_n)$段内,按照 $u(b_{n-1}) = 0.5$, $u(a_n) = 1$,确定通式 $u(x)$ 中的系数,即得到其具体表达式 $u_n^{(2)}$;每一个中间级别区间隶属函数的建立都涉及前边和后边区间相邻的半个区间部分。根据上述原则就完全确定了各个级别区间的隶属函数。

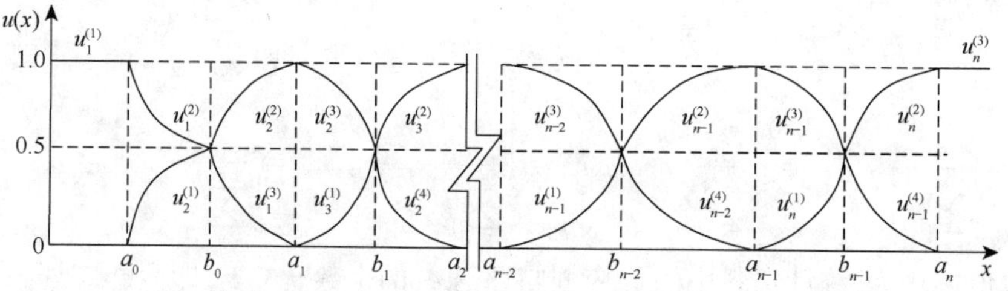

图 3-6　构造隶属函数全过程示意图

对于定量的评价指标,采用岩土工程中常用的正态型函数作为连续性指标的隶属度函数形式。在模糊分析中,隶属函数采用正态函数的一般形式为 $u(x) = \mathrm{e}^{-f(x)}$。主要区别在 $f(x)$ 函数的形式选取上,本研究选取其中一种常用的形式为

$$u(x) = \mathrm{e}^{-[(x-x_0)/c]^2} \tag{3-32}$$

在正态分布中一般认为,如果给定了 x 的模糊划分区间,在区间的中点 $x = x_0$, $u(x_0) = 1$, x_0 即为所属区间的平均值。另外,各种物理量区间端点值介于两种级别之间,对两种级别隶属度相同,令其近似为 0.5。正态型的特点是端点值之间不交叉,通过隶属度值进行衔接。

2. 模糊算子的选择

权向量 $\boldsymbol{\omega}$ 与模糊关系矩阵 $\boldsymbol{R}$ 进行模糊运算可得到模糊综合评价向量 $\boldsymbol{Z}$, $\boldsymbol{Z} = \boldsymbol{\omega} \circ \boldsymbol{R}$, 如

式(3-33)所示：

$$z_j = (\omega_1 * r_{1j}) \otimes (\omega_2 * r_{2j}) \otimes \cdots \otimes (\omega_m * r_{mj}) \quad j = 1, 2, \cdots, n \tag{3-33}$$

式中，“∘”为模糊合成算子 $M(*, \otimes)$；“$*$”和“$\otimes$”是模糊运算的两种运算，即模糊合成算子 $M(*, \otimes)$ 由两部分运算组成，第一步运算“$*$”用于 ω_i 对于 r_{ij} 的修正，第二步运算“$\otimes$”用于修正后的 $r_{ij}\,(i = 1, 2, \cdots, m)$ 的综合。

常用的模糊合成算子有以下几种：

(1) 主因素决定型 $M(\vee, \wedge)$。这种算子也称作 Zadeh 算子，采用取小（$\vee$）和取大（$\wedge$）运算，如式(3-34)所示：

$$z_j = \bigvee_{i=1}^{m} (\omega_i \wedge r_{ij}) = \max_{1 \leqslant i \leqslant m} \{\min(\omega_i, r_{ij})\} \quad j = 1, 2, \cdots, n \tag{3-34}$$

通常，在模糊综合评价模型中总是将 $\boldsymbol{\omega}$ 作为各因素间权重分配的权向量，并令 $\sum_{i=1}^{m} \omega_i = 1$。当因素比较多，权重分配又比较均衡时，各 ω_i 的值必然很小，这将使得综合评价结果 z_j 也都很小。这时较小的权值 ω_i 通过取小运算而泯灭了所有单因素的评价结果，从而使这一模型得不出有意义的结果。即使在因素较少时，$\boldsymbol{\omega}$ 作为权向量也使得该模型的决策结果主要由数值最大的主要因素决定，其他因素并不真正起作用，因而掩盖或漏掉了很多有用的信息，这在一定程度上失去了综合评价的意义。

(2) 主因素突出型 $M(\cdot, \wedge)$。这种算子采用实数乘积和取大运算，如式(3-35)所示：

$$z_j = \bigvee_{i=1}^{m} (\omega_i \cdot r_{ij}) = \max_{1 \leqslant i \leqslant m} \{\omega_i r_{ij}\} \quad j = 1, 2, \cdots, n \tag{3-35}$$

从式(3-35)可以看出，算子 $M(\cdot, \wedge)$ 和 $M(\vee, \wedge)$ 很接近，其区别仅在于算子 $M(\cdot, \wedge)$ 用普通实数乘积 $\omega_i r_{ij}$ 代替了算子 $M(\vee, \wedge)$ 的取小运算 $\omega_i \wedge r_{ij}$，也就是用对 r_{ij} 作用一个小于 1 的系数来代替规定一个上限。因而，此时的 ω_i 是在考虑多因素时 r_{ij} 的修正系数。但由于在决定 z_j 时采用的是取大算子，而并未考虑所有因素的影响，所以这种模型的综合评价是主因素突出型的。

(3) 不均衡平均型 $M(\vee, \oplus)$。这种算子是先取小，再进行有界和运算，如式(3-36)所示：

$$z_j = \bigoplus_{i=1}^{m} (\omega_i \wedge r_{ij}) = \min\left\{1, \sum_{i=1}^{m} (\omega_i, r_{ij})\right\} \quad j = 1, 2, \cdots, n \tag{3-36}$$

式中，“$\oplus$”为有界和运算，即在有界限制下的普通加法运算，对 s 个实数 $x_1, x_2, \cdots, x_s$ 有：

$$x_1 \oplus x_2 \oplus \cdots \oplus x_s = \min\left\{1, \sum_{k=1}^{s} x_k\right\} \tag{3-37}$$

由于权重分配满足 $\sum_{i=1}^{m} \omega_i = 1$，因此 $\sum_{i=1}^{m} \min(\omega_i, r_{ij}) \leqslant 1$，则有

$$z_j = \bigoplus_{i=1}^{m} (\omega_i \wedge r_{ij}) = \sum_{i=1}^{m} \min(\omega_i, r_{ij}) \quad j = 1, 2, \cdots, n \tag{3-38}$$

这里运算“$\oplus$”与普通加法运算一致。可以看出，和算子 $M(\vee, \wedge)$ 相同，

$M(\vee, \oplus)$ 算子也是规定上限 ω_i 以修正 r_{ij}，区别在于这里是对各修正值作有界和运算以求 z_j。形式上这个算子也是一种考虑各种因素的综合评价方法，然而这种有界和运算的办法在很多情况下并不理想，因为当各 ω_i 取值较大时，重要的一些 z_j 值将等于上界 1；当各 ω_i 取值较小时，重要的 z_j 值将等于各 ω_i 之和。

(4) 加权平均型 $M(\cdot, \oplus)$。这种算子采用实数乘积、有界和运算，如式(3-39)所示：

$$z_j = \bigoplus_{i=1}^{m}(\omega_i \cdot r_{ij}) = \min\left\{1, \sum_{i=1}^{m}(\omega_i r_{ij})\right\} \quad j = 1, 2, \cdots, n \tag{3-39}$$

由于 $\sum_{i=1}^{m}\omega_i = 1$，则 $\sum_{i=1}^{m}\omega_i r_{ij} \leqslant 1$，所以有界和运算"$\oplus$"蜕化为一般的实数加法，形成真正的加权平均型算子 $M(\cdot, +)$。

$$z_j = \sum_{i=1}^{m}\omega_i r_{ij} \tag{3-40}$$

从式(3-40)可以看出，该模型同时考虑了所有因素的影响，按权重大小均衡兼顾，体现了整体特性。

对于同一个评价对象，采用不同的模糊算子进行评价，评价结果可能不同。因此，在实际评价过程中，应根据被评价对象的特点，来选择合适的模糊算子。四种算子的特点如表 3-31 所示。

表 3-31　四种模糊算子的比较

比较内容＼算子	$M(\vee, \wedge)$	$M(\cdot, \wedge)$	$M(\vee, \oplus)$	$M(\cdot, \oplus)$
类型	主因素决定型	主因素突出型	不均衡平均型	加权平均型
体现权数作用	不明显	明显	不明显	明显
综合程度	弱	弱	强	强
利用 $\boldsymbol{R}$ 的信息	不充分	不充分	比较充分	充分

如果对各因素考虑的重要性差异比较大，也就是说评价指标的主要因素突出，只关心定性结果时，可以选用算子 $M(\vee, \wedge)$ 或 $M(\cdot, \wedge)$。一般在实际评价中要对评价结果进行定量分析，采用算子 $M(\cdot, +)$ 较为准确，这也是经典的综合评价。由于隧道结构安全状态评价指标体系中各指标的重要性存在差异，但差异并不是非常大，而且也需要知道隧道结构安全状态综合评价的定量结果，因此采用算子 $M(\cdot, +)$ 对隧道结构安全状态进行综合评价。

3. 模糊综合评价结果的分析

模糊综合评价的结果是被评价对象对各评价等级模糊子集的隶属度，它构成了一个模糊向量，而不是一个点值，因而它提供的信息比其他方法更丰富。在实际的评价活动中，往往还需要知道具体的评价值，以便进一步比较分析，这就需要以适当的方法对评价结果向量进行清晰化，也称为集化，常用的方法有以下几种。

1）最大隶属度原则

对模糊综合评价结果向量 $\boldsymbol{Z} = \{z_1, z_2, \cdots, z_n\}$，若 $z_r = \max\limits_{1 \leqslant j \leqslant n}\{b_j\}$，则被评价对象从总体上来讲隶属于第 r 等级。这是实际中最常用的方法，但这种方法在许多情况下使用会显得很勉强，没有充分利用模糊综合评价结果带来的信息，损失信息较多，有时还会得出不合理的评价结果，因此应用最大隶属度原则时应考虑它的适用度。

2）中位数原则

设 $r=\min\{j|\theta_j>0.5\}$，其中，$\theta_j=\sum_{k=1}^{j}z_k \quad (j=1, 2, \cdots, n)$，则将被评价对象定为第 r 等级。这种方法利用了部分模糊综合评价结果向量中的信息，但结果不是很精确，有很大的局限性。

3）模糊向量单值化法

将各评价等级赋以具体分值，然后用模糊综合评价结果向量中对应的隶属度将分值加权平均就可以得到一个点值。设给 n 个等级依次赋以分值 $x_1, x_2, \cdots, x_n$，且分值间距相等，则模糊综合评价向量可单值化为

$$F=\frac{\sum_{j=1}^{n}z_jx_j}{\sum_{j=1}^{n}z_j} \tag{3-41}$$

由 F 的值可评定被评价对象的级别。通常，x_j 的值可根据实际问题的要求来确定。模糊向量单值化法充分利用了模糊综合评价结果中的信息，兼顾了整体特性，本研究采用这种方法。

3.5.3 隧道结构安全状态的模糊综合评价模型

由于公路隧道健康状态诊断指标体系是一个三层指标体系，因此采用两级模糊综合评价模型。多级模糊综合评价是从最低层开始逐层向上做出综合评价，直至最高的目标层以得到原问题的综合评价结果。这里从指标层出发，先对准则层各因素进行一级模糊综合评价，再对目标层进行二级模糊综合评价。

1. 一级模糊综合评价

1）建立评价指标集

根据隧道结构安全评估指标体系，由

$$C=\{C_1, C_2, \cdots, C_{13}\} \tag{3-42}$$

表示指标层各指标。

2）建立评语等级集合

利用隧道结构安全状态来衡量被评价指标的表现以及评价目标的安全状态。设评语等级集合

$$V=\{v_1, v_2, v_3, v_4\} \tag{3-43}$$

式中，v_1, v_2, v_3, v_4 分别表示安全等级 B，1A，2A，3A。

3）确定单因素评价矩阵

利用隶属函数建立指标 C_i 对评语集合 V 的隶属向量 $\boldsymbol{R}_{ci}$，如式(3-44)所示：

$$\boldsymbol{R}_{ci}=(r_{ci1} \quad r_{ci2} \quad r_{ci3} \quad r_{ci4}), i=1, 2, \cdots, 13 \tag{3-44}$$

由隶属向量 $\boldsymbol{R}_{ci}$ 即可建立准则层各因素的单因素评价矩阵 $\boldsymbol{R}'_{bi}$。

4）一级模糊综合评价

模糊综合评价是通过模糊算子建立模糊综合评价模型的过程。根据前面的分析，这里选用加权平均型模糊综合评价模型，此模型不但考虑了所有因素的影响，而且还保留了单因素评价的全部信息，适用于需要全面考虑各个因素影响和全面考虑单因素评价结果的情况，该模型的建立过程相当于矩阵相乘，如下所示：

$$\boldsymbol{\omega} \times \boldsymbol{R}' = \boldsymbol{R} \tag{3-45}$$

式中，$\boldsymbol{\omega}$ 表示权重向量；$\boldsymbol{R}'$ 表示单因素评价矩阵；$\boldsymbol{R}$ 表示相应的准则层因素对评语集合 V 的隶属向量。

由单因素评价矩阵 $\boldsymbol{R}'_{\mathrm{b}i}$ 与其相应的权重向量 $\boldsymbol{\omega}_{\mathrm{b}i}$，可得出各因素 B_i 对评语集合 V 的隶属向量为 $\boldsymbol{R}_{\mathrm{b}i} = \boldsymbol{\omega}_{\mathrm{b}i} \times \boldsymbol{R}'_{\mathrm{b}i}$。

2. 二级模糊综合评价

将一级模糊综合评价结果 $\boldsymbol{R}_{\mathrm{b}i}$ 视为单因素评判集，由 $\boldsymbol{R}_{\mathrm{b}i}$ 可组成二级模糊综合评价的单因素评价矩阵，由相应的权重向量和单因素评价矩阵通过矩阵相乘可得二级模糊综合评价结果——目标因素对评语集合的隶属向量 $\boldsymbol{Z}$，如式(3-46)所示：

$$\boldsymbol{Z} = \omega_{\mathrm{a}} \times (\boldsymbol{R}_{\mathrm{b1}}^{\mathrm{T}} \quad \boldsymbol{R}_{\mathrm{b2}}^{\mathrm{T}} \quad \boldsymbol{R}_{\mathrm{b3}}^{\mathrm{T}} \quad \boldsymbol{R}_{\mathrm{b4}}^{\mathrm{T}} \quad \boldsymbol{R}_{\mathrm{b5}}^{\mathrm{T}})^{\mathrm{T}} \tag{3-46}$$

3. 模糊向量单值化

分别给评语 v_1，v_2，v_3，v_4 赋以分值 4，3，2，1，则

$$F = \frac{4 \times z_1 + 3 \times z_2 + 2 \times z_3 + 1 \times z_4}{z_1 + z_2 + z_3 + z_4} \tag{3-47}$$

则隧道结构安全状态的量化等级如表 3-32 所示。

表 3-32　隧道结构安全等级表

等级	安全状态	安全度 F
Ⅰ	安全(结构无破损或存在轻微破损)	$3.5 < F \leqslant 4.0$
Ⅱ	较安全(结构存在破损)	$2.5 < F \leqslant 3.5$
Ⅲ	较不安全(结构存在较严重破损)	$1.5 < F \leqslant 2.5$
Ⅳ	不安全(结构存在破坏)	$1.0 < F \leqslant 1.5$

3.6　延安东路隧道现状评价实例

3.6.1　检测结果

以上海延安东路隧道为例，利用上述隧道评价方法对延安东路隧道现状进行评价。由于受到隧道检测条件的限制，检测方案中所述项目未能全部获取，检测情况如下。

1. 渗漏水

延安东路隧道北线段渗漏水情况见表 3-33，南线段由于条件所限未得到渗漏水情况。

表 3-33　延安东路隧道北线段渗漏水情况

检测区段	检测范围	对应环号	渗漏现状
外滩通道主线跨延安东路隧道北线段	0～20 m	0～20	渗漏点 7 个,2 个干燥,5 个点稍有湿迹
	20～40 m	21～40	渗漏点 4 个,1 个稍有湿迹,3 个已经修补
	40～60 m	41～60	渗漏点 6 个,2 个干燥,1 个稍有湿迹,3 个已经修补
	60～80 m	61～80	渗漏点 6 个,3 个干燥,2 个稍有湿迹,1 个已经修补
	80～100 m	81～100	渗漏点 5 个,2 个干燥,1 个稍有湿迹,2 个已经修补
	100～120 m	101～120	渗漏点 7 个,4 个干燥,3 个稍有湿迹
	120～130 m	121～130	渗漏点 3 个,2 个干燥,1 个水迹明显

2. 环向接缝张开量

延安东路隧道北线环向接缝张开量见表 3-34,南线段由于条件所限未得到环向接缝张开量情况。

表 3-34　隧道北线环向接缝张开量统计表

环　号	检测内容	位置/mm		
		封顶块中部	北	南
5—6	张开量	14.3	16.2	18.1
25—26	张开量	15.6	15.1	14.7
45—46	张开量	15.3	16.5	18.8
55—56	张开量	15.7	15.1	16.6
65—66	张开量	14.9	15.4	14.8
75—76	张开量	15.3	16.2	17.4
85—86	张开量	10.3	15.2	19.1
105—106	张开量	16.3	17.1	15.6
125—126	张开量	16.0	14.8	16.2
145—146	张开量	15.0	16.2	14.2
165—166	张开量	15.1	14.9	16.1
185—186	张开量	14.3	11.9	13.6
193—194	张开量	10.2	12.8	16.0
203—204	张开量	14.6	29.1	28.0
213—214	张开量	14.9	7.5	11.9
223—224	张开量	13.1	16.0	17.0
243—244	张开量	14.6	16.8	16.9
263—264	张开量	17.5	16.2	17.1
283—284	张开量	8.6	9.8	10.3

3. 错台量

延安东路隧道北线错台量见表 3-35，南线段由于条件所限未得到错台量情况。

表 3-35 隧道北线错台量统计表

环号	检测内容	位置/mm		
		封顶块中部	北	南
5—6	错台量	7.6	3.8	8.1
25—26	错台量	12.1	10.6	11.2
45—46	错台量	15.4	13.5	16.2
55—56	错台量	3.5	5.2	3.8
65—66	错台量	10.1	3.6	6.3
75—76	错台量	17.8	15.5	23.1
85—86	错台量	17.1	17.3	16.8
105—106	错台量	13.6	6.2	12.1
125—126	错台量	16.8	18.1	16.8
145—146	错台量	16.0	14.8	16.2
165—166	错台量	1.6	18.9	19.8
185—186	错台量	19.0	18.9	17.1
193—194	错台量	27.1	18.2	17.8
203—204	错台量	1.8	2.1	8.6
213—214	错台量	17.3	12.5	11.9
223—224	错台量	4.1	2.8	15.0
243—244	错台量	20.9	15.9	16.2
263—264	错台量	30.3	23.6	20.1
283—284	错台量	17.3	20.2	22.1

4. 延安东路隧道衬砌直径变化

延安东路隧道衬砌直径变化见表 3-36、表 3-37。

表 3-36 延安东路隧道北线直径测量成果表

测点号	1/m	2/m	3/m	4/m	平均值/m	设计值/m	变化率
B1	8.698	8.698	8.697	8.697	8.698	8.700	0.02%
B3	8.695	8.695	8.695	8.695	8.695	8.700	0.06%
B5	8.647	8.646	8.646	8.647	8.647	8.700	1.61%
B7	8.646	8.647	8.666	8.665	8.656	8.700	0.51%
B9	8.650	8.650	8.650	8.650	8.650	8.700	0.57%

（续表）

测点号	1/m	2/m	3/m	4/m	平均值/m	设计值/m	变化率
B11	8.619	8.619	8.619	8.619	8.619	8.700	0.93%
B13	8.637	8.637	8.638	8.637	8.637	8.700	0.72%
B15	8.667	8.667	8.667	8.68	8.667	8.700	0.38%
B17	8.672	8.672	8.672	8.672	8.672	8.700	0.32%
B19	8.648	8.648	8.648	8.648	8.648	8.700	0.60%
B21	8.587	8.587	8.587	8.587	8.587	8.700	1.30%
B23	8.621	8.621	8.622	8.622	8.622	8.700	0.90%
B25	8.673	8.672	8.671	8.670	8.672	8.700	0.33%
B27	8.639	8.639	8.639	8.640	8.639	8.700	0.70%
B29	8.602	8.603	8.601	8.600	8.602	8.700	1.13%

表 3-37　延安东路隧道南线直径测量成果表

测点号	1/m	2/m	3/m	4/m	平均值/m	设计值/m	变化率
N1	8.863	8.863	8.863	8.863	8.863	8.700	−1.87%
N3	8.860	8.861	8.860	8.860	8.860	8.700	−1.84%
N5	8.868	8.868	8.868	8.867	8.868	8.700	−1.93%
N7	8.855	8.855	8.855	8.855	8.855	8.700	−1.78%
N9	8.867	8.867	8.868	8.868	8.868	8.700	−1.93%
N11	8.861	8.861	8.861	8.861	8.861	8.700	−1.85%
N13	8.852	8.852	8.852	8.852	8.852	8.700	−1.75%
N15	8.861	8.861	8.861	8.861	8.861	8.700	−1.85%
N17	8.867	8.867	8.867	8.867	8.867	8.700	−1.92%
N19	8.867	8.867	8.867	8.868	8.867	8.700	−1.92%
N21	8.870	8.869	8.868	8.870	8.869	8.700	−1.95%
N23	8.884	8.884	8.885	8.885	8.885	8.700	−2.12%
N25	8.850	8.849	8.850	8.849	8.850	8.700	−1.72%
N27	8.850	8.849	8.849	8.850	8.850	8.700	−1.72%
N29	8.878	8.879	8.878	8.877	8.878	8.700	−2.05%

5. 高程及曲率半径

延安东路隧道南北线高程测量成果表见表 3-38、表 3-39。

表 3-38　延安东路隧道北线高程测量成果表

测点号	H 高程/m	曲率半径/m
1	−22.064 52	108.695 7
3	−21.807 64	119.047 6
5	−21.534 62	131.578 9
7	−21.270 51	147.058 8
9	−20.994 15	169.491 5
11	−20.732 46	769 230.8
13	−20.430 71	2 010 454
15	−20.443 27	4 498 426
17	−20.151 52	9 000 900
19	−19.840 65	16 556 291
21	−19.532 71	37 411.15
23	−19.221 28	61 425.06
25	−18.904 31	96 450.62
27	−18.601 94	145 827.9
29	−18.312 46	214 215.8

表 3-39　延安东路隧道南线测量成果表

测点号	H 高程/m	曲率半径/m
1	−20.241 64	348.432 1
3	−20.548 78	213.636 4
5	−20.855 38	277.008 3
7	−21.159 64	2 383.095
9	−21.435 92	3 920.164
11	−21.714 80	5 260.315
13	−22.003 89	5 263.158
15	−22.290 24	5 263.158
17	−22.581 29	5 008
19	−22.872 06	5 005
21	−23.159 89	4 347.826
23	−23.442 98	4 545.455
25	−23.718 97	5 001
27	−24.003 96	5 263.158
29	−24.277 03	5 555.556

3.6.2　安全状态评价

综合考虑数据的完整性，以下针对延安东路隧道北线进行结构安全状态的综合评价。

1. 确定单因素评价矩阵

1）渗漏水

对于渗漏速率，构造的隶属函数为

$$u_1(x)=\begin{cases}1 & x<2\\ e^{-\left(\frac{x-2}{3.6}\right)^2} & 2\leqslant x<5\\ 1-e^{-\left(\frac{x-32.5}{33}\right)^2} & 5\leqslant x<32.5\end{cases}\tag{3-48}$$

$$u_2(x)=\begin{cases}0 & x\leqslant 2,\ x\geqslant 180\\ 1-e^{-\left(\frac{x-2}{3.6}\right)^2} & 2<x\leqslant 5\\ e^{-\left(\frac{x-32.5}{33}\right)^2} & 5<x\leqslant 60\\ 1-e^{-\left(\frac{x-180}{144}\right)^2} & 60<x\leqslant 180\end{cases}\tag{3-49}$$

$$u_3(x)=\begin{cases}0 & x<32.5,\ x>450\\ 1-e^{-\left(\frac{x-32.5}{33}\right)^2} & 32.5\leqslant x<60\\ e^{-\left(\frac{x-180}{144}\right)^2} & 60\leqslant x<300\\ 1-e^{-\left(\frac{x-450}{180}\right)^2} & 300\leqslant x<450\end{cases}\tag{3-50}$$

$$u_4(x)=\begin{cases}0 & x\leqslant 180\\ 1-e^{-\left(\frac{x-180}{144}\right)^2} & 180<x\leqslant 300\\ e^{-\left(\frac{x-450}{180}\right)^2} & 300<x\leqslant 450\\ 1 & x\geqslant 450\end{cases}\tag{3-51}$$

据现场检测的结果，未有明显滴漏现象，结合上述隶属函数，容易算得相应的隶属度分别为 $r_{c11}=1$，$r_{c12}=0$，$r_{c13}=0$，$r_{c14}=0$，归一化之后则有

$$R'_{b1}=R_{c1}=(1\quad 0\quad 0\quad 0)\tag{3-52}$$

2）纵向沉降

（1）对于接缝张开量，构造的隶属函数为

$$u_1(x)=\begin{cases}1 & x\leqslant 0.2\\ e^{-\left(\frac{x-0.2}{0.18}\right)^2} & 0.2\leqslant x<0.35\\ 1-e^{-\left(\frac{x-0.675}{0.39}\right)^2} & 0.35\leqslant x<0.675\end{cases}\tag{3-53}$$

$$u_2(x)=\begin{cases}0 & x\leqslant 0.2,\ x\geqslant 3.5\\ 1-e^{-\left(\frac{x-0.2}{0.18}\right)^2} & 0.2<x\leqslant 0.35\\ e^{-\left(\frac{x-0.675}{0.39}\right)^2} & 0.35<x\leqslant 1.0\\ 1-e^{-\left(\frac{x-3.5}{3}\right)^2} & 1.0<x\leqslant 3.5\end{cases}\tag{3-54}$$

$$u_3(x)=\begin{cases}0 & x<0.675,\ x>9.0\\ 1-e^{-\left(\frac{x-0.675}{0.39}\right)^2} & 0.675\leqslant x<1.0\\ e^{-\left(\frac{x-3.5}{3}\right)^2} & 1.0\leqslant x<6.0\\ 1-e^{-\left(\frac{x-9.0}{3.6}\right)^2} & 6.0\leqslant x<9.0\end{cases}\tag{3-55}$$

$$u_4(x)=\begin{cases}0 & x\leqslant 3.5\\ 1-e^{-\left(\frac{x-3.5}{3}\right)^2} & 3.5<x\leqslant 6.0\\ e^{-\left(\frac{x-9}{3.6}\right)^2} & 6.0<x\leqslant 9.0\\ 1 & x\geqslant 9.0\end{cases} \tag{3-56}$$

以 105—106 环为例，则有

$$R_{c4}=(0\quad 0.416\quad 0.584\quad 0) \tag{3-57}$$

(2) 对于纵向曲率半径，构造的隶属函数为

$$u_1(x)=\begin{cases}1 & x\geqslant 20\,000\\ e^{-\left(\frac{x-20\,000}{6\,000}\right)^2} & 15\,000\leqslant x<20\,000\\ 1-e^{-\left(\frac{x-10\,000}{6\,000}\right)^2} & 10\,000\leqslant x<15\,000\end{cases} \tag{3-58}$$

$$u_2(x)=\begin{cases}0 & x\leqslant 3\,000,\ x\geqslant 20\,000\\ 1-e^{-\left(\frac{x-20\,000}{6\,000}\right)^2} & 15\,000<x\leqslant 20\,000\\ e^{-\left(\frac{x-10\,000}{6\,000}\right)^2} & 5\,000<x\leqslant 15\,000\\ 1-e^{-\left(\frac{x-3\,000}{2\,400}\right)^2} & 3\,000<x\leqslant 5\,000\end{cases} \tag{3-59}$$

$$u_3(x)=\begin{cases}0 & x<500,\ x>10\,000\\ 1-e^{-\left(\frac{x-10\,000}{6\,000}\right)^2} & 5\,000\leqslant x<10\,000\\ e^{-\left(\frac{x-3\,000}{2\,400}\right)^2} & 1\,000\leqslant x<5\,000\\ 1-e^{-\left(\frac{x-500}{600}\right)^2} & 500\leqslant x<1\,000\end{cases} \tag{3-60}$$

$$u_4(x)=\begin{cases}0 & x\geqslant 3\,000\\ 1-e^{-\left(\frac{x-3\,000}{2\,400}\right)^2} & 1\,000<x\leqslant 3\,000\\ e^{-\left(\frac{x-500}{600}\right)^2} & 500<x\leqslant 1\,000\\ 1 & x\leqslant 500\end{cases} \tag{3-61}$$

以 105—106 环为例，则有

$$R_{c6}=(0\quad 0.744\quad 0.256\quad 0) \tag{3-62}$$

$$R'_{b2}=(R_{c4}^{T}\quad R_{c5}^{T}\quad R_{c6}^{T})^{T}=\begin{pmatrix}0 & 0.416 & 0.584 & 0\\ 0 & 0 & 0 & 0\\ 0 & 0.744 & 0.256 & 0\end{pmatrix} \tag{3-63}$$

2. 一级模糊综合评价

由于仅有渗漏水滴漏速率，渗漏水的一级模糊综合评价结果为

$$\begin{aligned}R_{b1}=\omega_{b1}\times R'_{b1}&=(0.438\quad 0.323\quad 0.239)\times\begin{pmatrix}1 & 0 & 0 & 0\\ 0 & 0 & 0 & 0\\ 0 & 0 & 0 & 0\end{pmatrix}\\ &=(0.438\quad 0\quad 0\quad 0)\end{aligned} \tag{3-64}$$

仍记 R_{b1} 为 R_{b1} 的归一化，则有

$$R_{b1}=(1\quad 0\quad 0\quad 0) \tag{3-65}$$

同理易得

$$R_{b2}=(0\quad 0.579\quad 0.421\quad 0) \tag{3-66}$$

$$R_{b3}=(0\quad 0\quad 0\quad 0) \tag{3-67}$$

$$R_{b4}=(0\quad 0\quad 0\quad 0) \tag{3-68}$$

$$R_{b5}=(0\quad 0\quad 0\quad 0) \tag{3-69}$$

3. 二级模糊综合评价

该区段盾构隧道结构安全状态的综合评估结果向量为

$$\begin{aligned}\boldsymbol{Z}&=\omega_a\times(R_{b1}^{T}\quad R_{b2}^{T}\quad R_{b3}^{T}\quad R_{b4}^{T}\quad R_{b5}^{T})^{T}\\&=(0.228\quad 0.309\quad 0.169\quad 0.125\quad 0.169)\times\begin{bmatrix}1&0&0&0\\0&0.579&0.421&0\\0&0&0&0\\0&0&0&0\\0&0&0&0\end{bmatrix}\\&=(0.228\quad 0.179\quad 0.130\quad 0)\end{aligned} \tag{3-70}$$

该区段盾构隧道结构的安全度为

$$F=\frac{1\times 0.228+2\times 0.179+3\times 0.130+4\times 0}{0.228+0.179+0.130+0}=1.8 \tag{3-71}$$

综合评价结果表明，该区段盾构隧道结构的安全状态等级属于Ⅰ级。

4. 评价结果汇总

根据检测结果进行模糊综合评判，得到延安东路隧道北线安全状态等级见表 3-40。

表 3-40 延安东路隧道北线安全状态等级汇总

环 号	等 级	环 号	等 级
5—6	Ⅰ级	165—166	Ⅰ级
25—26	Ⅱ级	185—186	Ⅰ级
45—46	Ⅱ级	193—194	Ⅱ级
55—56	Ⅰ级	203—204	Ⅰ级
65—66	Ⅰ级	213—214	Ⅰ级
75—76	Ⅰ级	223—224	Ⅰ级
85—86	Ⅱ级	243—244	Ⅰ级
105—106	Ⅰ级	263—264	Ⅰ级
125—126	Ⅰ级	283—284	Ⅱ级
145—146	Ⅰ级		

第 4 章　大直径盾构隧道变形保护指标确定

4.1　隧道变形保护指标的研究现状

在盾构隧道上方进行基坑开挖，土体卸荷必然引起基坑底部土体回弹，土体回弹使隧道产生竖向直径增大的圆环变形；同时，基坑土体卸载在时间和空间上的不均匀性，又使隧道沿纵向产生不均匀的曲率变化，从而对其使用功能和安全性产生影响甚至造成严重危害。为此，确定合理的隧道保护指标，以确保施工过程中下方隧道正常运营，同时也可实现基坑设计的经济合理、安全可靠。

由于不同隧道在地质条件、隧道建造方式等方面存在差别，合理的保护指标应当结合隧道具体特点来确定。目前国内上海、南京、北京等地区进行了相关的工程实践，其中上海、南京等地已初步形成反映地区特点的隧道控制指标。对上海、南京等地区采用盾构建设的隧道，为确保线路正常运营，一般需要对轨道的沉降差和绝对沉降量提出控制要求；从结构上，针对盾构特点，一般需要针对位移、错台、环纵缝张开量、内力变化等情况提出要求，因为这些情况一旦发生且超过允许值，可能导致隧道渗漏，管片破坏，甚至导致隧道外部泥沙从管片间缝隙流入隧道而造成更为严重的后果。因此，目前变形保护指标也从上述角度出发制定了相关规定。

上海地区通过一系列的工程实践，目前已经初步形成了以《上海市地铁沿线建筑施工保护地铁技术管理暂行规定》为基础的控制标准，一般要求如下：

(1) 从运营线路角度：两轨道横向高差小于 4 mm，轨向偏差和高低差最大尺度值小于 4 mm/10 m；结合横向差异沉降小于 0.4‰；地铁隧道结构最终绝对沉降量及水平位移小于 10 mm，隧道结构变形速率小于 0.5 mm/d，隧道收敛值小于 20 mm。

(2) 从隧道结构角度：结构绝对沉降量及水平位移量 10～20 mm；隧道变形曲线的曲率半径 $R>$15 000 m；相对弯曲 1/2 500；收敛变形 20 mm；由于施工产生的震动对隧道引起的峰值速度为 2.5 cm/min；由于施工引起的隧道外壁附加荷载为 20 kPa；保证结构不漏水，不影响安全正常使用。

根据南京地区的工程实践经验，邻近工程施工对盾构隧道的保护要求如下：盾构隧道最大沉降量为 15 mm，最大隆起量为 10 mm，盾构隧道变形曲率半径必须等于 15 000 m，相对变形曲率等于 1/2 500，施工产生的振动对盾构隧道的引起的峰值速度为 2.5 cm/s。

4.2　变形保护指标确定流程

对于已运营多年的隧道，受到其他工程活动的影响以及大地沉降等原因，在当前工程施工之前或多或少有一定的变形。作为控制标准，其制定应考虑隧道所能承受的变形余量，这个余量并不一定是变形控制标准与已发生变形之间简单的代数差，要考虑隧道在长期变形中的内力调整过程。或者可以说，由于隧道的纵向位移形态是长期沉降和短期位移共同决定的，不同条件下隧道结构对于变形的承受能力也是不尽相同的。如对于轨道交通上方基坑工程活动引起的地铁隧道短期回弹变形，仍旧依规范控制在一个定值定量的范围内来保证轨道交通的安全，是不合适的。对于已建隧道上方的基坑工程，要考虑隧道前期的沉降历史以及形成的沉降形态，结合隧道的结构性能，来确定施工过程中已建隧道的回弹变形控制量，而不仅仅是规范上要求的轨道交通变形的一个定值定量的限制，而要采取个案分析，动态地控制隧道的上抬变形。

因此针对隧道的变形控制标准应当根据调查情况、影响预测分析、类似施工经验、工程要求综合制定控制标准。其步骤可以分为以下五步：

(1) 对既有隧道设施现状进行调查，评估其安全状态、承载能力及抗变形能力；

(2) 按照拟定或可能的施工方法和工况，把对既有隧道结构的影响分为不同的模式和类型，包括在结构中的变形量及其分布规律；

(3) 将不同的变形量及其分布形式施加到相应的结构模型上，根据结构的响应状态，在变形累计递增过程中找出破坏的临界值，即给出相应模式下的广义变形极限值；

(4) 综合不同的指标极限值，按照小值优先的原则，给出破坏极限值，考虑一定的安全储备系数后给出控制标准；

(5) 结合类似工程经验，根据施工要求调整控制标准，得到控制标准最终值。

4.3 延安路隧道变形保护指标的确定

4.3.1 延安路隧道概况

延安路隧道结构采用单层装配式钢筋混凝土衬砌。整个衬砌环共分为 8 块，由 1 块封顶块、2 块邻接块、4 块标准块和 1 块封底块组成，封顶块采用全纵向插入方式。衬砌环采用通缝拼装的方式，衬砌环之间采用 32 根 M36 的环向螺栓相连接。纵缝中防水采用氯丁橡胶密封垫，接缝防水控制指标为：在 0.8 MPa 水压下，接头错位 15 mm、纵缝张开8 mm、环缝张开 5 mm 时仍能抗 0.8 MPa 水压不漏水。

4.3.2 极限纵向曲率半径的确定

盾构隧道衬砌结构由管片环沿纵向连接而成，当隧道产生不均匀沉降后，环缝出现张开。环缝张开容易引起隧道渗水并诱发进一步的不均匀沉降，是隧道安全运营的关键指标。盾构隧道监测工作中得到的第一手资料往往是沉降数据，环缝张开量难以测量。因此分析盾构隧道纵向沉降的分布模式以及建立纵向曲率与环缝张开量之间的关系是研究隧道纵向稳定的关键问题，同时为运营隧道的合理维护提供技术支持。

延安东路隧道的结构参数和材料参数如表 4-1 和表 4-2 所示。

表 4-1　延安东路隧道的结构参数

外径/m	内径/m	环宽/m	螺栓直径(长度)/mm	螺栓个数
11	9.9	1	38(760)	32

表 4-2　延安东路隧道螺栓性能参数　　单位:kPa

螺栓弹性模	螺栓屈服应力	螺栓极限应力	混凝土弹性模量	螺栓预应力
2.06×10^8	6.4×10^5	8.0×10^5	3.45×10^7	7×10^4

软土盾构隧道纵向变形计算模型和计算方法的研究主要有三类方法:①理论解析方法;②数值模拟方法;③经验公式。为了得到纵向沉降相关指标的定量判定标准,分别采用三种方法进行分析,最终确定纵向沉降判定标准。

1. 经验方法

上海地区盾构隧道环缝张开量经验公式为

$$\Delta=\frac{BD}{R} \tag{4-1}$$

式中,Δ 表示环缝张开亮;B 表示管片的环宽,延安东路隧道取 1 m;D 表示隧道直径,取 11 m;R 表示隧道结构曲率半径。

2. 解析方法

盾构隧道衬砌结构由衬砌环沿纵向连接而成。当环缝接头受压时,主要由传力衬垫及混凝土管片承受压应力;当环缝接头受拉时,由螺栓承受拉应力,衬垫或管片不参与受拉。环缝接头的抗压刚度和抗拉刚度具有较大差异,抗压刚度大于抗拉刚度。故当环缝接头承受纵向弯矩的时候,其转动轴位置并不在衬砌环的几何中心(O 点),而是由 O 点移动到 O' 点,如图 4-1 所示。

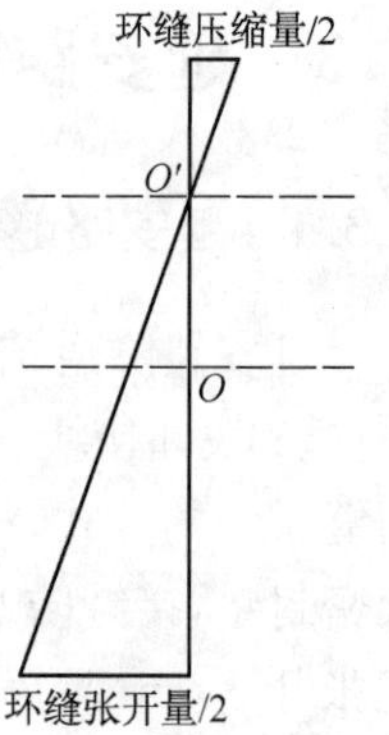

图 4-1　接头张开示意图

衬砌环计算半径定义为 R,即衬砌内、外半径的平均值;管片厚度为 d;环缝接头抗压刚度为 k_1(Pa/m),抗拉刚度为 k_2(Pa/m);抗压、抗拉刚度比值为 n, $n=k_1/k_2$。基本假定条件如下:

(1) 平截面假定,即隧道横断面上每一处的张开或压缩量与该位置距中性轴的长度成正比;

(2) 螺栓抗拉刚度沿环缝均匀分布;

(3) 接头位置法向应力沿厚度方向均匀分布;

(4) 纵向弯矩作用下,管片环以中性轴为界,一侧受压,另一侧受拉,受拉侧的拉应力由螺栓承担,受压侧的压应力由管片或衬垫承担;

(5) 衬砌环刚度远大于环缝接头,视为刚体;

(6) 环缝底部张开,张开量为 1 个单位。

纵向转动轴位置解析推导参见文献[72]。通过积分分别求出转动轴上方和下方的法向应力对转动轴的弯矩作用,根据弯矩平衡条件求出转动轴位置以及环缝张开量与压缩量的比值 m。m 与 n 之间的关系如表 4-3 所示。在应用时可根据估算的 n 值查表获得。

表 4-3　环缝接头张开及压缩量的比值 m 与刚度比 n 之间的关系

n	m	n	m	n	m	n	m
1	1.00	30	3.82	500	11.63	1.00×10^4	38.46
2	1.31	35	4.05	750	13.70	2.00×10^4	50.00
3	1.54	40	4.27	1 000	15.38	3.00×10^4	58.82
4	1.72	50	4.67	1 500	17.86	4.00×10^4	66.67
5	1.88	75	5.46	2 000	20.00	5.00×10^4	71.43
8	2.26	100	6.13	3 000	23.81	7.50×10^4	83.33
10	2.48	150	7.19	4 000	26.32	1.00×10^5	100.00
15	2.90	200	8.06	5 000	29.41	2.00×10^5	125.00
20	3.25	300	9.52	7 500	34.48	3.00×10^5	142.86
25	3.55	400	10.64	10 000	38.46	4.00×10^5	166.67

根据接头变形特点，可以分析得到最大环缝张开量 Δ 为

$$\Delta=\frac{mBD}{(m+1)R-mD} \tag{4-2}$$

式中，B 为管片宽度；D 为隧道外径；R 为附加曲率半径；m 为环缝接头张开量与压缩量之比。

式(4-2)即为盾构隧道衬砌结构纵向曲率半径与最大环缝张开量的关系式。

3. 数值模拟方法

随着工程软件功能的不断开发和推广，数值模拟在隧道分析中的应用已十分普遍。本文将以 Abaqus 为对象展开介绍，首先模拟盾构隧道发生不均匀沉降后隧道的受力状况，并通过软件拟合了盾构隧道产生的不均匀沉降曲线，之后用 Matlab 求解了拟合曲线的一阶、二阶导数，然后按照曲率半径的数学公式计算了盾构隧道的曲率半径，得出在不均匀沉降的情况下曲率半径与管片最大接缝张开量、管片最大错台量、螺栓最大应力及与混凝土最大压应力之间的定量关系。

(1) 对于延安东路盾构隧道管片结构，对应材料计算参数如下：弹性模量 $E=3.45\times10^4$ MPa，泊松比为 0.167，密度为 2 500 kg/m³。

(2) 延安东路隧道中环向及纵向接头均采用 M36 直螺栓，对应材料参数如下：弹性模量 $E=2.00\times10^4$ MPa，泊松比为 0.3，密度为 7 800 kg/m³。

管片结构采用三维实体单元建模，取对称结构，如图 4-2 所示，模型一侧固定一侧施加位移。螺栓也采用三维实体单元建模(图 4-3)，管片和螺栓均采用线弹性本构关系。

管片模型中预留有螺栓孔，为充分发挥 Abaqus 的非线性功能，研究考虑了螺栓与管片的接触问题，对螺栓采用实体单元建模。网格划分时采用 C3D8R。由于隧道结构是由管片拼装而成，并且管片与管片之间没有拉力，因此在 Abaqus 建模中定义管片与管片之间为硬接触，接触方式为面面接触，这比其他的数值软件定义接触方式为点点接触更符合实际。

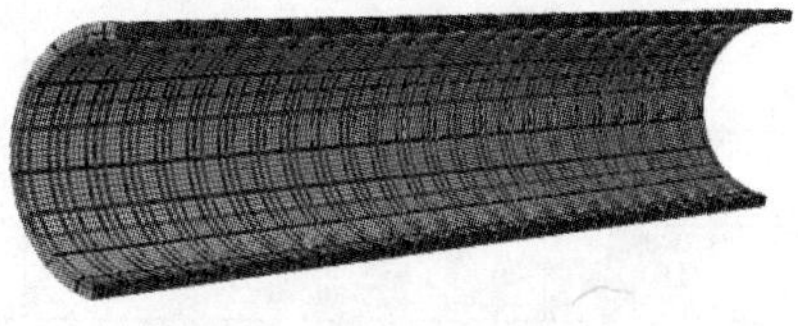

图4-2　计算模型及网格划分

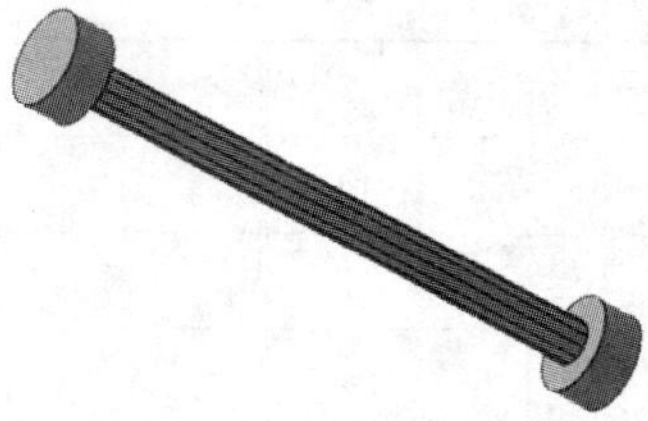

图4-3　螺栓网格划分

螺栓与管片之间是紧密接触的关系，在螺栓固定以后，手孔处用混凝土封死，很难再发生位移，因此定义螺栓与混凝土管片之间的接触为绑定关系。研究中没有特别考虑手孔和螺母对隧道结构的影响，对运营后的延安东路隧道手孔均为混凝土填实，螺母被混凝土包裹，这在某种程度上消弱了数值分析简化所带来的误差。

4. 计算结果

数值计算中，通过对隧道模型施加侧向位移的方法进行计算，计算得到隧道的沉降曲线，然后通过沉降曲线计算隧道曲率半径。具体做法为：假设隧道纵向沉降为高斯分布，通过曲线拟合，得到不同差异沉降下高斯函数的表达式，然后利用高斯函数进行分析得到不同差异沉降下隧道的曲率半径。

本研究计算得到从 132.557 m 到 22 234.31 m 共计 25 个曲率半径数据，并得到了对应的环缝张开量、错台量、螺栓应力及混凝土应力之间的关系，将其和解析计算结果、经验公式计算结果进行了对比，如表 4-4 所示。

针对延安东路隧道利用解析公式(4-1)进行计算时，其中，B 表示管片的环宽，延安东路隧道取 1 m；D 表示隧道直径，取 11 m；R 表示隧道结构曲率半径；刚度比 n 取 10，查表 4-3 可得对应 m 为 2.48。

表 4-4　计算结果

曲率半径/m	接缝张开量经验值/mm	接缝张开量解析解/mm	接缝张开量数值解/mm	螺栓最大应力/MPa	混凝土最大应力/MPa	最大错台量/mm
132.56	82.98	62.85	59.49	1 121.04	54.95	198.29
145.37	75.67	57.00	53.65	1 050.35	51.41	178.85
231.24	47.57	35.09	32.39	972.67	47.53	107.99
379.62	28.98	21.09	19.20	882.74	40.04	74.01
724.05	15.19	10.95	10.78	800.65	35.93	25.93
1 340.95	8.20	5.88	5.33	774.57	33.63	15.76
4 070.29	2.70	1.93	2.25	675.30	24.67	9.51
5 011.36	2.20	1.57	1.83	640.17	22.92	6.10
6 034.19	1.82	1.30	1.52	618.41	21.82	5.07

（续表）

曲率半径/m	接缝张开量经验值/mm	接缝张开量解析解/mm	接缝张开量数值解/mm	螺栓最大应力/MPa	混凝土最大应力/MPa	最大错台量/mm
7 011.21	1.57	1.12	1.31	581.85	19.99	4.36
8 001.75	1.37	0.98	1.15	530.89	17.44	3.82
9 021.34	1.22	0.87	1.02	500.32	15.92	3.39
10 003.46	1.10	0.78	0.85	480.30	14.92	2.84
11 060.00	0.99	0.71	0.52	460.30	13.92	1.74
12 001.21	0.92	0.65	0.86	440.45	12.92	2.88
13 013.37	0.85	0.60	0.80	420.70	11.94	2.67
14 025.41	0.78	0.56	0.71	400.55	10.93	2.36
15 011.09	0.73	0.52	0.69	389.41	10.37	2.32
16 028.31	0.69	0.49	0.67	360.09	8.91	2.23
17 008.77	0.65	0.46	0.65	340.87	7.94	2.17
18 021.36	0.61	0.44	0.61	310.38	6.42	2.03
19 033.54	0.58	0.41	0.58	290.03	5.40	1.94
20 034.69	0.55	0.39	0.55	281.67	4.98	1.84
21 103.44	0.52	0.37	0.52	270.30	4.42	1.74
22 234.21	0.49	0.35	0.50	262.06	4.00	1.67

分析可知，当曲率半径小于 10 000 时，解析解与数值解结果较为接近，经验公式计算结果较前者大，相对保守；当曲率半径大于 10 000 时，解析解、数值解及经验公式计算结果较为相近，数值解和经验公式计算结果逐渐趋于一致。

延安路隧道设计参数如下：

(1) 管片混凝土设计标号为 500 号(C48)，设计强度为 50 MPa。

(2) 纵向螺栓采用 M36 螺栓，屈服强度 640 MPa，极限强度 800 MPa。

(3) 管片接缝在以下的工作条件时，能满足止水要求：承受水压 0.8 MPa，相邻环面错台量控制值为 20 mm，环缝张开值为 5 mm，纵缝张开值为 8 mm。

因此对延安路隧道而言，对其纵向附加曲率半径的控制标准分析如下：

(1) 以环缝张开量 5 mm 为一个界限值，采用三种方法计算相应的附加曲率半径如表 4-5 所示。从表 4-5 可以看出，上海采用的经验公式最为保守，解析解偏于危险，而数值计算结果介于两者之间。

表 4-5　环缝张开量 5 mm 时附加曲率半径

环缝张开量/mm	曲率半径/m		
	经验值	数值解	解析解
5	2 200	1 820.97	1 575.66

(2) 以相邻环肋面错升值 20 mm 为一个界限值，根据数值模拟的结果，可知相应的附加曲率半径为 1 410.93 m。

(3) 以螺栓屈服强度 640 MPa、极限强度 800 MPa 为界限值，根据数值模拟的结果，可知相应的附加曲率半径分别为 5 011.19 m 和 724.05 m。

(4) 以混凝土抗压设计强度 50 MPa 为界限值，根据数值模拟的结果，可知相应的附加曲率半径为 145.37 m。

表 4-6 为隧道不同控制条件下的曲率半径控制界限值。

表 4-6　隧道几个重要的界限值

曲率半径/m	环缝张开量/mm	螺栓应力/10^5 kPa	相邻环肋面错台/mm	混凝土应力/MPa
5 011.19	1.83	6.40*	6.1	22.92
1 820.97	5*		15.82	
1 410.93	6.32		20*	
724.05	10.78	8.00*	25.93	35.93
145.37	53.65	10.50	178.85	50*

注：标注 * 的为界限值。

根据以上计算结果，可知：

(1) 当纵向变形曲率的半径不小于 5 011.19 m 时，螺栓未屈服，接缝防水有效。

(2) 当纵向变形曲率的半径小于 5 011.19 m，大于 1 820.97 m 时，隧道管片接头受拉侧螺栓屈服，将可能进入塑性状态，但接缝防水依然有效。

(3) 当纵向变形曲率的半径小于 1 820.97 m，大于 1 410.93 m 时，隧道管片接头受拉侧螺栓处于塑性状态，接缝张开量大于 5 mm，不满足防水标准，防水可能失效。当纵向变形曲率的半径小于 1 410.93 m，大于 724.05 m 时，错台量超过 20 mm 防水标准，防水可靠性进一步降低。

(4) 当纵向变形曲率的半径小于 724.05 m，大于 145.37 m 时，隧道管片接头受拉侧螺栓应力超过极限应力，螺栓可能受拉破坏。

(5) 当纵向变形曲率的半径小于 145.37 m 时，受压区混凝土压碎破坏。

因此，对于延安路隧道，从保证结构安全的角度出发，其附加曲率半径可以确定为 5 011 m。

隧道分级控制标准如表 4-7 所示。

表 4-7　纵向沉降的定量判定标准

判定等级	曲率半径/m
Ⅰ	⩾5 000
Ⅱ	2 000～5 000
Ⅲ	800～2 000
Ⅳ	⩽800

4.3.3 最大沉降量的确定

隧道的绝对最大允许沉降量根据允许的曲率半径和工程施工对隧道的影响范围来确定,可以采用下述经验公式进行判断,其中,R 为允许附加曲率半径,L 为邻近工程对隧道的影响范围。

$$S = R - \sqrt{R^2 - (L/2)^2} \tag{4-3}$$

根据外滩工程施工时的控制标准,要求延安东路隧道环缝张开量不大于 1 mm,根据数值计算结果可知,曲率半径变化限值为 9 021.34 m。依据离心机分报告分析计算结果可知,基坑开挖对延安东路隧道影响范围为基坑中心两侧各 20 m,通过计算可知,沉降允许值为 22 mm,最终确定沉降允许值为 20 mm。

第 5 章 明挖法施工对既有大直径盾构隧道影响的离心机试验

5.1 概述

以往针对基坑开挖对邻近隧道影响的研究表明：绝大多数研究手段是理论解析以及数值模拟，虽然也有学者对个别工程现场的监测数据进行了分析，然而由于工程现场条件复杂，得到的监测数据离散性较大，因此得到的结论缺乏足够的验证，进行室内模型试验是一个行之有效的解决途径。岩土工程普通的室内模型试验往往难以模拟实际工程中土体所受的高应力，有很大的局限性，而离心机试验可以用离心场模拟重力场的作用，克服普通室内岩土试验的缺陷，得到较为精确的试验结果。

为研究基坑开挖对下卧盾构隧道的影响，本节以上海外滩通道明挖施工对延安东路隧道的影响为背景，以上海延安东路隧道以及上海地铁 2 号线隧道为研究对象，进行了室内离心机试验。通过试验将研究以下几个方面的内容：①隧道受上方基坑开挖影响产生的纵向变形基本形态及衬砌内力变化的特点；②基坑坑底与隧道之间竖向距离对隧道响应的影响；③隧道直径大小对隧道响应的影响。

5.2 土工离心机试验基本原理

5.2.1 土工离心机试验基本原理

土工问题主要研究的是土体中应力、应变状态的变化，并以此来解决土体的变形与稳定问题，根据弹塑性理论，弹塑性力学模型相关参数可表示如下：

$$F(\sigma, \rho, \varphi, g, l, c, f) = 0 \tag{5-1}$$

式中，σ 为应力；ρ 为土体密度；φ 为土体内摩擦角；g 为重力加速度；l 为长度；c 为土体黏聚力；f 为边界应力。

按照量纲分析法可将式(5-1)组成无量纲方程：

$$F\left(\frac{\rho g l}{c}, \frac{\sigma}{c}, \frac{f}{c}, \varphi\right) = 0 \tag{5-2}$$

按照相似理论，原型与模型的无量纲量应相同，因此

$$\left(\frac{\rho g l}{c}\right)_{m}=\left(\frac{\rho g l}{c}\right)_{p},\left(\frac{\sigma}{c}\right)_{m}=\left(\frac{\sigma}{c}\right)_{p},\left(\frac{f}{c}\right)_{m}=\left(\frac{f}{c}\right)_{p}, \varphi_{m}=\varphi_{p} \tag{5-3}$$

式中,$(\quad)_m$ 表示模型,$(\quad)_p$ 表示原型。

在土工试验中,为了再现原型的性状,要求 $\sigma_m=\sigma_p$,即 $C_\sigma=1$。量纲相同的物理量其相似比应相同,因此

$$C_\sigma = C_E = C_c \tag{5-4}$$

将式(5-4)代入式(5-3),得到

$$\rho_m g_m l_m = \rho_p g_p l_p,\ c_m = c_p,\ f_m = f_p \tag{5-5}$$

对于式(5-5),若模型材料与原型相同,同时边界应力相同,即 $\rho_m=\rho_p$, $f_m=f_p$,则

$$\frac{g_m}{g_p}=\frac{l_p}{l_m}=n \tag{5-6}$$

式中,n 称为离心机的模型率。

式(5-6)就是土工离心机模型率的基本原则,主要根据离心力场和重力场等价的原理,把经过 $1/n$ 缩尺的原型结构物置于高速旋转的离心机产生的 ng 倍离心机场中,来补偿因模型尺寸缩小而导致土工构筑物自重的损失,从而再现原型特性。与常规模型试验相比,离心机模型具有很大的优越性,是研究岩土工程对象的合理且有效的试验手段与研究方法。

5.2.2 相似准则

要通过模型性状准确地预测原型的性状,必须建立相似准则。根据上一节的分析,在土工模型试验中若采用与原型同样的材料制模,且使模型与原型所处的应力状态一致,就可以保持模型与原型各种合理的相似。利用基本量纲相似比,按物理定律就可以导出土力学中常用物理量的相似比,它是各种离心模型试验所必须遵循的规则,模型和原型之间各物理量相似比见表 5-1。

表 5-1 相似准则

物理量	原 型	模 型	物理量	原 型	模 型
线尺度	1	$1/n$	渗流量	1	n
面积	1	$1/n^2$	面力	1	1
加速度	1	n	体积力	1	n
总应力	1	1	重度	1	n
有效应力	1	1	渗透系数	1	n
应变	1	1	孔压	1	1
水头	1	$1/n$	固结时间	1	$1/n^2$
位移	1	$1/n$	弹塑性矩阵	1	1

5.3 同济大学 TLJ-150 复合型岩土离心试验机介绍

同济大学 TLJ-150 复合型岩土离心试验机(图 5-1)是由中国工程物理研究院总体工程研究所设计制造,是一台具有当前国际领先水平的大型多功能土工离心机。

图 5-1 同济大学 TLJ-150 复合型岩土离心试验机

TLJ-150 复合型岩土离心机的主要技术性能指标如下:

(1) 最大容量:150 gt。

(2) 最大离心加速度:200 g。

(3) 最大载荷(模型箱+模型):100 g 时 1 500 kg; 200 g 时 750 kg。

(4) 有效半径:离心机旋转中心至工作吊篮底板上方 300 mm 处为 3.0 m。

(5) 拖动功率:250 kW。

(6) 加速度控制精度:≤0.185%F.S;加速度稳定精度:−0.035%F.S~0.025%F.S。

(7) 主机连续工作时间:24 h。

(8) 离心机转速控制:手动和计算机自动控制。

(9) 集流环:129 环。

(10) 噪声控制:距旋转中心 10 m 处 65 dB。

(11) 自动平衡系统:最大调节能力为 75 kN,精度为±1 kN。

(12) 摄影、摄像系统:定点摄影采用 500 万像素的高性能数码相机,配合控制计算机对试验模型进行实时拍摄;CCD 摄像头可对离心机运行过程进行实时监视。

(13) 数据采集系统:分静态数据采集与动态采集两大系统。其中静态数据采集测点总数为 40 通道;动态数据采集测点总数为 32 通道,信号传输误差为 0.52%。

(14) 动态机械手系统:配备打、拔桩机械手、坑洞开挖机械手,可对地下工程中的施工过程进行动态模拟,最大工作加速度为 100 g。

(15) 设备具有对各主要部位进行工作状态检测、系统故障报警、自动与手动停机以及应急停机功能。

5.4 工程背景

为结合上海 CBD 核心区开发和发展的要求,在上海外滩修建完成了一条地下通道——外滩通道以达到分离过境交通、改善区域交通的目的。本文的离心机试验及后续的数值模拟等研究都是以上海外滩通道施工为工程背景。

外滩通道全长 3.2 km，北段（天潼路口—福州路口）采用盾构法施工，而南段（福州路口—老太平弄）采用明挖法施工。其中南段通道在延安东路路口与已建延安东路隧道交叉跨越（图 5-2）。延安东路南线隧道与北线隧道的外径均为 11 m，衬砌厚度为 55 cm。外滩通道与延安东路南、北线隧道的夹角约为 90°与 75°。基坑开挖跨越已建大直径盾构隧道，这在国内尚属首次。

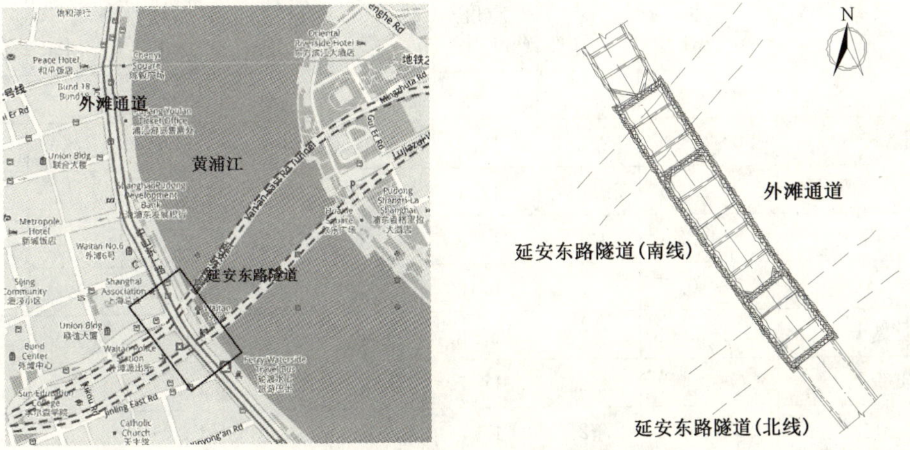

图 5-2　外滩通道与延安东路隧道平面图

外滩通道本段基坑的开挖深度大约为 11 m，分三层开挖，每层开挖深度分别为 3.8 m，3.3 m以及 3.9 m。采用ϕ 800 mm 间距 1 000 mm 的钻孔灌注桩作为围护结构。坑内竖向采用三道支撑，第一道为 800 mm×800 mm 混凝土支撑，第二、三道为ϕ 609 mm×16 mm 的钢支撑。混凝土支撑的水平间距为 6～7 m，而钢支撑的水平间距为 3.6 m。基坑坑底与延安东路南、北线隧道拱顶距离仅为 7.1 m 与 5.4 m。为了保护下卧隧道，实际工程中在隧道两侧各设计了两道隔离墙兼抗拔桩，将上方基坑分割为数块进行分区开挖。隔离墙也采用ϕ 800 mm 间距1 000 mm的钻孔灌注桩。每道隔离墙内 4 根抗拔桩加深，抗拔桩埋深约为 46 m，待结构底板浇筑时，将抗拔桩的钢筋锚入底板，起到抗浮作用。受基坑下延安东路隧道的限制，南、北线隧道上方围护结构做成弧形，其底部与隧道拱顶相距仅 1 m（图 5-3）。

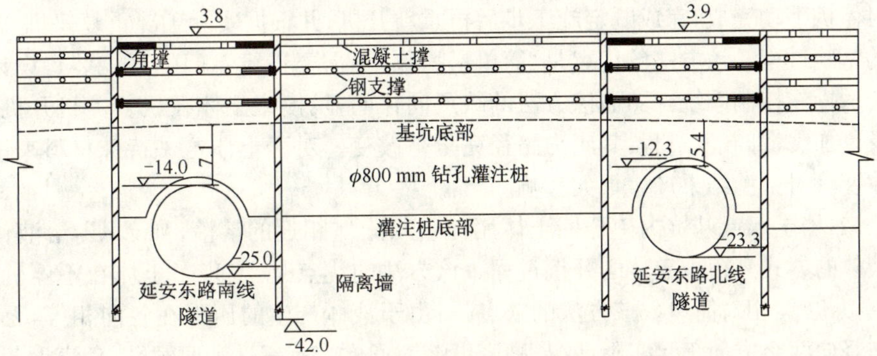

图 5-3　外滩通道与延安东路隧道剖面图

在施工中为保护下卧隧道，采取的主要措施有：①开挖方案优化，分区开挖，抽条开挖；②坑底进行满堂加固，加固深度到隧道底为止，并向基坑两侧延伸出宽度为 5 m 的加固区；③坑底临时堆载，以平衡开挖卸荷。

外滩通道与延安东路隧道跨越段场地土体分层情况以及土体参数见表 5-2。外滩地区常年平均地下水位埋深在地表下 0.5～0.7 m 之间。

表 5-2　土体分层及土体参数

土层	厚度/m	含水量	重度/($kN\cdot m^{-3}$)	孔隙率	压缩指数/MPa^{-1}	压缩模量/MPa	c/kPa	φ/(°)
①填土	3.6～7.5	—	—	—	—	—	11	22
②粉质黏土	1.0～2.9	32.2%	18.4	0.93	0.32	6.04	18	21
③黏土及粉质黏土	0～4.5	39.6%	17.7	1.11	0.61	3.44	10	25
④淤泥质黏土	7.5～9.3	49.4%	16.9	1.39	0.99	2.41	8	23
⑤黏土	6.5～10.7	36.7%	17.8	1.07	0.54	3.85	17	13
$⑤_3$粉质黏土	15.3～16.8	34.0%	17.9	1.01	0.41	4.94	13	27
$⑦_1$砂质粉土	2.0～7.7	28.2%	18.7	0.82	0.17	10.30	3	30
$⑦_2$粉质砂土	2.5～15.9	27.2%	17.7	0.82	0.13	13.71	3	32

5.5 试验方案设计

5.5.1 基坑开挖模拟方法

本试验的核心与技术难点在于深基坑开挖施工过程在高离心场下的模拟。由于基坑开挖卸荷是引起周边地层变形和下卧隧道隆起的诱因，因此待模拟的基坑开挖对模型土体的影响需在定性定量上均与实际开挖过程相近。

近年来国内外已开展了不少针对基坑开挖的土工离心机模拟试验，现有的基坑开挖模拟方法主要有以下三种：

方法一：模型土体与结构在离心场下进行预固结，当需要进行土体开挖或设置支撑等施工动作时停机手动完成，完成既定施工步后再重新开机，并根据实际工况重复停机、施工、重新运行的试验过程。该方法的优点是：简单易操作，不需要进行专门的开挖装置设计、制作以及配套的操作控制系统。然而该方法的缺点同样明显：模型土体在反复停机开机的过程中经历反复加载、卸载的过程，其应力路径完全被改变。对于土体这一特殊材料来说，应力路径的改变将对试验结果产生重大影响。

方法二：挡土墙或基坑内待开挖土体用比重与土体相近的溶液，如 $ZnCl_2$ 溶液代替，通过排放液体的方式来模拟土体的开挖过程。该方法的优点是：实现了土体在不停机状态下开挖的模拟，装置相对简单。该方法的缺点是：由于液体产生的压强在各向相等，无法同时在水平与竖向两个方向满足实际情况；高密度溶液通常带有毒性和腐蚀性，危害设备以及试验人员健康。

方法三:设计制作专门的机械装置安装于模型箱上,通过控制端在离心机运转时进行土体开挖。该方法的优点是:实现了对实际施工过程的真实模拟,可以进行实时操作与监控。该方法的缺点是:技术实现难度高,需要主机提供电气、油路接口以及控制平台;目前的开挖装置无法在基坑内有支撑结构等障碍物下完成既定动作。

基于同济大学 TLJ-150 复合型岩土离心机的技术指标,同济大学已经与中国工程物理研究院总体工程研究所联合开发研制一套排液法模拟基坑开挖的装置。本试验将采用这套排液装置来模拟基坑开挖,开挖模拟的示意图见图 5-4。围护墙内基坑开挖深度以上的土体由液体模拟,在试验中通过控制室操作分次分量排放基坑内高密度代土液体来实现土体开挖。

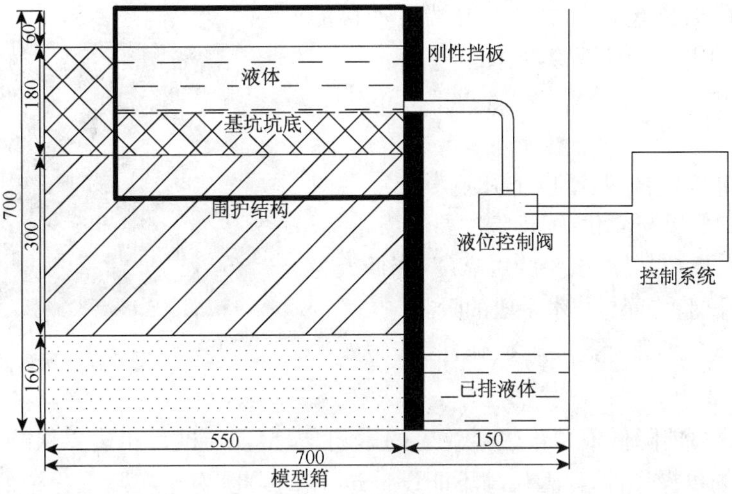

图 5-4　基坑开挖模拟示意图

模拟基坑开挖排液装置主要包含了三个部分:金属刚性挡板、液位控制阀和配套管路。刚性挡板主要用来分隔模型箱,其主体厚度为 25 mm,板后设加劲肋,见图 5-5。经出厂前检查,在 100 g 离心加速度条件下钢板挠度满足试验精度要求。

图 5-5　刚性挡板

液位控制阀随液压缸伸缩过程闭合或开启。当控制阀打开后,液体由进液口接头进入,然后从排液口接头流出,实现模型箱里的液体释放;当控制阀闭合后,进出液体接头被关闭,模型箱里的液体不再释放,液面高度保持,见图 5-6。

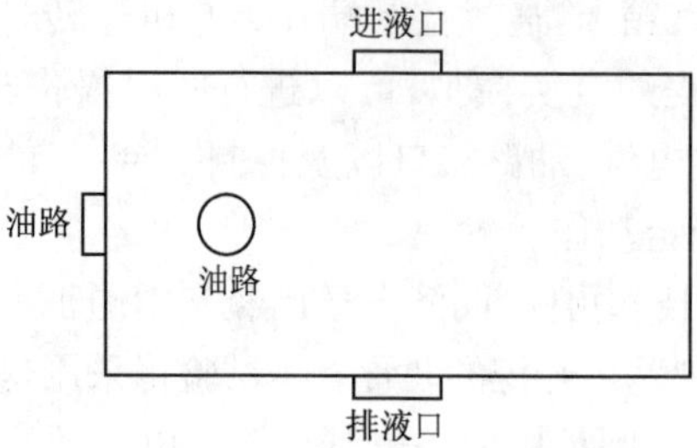

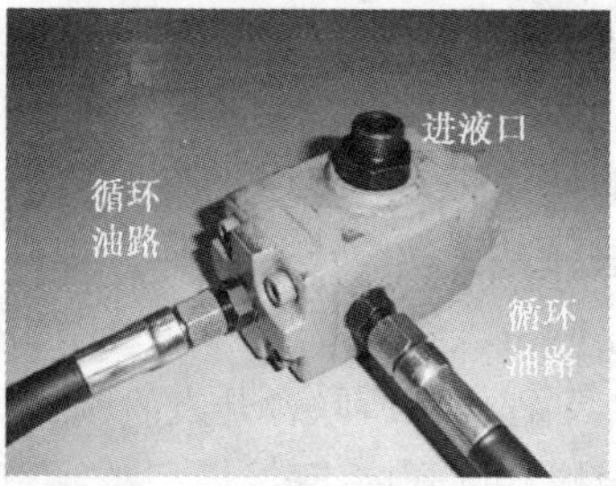

图 5-6　液位控制阀

本装置中的管路包括与主机大臂端头连接的液位控制阀的油管以及排液管,见图 5-7。

图 5-7　配套管路

5.5.2　试验假定

对于模型试验而言,基于以下几点考虑需要对试验进行必要的假定与简化:①排除次要因素干扰,突出主要研究对象;②提高试验的可靠度,降低人为误差;③受现有试验装置与技术手段的限制。

在权衡了试验的目标与实际操作性后,做如下假定:

(1) 为了尽可能降低模型箱边界效应的影响,模型须与模型箱边界保持一定距离。同时考虑到试验的可操作性,模型尺寸不能设计过小。因此,对于实际工程中的双线隧道,本试验决定只考虑基坑开挖对其中一条隧道的影响。另外,实际中基坑走向与两条隧道轴线之间并非完全垂直,为简化问题,试验中的基坑与隧道采用互相垂直的相对位置关系。

(2) 实际基坑开挖深度范围内地层条件复杂,如在试验中完全再现实际地层情况,难度高且人为操作误差大,尤其在多组试验比较时,前后一致性难以保证。因此参考实际工程的土层分布情况,试验中将土层简化为三层:从地表到地表下 18 cm 为上海地区第④层土(淤泥质黏土),从地表下 18 cm 到 48 cm 为第⑤$_3$层土(粉质黏土),模型箱底 16 cm 范围内为第⑦$_1$层土(砂质粉土层)。

(3) 本试验包含了基坑与隧道两种结构之间的相互影响,并且采用排液法进行基坑开挖的模拟,由于采用相似比计算后基坑支撑的尺寸很小,现有的离心机机械设备无法对如此微小的支撑在不停机的状态下进行安装。考虑到本试验的主要研究目的是隧道在其上部基坑开挖卸载条件下的受力和变形问题,而在该情况下隧道主要表现为竖向隆起,根据排除次要因素、抓住主要因素的原则,在模型制作时把基坑内的支撑按照比例和基坑围护结构在试验前就整合安装。这样对侧墙变形有一定影响,但是对隧道隆起的影响则相对较小。该假定的可行性在后文中将通过数值模拟验证。

5.5.3　试验工况设计

隧道受上方基坑开挖影响产生的响应受很多因素影响,由于试验条件的限制,在本次试验中仅考虑隧道与基坑之间的竖向距离以及隧道直径这两个因素的影响。其中隧道直径的影响拟采用延安东路隧道以及上海地铁隧道两个不同直径隧道模型进行对比。上海地铁隧道外径为 6.2 m，衬砌厚度为 0.35 m。试验工况设计如表 5-3 所示，其中，D_m与 d_m分别是是延安东路隧道与上海地铁隧道按模型率缩小后的直径，为 11 cm 与 6.2 cm。

表 5-3　试验工况

工　况	隧道类型	隧道中心与基坑坑底之间距离
工况一	延安东路隧道	D_m(11 cm)
工况二	延安东路隧道	$1.5D_m$(16.5 cm)
工况三	延安东路隧道	$2D_m$(22 cm)
工况四	上海地铁隧道	$1.75d_m$(11 cm, D_m)

5.5.4　模型布局

综合考虑现有模型箱尺寸、边界效应以及试验可操作性，将模型率 n 确定为 100，在长 900 mm、宽 700 mm 和高 700 mm 的模型箱内进行试验。模型的平面布置图与基坑结构剖面图分别如图 5-8 及图 5-9 所示。

由于刚性金属隔板的设置，模型箱体被分为两部分，从平面图上看，刚性隔板一侧900 mm×150 mm 区域用于放置排液阀等附属装置以及作为排液空间，另一侧 900 mm×550 mm 区域作为模型试验区域。

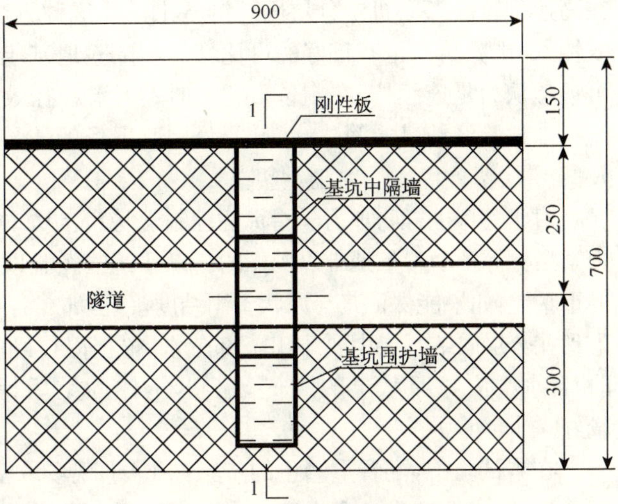

图 5-8　模型平面布置图

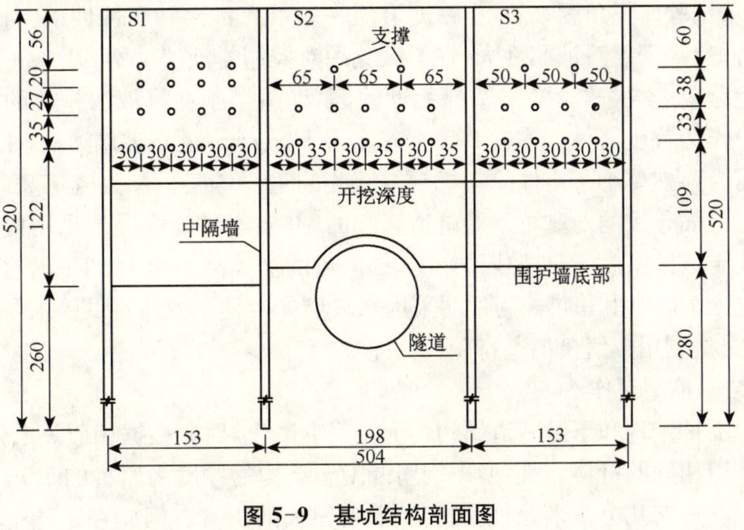

图 5-9　基坑结构剖面图

5.5.5 模型制作

在离心模型试验中要保证模型和原型的相似性应尽量采用原型材料制作模型，但在试验中由于模型尺寸的限制，经常无法保证模型和原型所有的参数都相似，于是在围护结构及隧道结构模型制作中就涉及最优模拟参数的选取问题。

1. 土样制备

在离心模型试验的地基土模拟中，为充分考虑土的结构性及土的应力历史对土应力—应变性状的影响，可以从现场取原状土样进行试验。它可以一定程度地考虑地基土实际的物理力学性质，但小尺寸的原状试样往往并不能代表整个地基剖面的情况，而且原状土样中存在的诸如结构、裂缝、夹层等宏观组构在模型中也不能按相应的几何尺寸缩小，与实际的地层分布仍有一定的差异。在实际试验中，一般将现场土按照一定的物理力学指标重塑后，在高速旋转的离心机中分层固结制备土样。这种方法可较好地模拟土的固结状态，且可重复性好，试验结果也有较好的可比性。本试验地基土以黏土和粉土为主，由于其粒径很小，可近似认为是连续体，在制备重塑土时不考虑粒径效应。

本试验将地基土简化为三层，分别取现场的④层灰色淤泥质黏土、$⑤_3$层灰色粉质黏土及$⑦_{1-1}$层草黄色砂质粉土重塑。

对于模型土样物理力学指标的控制，经验表明如同时精确控制重度、含水量和土体的物理力学指标等多个参量是难以操作的。以往试验经验以及试验后的土样测试表明，对于同性质的重塑土，如果能保证其与原状土固结度接近，那么各项物理力学指标也将与原状土相近。考虑到在分层固结过层中要排出一部分水，根据以往经验，在本模型的排水条件下配置重塑土时，含水量按照原状土的 105%配制，土体固结后得到的最终含水量与目标值吻合程度较好。[73]

在本试验中，配置重塑土的步骤如下：①现场取土；②切土、晒土；③将干土块用球磨机磨成粉状；④按照设计含水率加水配成均匀土膏；⑤密封备用。

2. 代土液体选择

在采取排液方式模拟基坑开挖的离心机试验中，多选用与土体重度近似的溶液，如 $ZnCl_2$溶液。从试验操作角度来看，高密度溶液一般带有毒性和腐蚀性，会对试验人员以及设备构成危害；且高密度溶液黏性大，在本试验中对控制排液速度不利。

鉴于以上分析，本次试验尝试选择无毒的，黏度适合于在排液法排放的"硅酸钠溶液"（俗称水玻璃）作为代土液体。实验室现有密度为 1.3 g/ml 的水玻璃溶液，相同高度的溶液提供的竖向压力显然要小于土体。考虑到本试验的主要考察目标为隧道竖向隆起，为了减小竖向压力不足而导致的对基坑下卧隧道隆起的影响，本试验中决定采用提高液体高度的方法来弥补代土溶液密度不足造成的影响，提高后的液体高度为 14.3 cm，这个措施增加了坑内的侧向土压力，见图 5-10。为说明采用水玻璃作为代土液体对试验结果的影响可以忽略，同样在下文将利用数值模拟进行验证。

3. 围护结构模型制作

由于实际围护结构和下卧隧道结构均为钢筋混凝土结构，根据相似关系分析可知，如在试验过程中采用相同的材料，则模型中钢筋混凝土结构的厚度为原型的 $1/n$，其结果是墙体与隧道衬砌厚度只有几个毫米，给模型制作带来很大的困难。因此在试验中决定采用易于

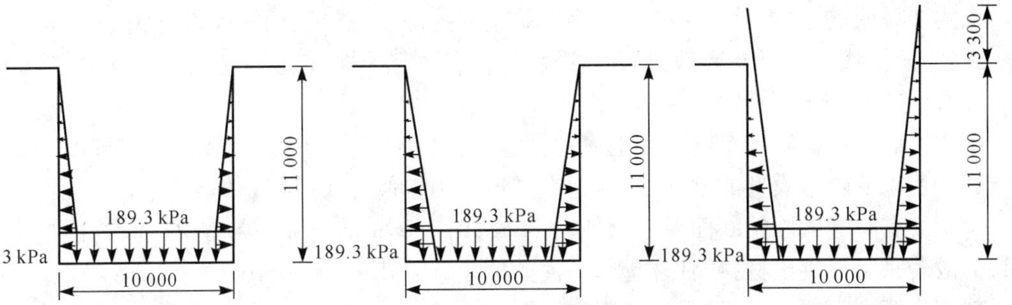

(a) 实际情况　　(b) 与土地密度相同代土溶液　　(c) 水玻璃溶液

图 5-10　基坑内部压力

加工的金属材料制作结构，这也是离心机模型试验常用的方法。

基坑围护结构模型采用不锈钢制作。根据材料的抗弯刚度相似，且忽略剪切变形的影响，可得模型材料与原型材料抗弯刚度应满足如式(5-7)的关系：

$$\left[\frac{Et^3}{12(1-v^2)}\right]_{m1} = \left[\frac{Et^3}{12(1-v^2)}\right]_{m2} \tag{5-7}$$

式中，m_1 为与原型相同的模型材料，$v_{m1}=v_p$，$E_{m1}=E_p$，$t_{m1}=t_p/n$；m_2 为模型的替代材料。

进而可计算得到替代材料板的厚度为

$$t_{m2} = \frac{t_p}{n}\sqrt[3]{\frac{1-v_{m2}^2}{1-v_p^2}\cdot\frac{E_p}{E_{m2}}} \tag{5-8}$$

基坑的支撑构件采用不锈钢管来制作。根据材料的抗压刚度相似有类似推导：$E_{m1}A_{m1} = E_{m2}A_{m2}$，其中，$A$ 为支撑的面积。

经过计算，同时考虑工艺要求，最后采用的基坑模型主要几何参数如表 5-4 所示，基坑模型的具体尺寸见图 5-11。

表 5-4　基坑模型几何物理参数表　　单位:mm

围护墙结构		支撑	
侧墙厚度	3	混凝土支撑	ϕ 6×1
中隔墙厚度	3	钢支撑	ϕ 3×0.5
边墙厚度	2		

图 5-11　基坑模型

需要说明的是，本试验中基坑模型在基坑开挖深度的位置用橡胶膜封底，一方面要保证密封性，防止代土溶液外流；另一方面橡胶膜具有一定弹性，使坑底土体可以正常隆起。

4. 隧道结构模型制作

本次试验以延安东路隧道和上海地铁隧道为研究对象分别展开研究，本节以延安东路隧道为例说明隧道模型的制作过程，地铁隧道采用类似方法进行制作。

延安东路隧道原始断面尺寸为外径 11 m、内径 9.9 m。由于离心机试验的模型率 n 为 100，故若采用混凝土材料制作模型，则模型尺寸应为外径 11 cm、内径 9.9 cm。由于混凝土材料制作模型不便，因此采用铝来制作模型。

由于隧道以纵向变形为主，因此根据模型的横断面纵向抗弯刚度相等来计算铝模型的尺寸：$E_{m1}I_{m1}=E_{m2}I_{m2}$。其中，$E_{m1}$ 是混凝土的弹性模量，I_{m1} 为混凝土模型的惯性矩；E_{m2} 为铝的弹性模量，I_{m2} 是铝模型的惯性矩。计算中取 $E_{m1}=3.45\times10^4$ MPa，$E_{m2}=7.2\times10^4$ MPa，得到结果 $I_{m2}=118.8\ \text{cm}^4$，取铝模型内径为 9.9 cm，则外径为 10.5 cm。

盾构隧道的衬砌结构是由管片拼装而成，接缝的存在对隧道结构的力学性能有很大的影响，如何恰当地模拟隧道接缝也是试验的关键。本文采用切割法模拟盾构隧道的接缝，见图 5-12。以下分别介绍隧道结构纵缝与环缝的模拟方法。

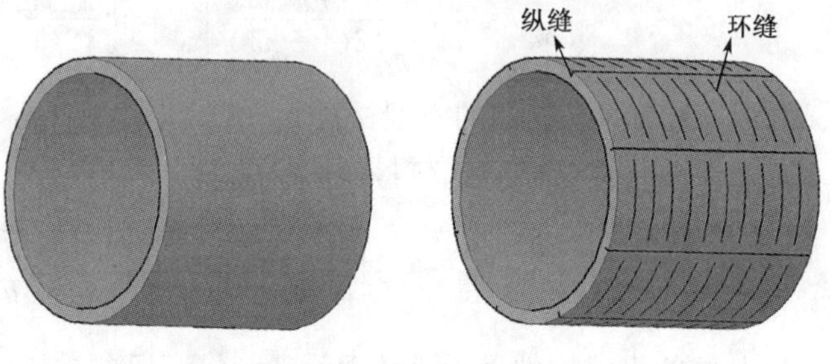

图 5-12　隧道接缝模拟示意图

1）隧道纵缝的模拟

隧道的纵缝采用在模型对应的位置将铝管割出一定深度的纵向槽来模拟。根据已有的对上海地区盾构隧道横向刚度有效率的研究，上海地区盾构隧道横向刚度有效率为 0.6～0.8[74]。上海延安东路隧道管片采用通缝拼装，因此本实验认为只要铝管经过纵缝切割处理后的刚度为均质管段横向刚度的 70%即达到所要求的模拟效果。

隧道纵缝的切割深度通过对比有无纵缝两种不同条件下隧道在相同荷载作用下的变形来确定。隧道的变形计算采用有限元分析软件 ANSYS 来进行，分析时将隧道底部固定，在隧道顶部施加一定的荷载。具体步骤如下：

(1) 首先对隧道模型进行模拟，模型材料为铝，内径 9.9 cm，外径 10.5 cm，底部采用固定约束，顶部施加一定的外力。在模型不进行纵缝开槽时，测得的隧道模型拱顶位移为 δ_1。

(2) 在有限元中对纵缝所在的相应位置进行一定深度的开槽处理，保持材料特性、荷载以及边界条件等不变，计算得到隧道拱顶的位移为 δ_2。

(3) 计算 δ_1/δ_2 的数值，如果等于设定的横向刚度有效率 0.7，那么认为此时的切割方案是满足要求的；如果 δ_1/δ_2 不满足要求，那么逐次改变纵缝开槽的深度，进行多次试算，直到满足 δ_1/δ_2 的数值为 0.7，此时的开槽深度就是所求的纵缝深度。

针对延安东路隧道结构，通过以上方法计算，结果计算得到纵缝开槽深度为 2 mm。

2）隧道环缝的模拟

隧道的环缝采用在模型对应的断面上做一定深度的切割来模拟。在实际中，盾构隧道环缝两侧的管片通过纵向螺栓连接。采用部分切割的方法，实际上是将未切割的部分视为管片上螺栓连接的临近部位，此处由于螺栓预紧力的作用，相邻管片连接紧密；而已切割的部分则是模拟距离螺栓较远的位置，管片之间的连接相对不够紧密。理论上可根据实际环间螺栓的位置及螺栓的影响范围确定切割部位的分布。然而实际操作时由于螺栓数量众多，间距过小，给模型的加工增加了困难。因此可以对切割部位进行一定的简化，根据衬砌环管片数沿隧道环向采用均匀对称的切割方式。

根据对上海地铁盾构隧道纵向刚度有效率的研究，上海地区盾构隧道纵向刚度有效率约为1/6～1/8[74]，本实验中取隧道纵向刚度有效率为1/7，要使切割后的隧道模型满足试验要求，即按一定方式切割断面后使隧道纵向刚度为均质管段的1/7即达到所要求的模拟效果。环缝切割范围的确定流程与纵缝深度确定的流程类似，同样可通过有限元建模，将有无环缝条件下的隧道变形进行对比来确定，具体过程此处不再赘述。环缝的宽度由加工中切割刀具决定，因此在加工中应尽量采用宽度小的刀具。环缝的切割深度理论上应穿透衬砌，然而在离心机试验中必须要保证隧道模型的密封性，因此环缝切割的深度必须小于隧道模型衬砌的厚度，预留0.2 mm以上为宜。

综上所述，铝管的切割方式如图5-13所示，阴影部分为环缝切割范围。经过切割加工后的隧道模型见图5-14。

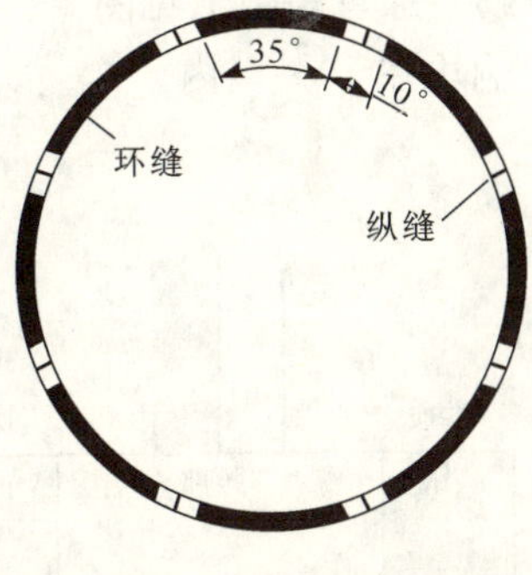

图5-13　隧道结构切缝方法

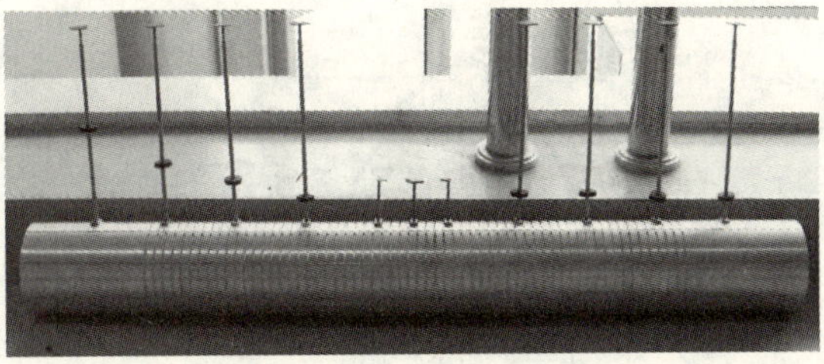

图5-14　隧道模型

5.5.6　试验假设的验证

本试验中采用的某些假设将对土体位移场产生影响，包括模型制作时将基坑内的支撑和基坑围护结构安装在一起以及采用水玻璃溶液作为代土溶液。为了验证以上假设对试验结果所产生的影响在可接受的范围内，本节将利用有限元软件PLAXIS-GiD[75]进行两组工况的模拟，其中工况A为离心机试验工况一的模拟，工况B是实际施工情况的模拟。

采用PLAXIS土体硬化模型(hardening soil model)作为土体的本构模型，参数见表5-5。试验中的水玻璃溶液采用Mohr-Coulomb模型来模拟，参数见表5-6。

工况A的模拟尽量体现试验中工况一的情况，围护墙的高度以及基坑内部液体的高度也与试验一致，从初始应力状态开始($K_0=1-\sin\varphi'$)，首先在不排水的条件下进行隧道施工的模拟，在整个隧道长度内进行土体开挖以及衬砌施加，同时围护墙与坑内支撑得到激活。随后再进行固结计算使超孔隙水压力消散后，逐层进行液体的排放。作为比较，在工况B中坑内的液体用土体来取代，并且在每层土体开挖之前进行支撑的逐层加设。

表 5-5　土体参数表

参数	材料类型	E_{50}^{ref} /MPa	E_{oed}^{ref} /MPa	E_{ur}^{ref} /MPa	m	ν_{ur}	p_{ref} /kPa	c_{ref} /kPa	φ /(°)	ψ /(°)
黏土	不排水	4.8	2.4	19.2	1	0.2	100	8	23	0
粉质黏土	不排水	9.8	4.9	29.4	0.7	0.2	100	12	27	0
砂质粉土	排水	12.5	10	37.5	0.6	0.2	100	3	30	0

表 5-6　液体参数表

参数	模型	材料类型	γ/(kN·m^{-3})	E_{ref}/MPa	ν
液体	摩尔-库伦(mc)	无孔隙	13.0	1.0×10^7	0.499

基坑开挖到底时工况 A 与工况 B 隧道纵向隆起情况见图 5-15。两组工况隧道纵向变形的结果十分相近，隧道拱顶最大位移分别为 19.07 mm 以及 19.48 mm，差别仅为 2%左右。

工况 A 与工况 B 由于基坑开挖引起的隧道中央断面衬砌附加弯矩数值见图 5-16。对于隧道上不同位置，试验中采取的假设对衬砌附加弯矩的影响均在 10%以内。

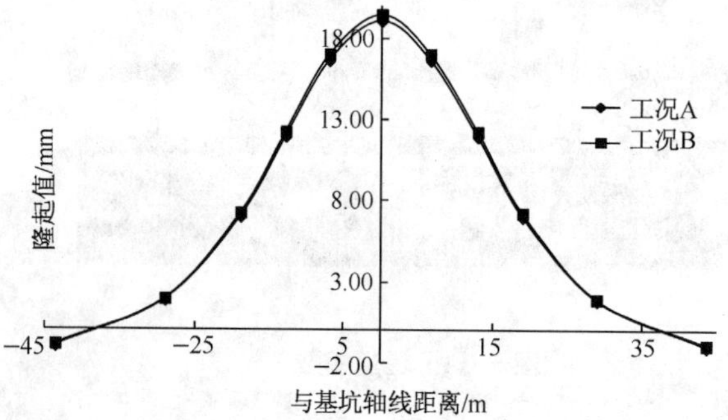

图 5-15　工况 A 与工况 B 隧道纵向隆起

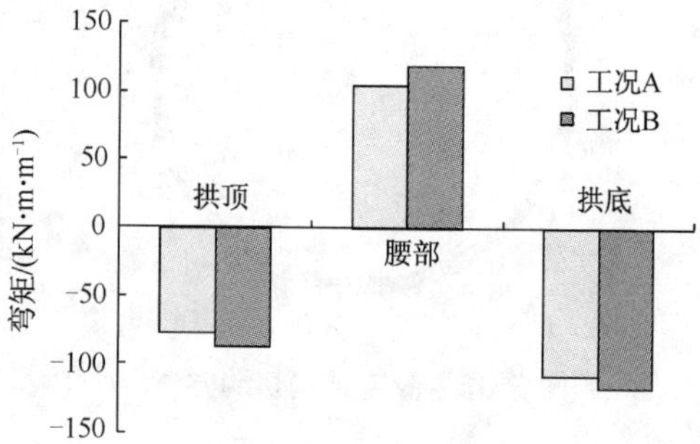

图 5-16　工况 A 与工况 B 隧道衬砌附加弯矩

通过上述的数值模拟分析，证明在离心机试验中采取预设支撑的措施以及采用排出水玻璃溶液来模拟土体开挖的方法对隧道的响应影响不大，处于可以接受的范围之内。

5.5.7　试验测量

1. 测量内容及测量仪器

选择差动式位移传感器 LVDT(接触式)与电涡流式位移传感器(非接触式)测量隧道隆起，见图 5-17。其中，LVDT 共布置 4 个，量程为 30 mm；电涡流式位移传感器共布置 3 个，量程为 10 mm。

选择电阻应变计测量隧道结构的应变，应变片型号为 BX120-2BA。试验中共设置 10 枚应变片。

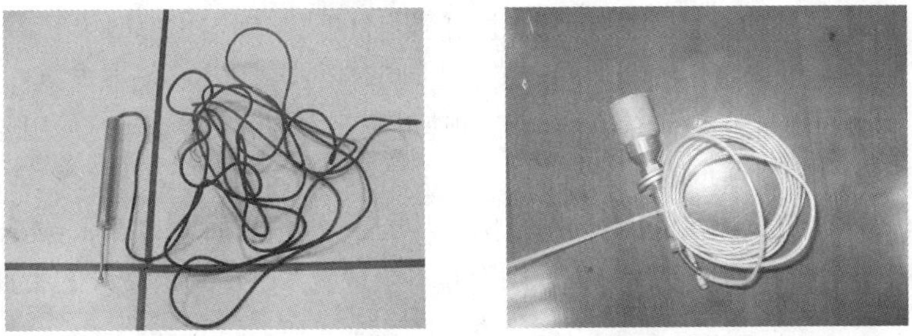

图 5-17　LVDT 与涡流式传感器

图 5-18　压力传感器

选用压力传感器(图 5-18)来测量基坑内液面的变化,以便在排液过程中对基坑开挖进行动态的控制。在离心机开始运行之前,将压力传感器固定在坑底的特定位置,保证试验过程中传感器的位置不发生变化,另外在试验前还需要对压力传感器的压力与基坑内液体液面高度之间的关系进行标定。

2. 隧道隆起测量装置

由于隧道结构处于土体中,因此为了测量基坑开挖过程中的隧道隆起,在隧道顶部连接出若干根测量杆。测量杆是用不锈钢制作的细长圆管,底部与隧道拱顶用环氧树脂胶固定。

隧道的中央测点位于基坑底部,为了测量到基坑开挖过程中的隧道隆起,必须使测量杆从隧道顶部一直延伸到基坑顶部,因此位移测量杆不得不穿越基坑坑底薄膜。如何处理测量杆穿过基坑坑底薄膜是隧道中央测点测量一个重点,一方面,基坑坑底薄膜变形应该不影响测量杆的自由移动;另一方面,测量杆穿过坑底薄膜,坑底的密封性仍然需要保证。为实现上述目的,采用将一根不锈钢中空的引导管跟坑底的薄膜连接,保证引导管跟坑底的密封性,测量杆从引导管内部穿过,一直延伸到基坑顶部位置,如图 5-19 所示。

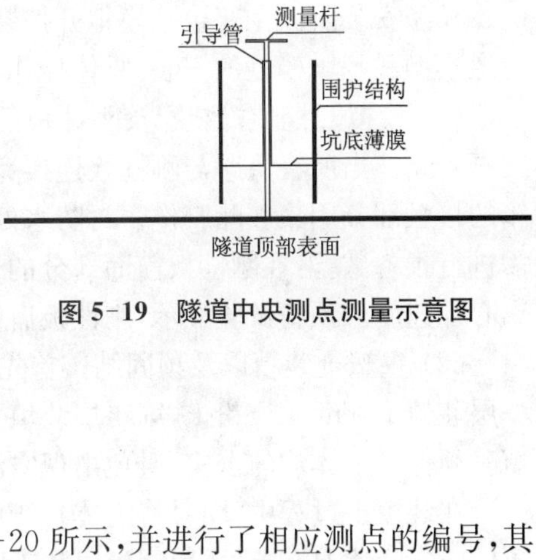

图 5-19　隧道中央测点测量示意图

3. 测点布置

1) 隧道隆起测点布置

测量隧道竖向位移的传感器整体布置图如图 5-20 所示,并进行了相应测点的编号,其中 D4 测点为位于基坑正下方隧道中点的中央测点。

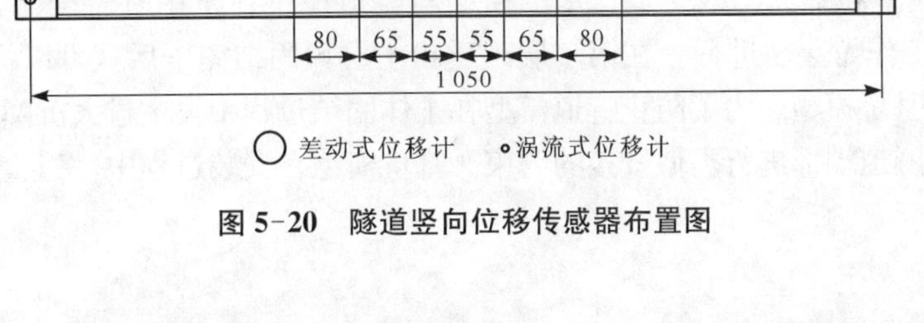

图 5-20　隧道竖向位移传感器布置图

上述测量隧道位移的传感器都需要通过专门设计的支架固定于模型箱上。支架的设计须做到刚度大、重量轻，既能将传感器牢固安装其上，同时要求在高离心场下支架自身不发生过大挠度。经出厂前测试本试验支架在 100 g 离心加速度场下中心最大挠度满足使用要求(图 5-21)。

2) 隧道应变测量测点布置

隧道上设置两个应变测量断面，分别是位于基坑正下方(断面 1)以及 1.5 倍开挖深度以外的断面(断面 2)。每个断面按照半结构原则设置 5 个应变片。隧道应变片的布置见图 5-22。

图 5-21　测量支架照片

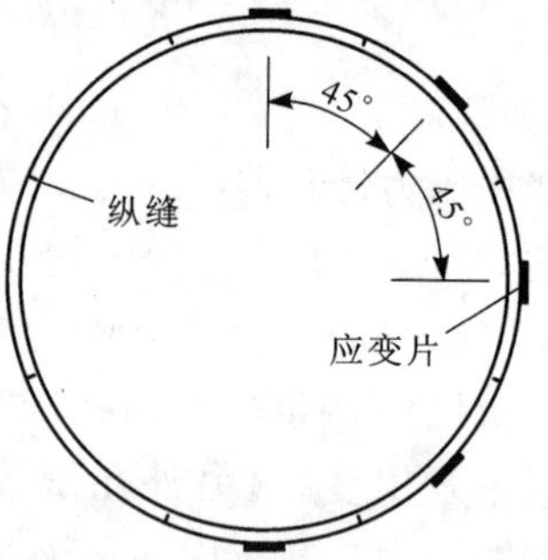

图 5-22　隧道应变片布置图

5.5.8　试验步骤

离心机试验步骤包括模型安装、传感器连接、设备控制、数据采集等，以下主要针对模型安装进行说明。

模型安装阶段主要包括模拟开挖装置的装配及刚性板的吊装、重塑土装填、预固结以及隧道模型和基坑模型的安装，具体操作步骤如下：

(1) 模拟开挖装置装配及刚性板的吊装。首先将排液阀安装在刚性挡板上，并安装排夜阀管路。当所有管路与刚性板连接完成后，要将刚性板整体吊装入模型箱，刚性板和模型箱的接触部分用聚胺酯胶作密封防水处理。为检验刚性板与模型箱接触部分的防水功能，需进行预备试验：在刚性板前面部分的模型箱内装一定高度的水，在离心机中加速到要求的离心加速度。预备试验显示，刚性板后留用的排液空间是绝对密封的。

(2) 重塑土装填以及预固结。首先将预先制备好的重塑土分层均匀装入模型箱内。第一层装填 16 cm 砂质粉土，第二层装填 30 cm 粉质黏土，第三层装填 18 cm 淤泥质黏土。装填时须保证土体均匀密实，避免出现空洞。

在装填土过程中，同时将土体在 100 g 离心场下进行分层预固结。由于模型箱内排水条件与实际情况有差异，用测量原状土固结度来确定固结时间的方法效果不理想。本试验根据以往对不同渗透系数、不同厚度土层的固结经验分三次固结，每层土铺完后分别进行固结，从下往上三层土的固结时间分别为 30 min、180 min 及 90 min[73]。固结后取样试验结果证明该固结时间是合理的。

(3) 隧道模型和基坑模型安装。基坑模型与隧道模型在土中垂直交叉，因此两个模型的安装与填土工作需穿插进行。在第一层砂质粉土层预固结完毕后就可以将隧道放入模型箱中，然后安装基坑模型。为了防止隧道模型在土体固结过程中发生过大沉降，在隧道两端放置两个支架，对隧道端部进行类似铰接的约束。基坑模型在安装过程中，将其靠近刚性板一侧边墙的排液孔通过一个定做的螺栓与刚性板上的排液孔连接。在螺栓周围用密封垫圈及聚氨酯胶做好防水措施。两个模型安装就位后,可以按照预定的深度填入不同深度的土层。

基坑模型在开挖深度位置用橡胶膜封底,基坑模型底板的密封是本试验的关键。由于试验设定离心加速度为 100 g,粘结面最大要承受相当于数十米水深的压强,对粘结材料和粘结工艺考验巨大。为保证坑底密封性满足试验要求,需按以下工艺操作:在粘胶前将粘结面打磨光滑,用丙酮去油污,粘结时顺次按压粘结面防止气孔产生,粘结后用临时固定夹具夹紧,至少保持 24 小时后才能进行后续操作。

当上述工作完成后,首先要对目前状态下的模型箱进行称重,根据模型箱的重量计算出配重端所需要的配重,吊装配重以确保离心机运行时转臂两侧对机器转轴的作用力一致。最后将模型箱吊入主机室离心机大臂吊篮并固定。

5.6 试验结果与讨论

对试验结果的分析与讨论将分为三个层次进行:首先以工况一为例,总结基坑开挖引起的下卧隧道的变形与内力变化的总体规律;随后对比工况一至工况三的结果,分析隧道与基坑之间的距离变化对隧道响应的影响;最后讨论延安东路隧道与上海地铁隧道在相同基坑开挖作用下的不同响应。需要说明的是,以下讨论的结果都是换算到原型后的数值。

5.6.1 工况一结果

1. 隧道变形

本试验各个工况中,坑内液体排放速度控制得十分接近,图 5-23 显示了工况一基坑开挖深度随时间的变化,总体而言基坑开挖的速度维持得比较稳定。

工况一各测点隆起值随基坑开挖深度变化的趋势见图 5-24。随着基坑开挖深度的增加,各测点的隧道隆起都逐渐增加,在基坑开挖深度达到 9 m 之前,隧道的隆起速度均匀,与基坑开挖深度基本呈线性关系,然而在基坑开挖深度达到 9 m 之后,隧道隆起速度明显有所降低。造成这个现象的原因可能是由于采用橡胶薄膜来模拟坑底,当基坑开挖达到一定深度后,坑底土体隆起使坑底薄膜张拉到一定的程度,导致薄膜对坑底土体的位移产生一定的限制。隧道中央测点的最终隆起量为 31.4 mm。

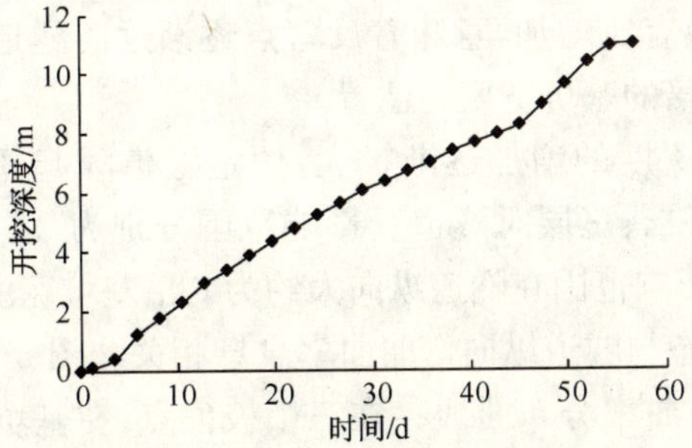

图 5-23 基坑开挖深度随时间变化图

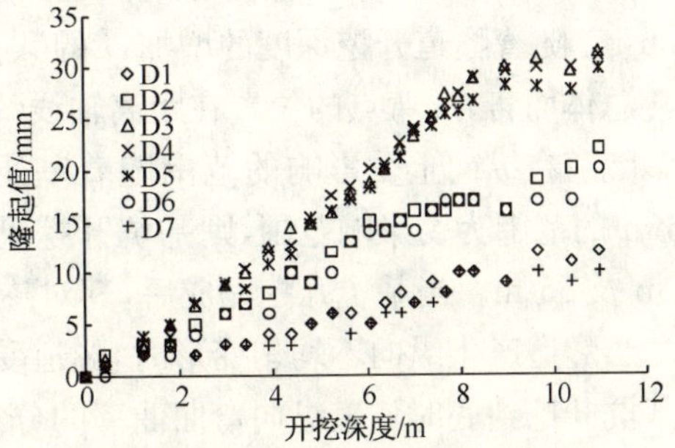

图 5-24 各测点隆起值变化图

事实上隧道上隆是由基坑坑底应力释放引起，坑底应力释放程度与基坑开挖深度相关，由图 5-23 可知，坑底应力释放与隧道拱顶隆起值基本呈线性关系，因此以下关系成立：

$$\sigma_u = E_{tu}\frac{\delta_h}{D} \tag{5-9}$$

式中，σ_u 为卸荷应力，其数值大小与基坑开挖深度、土体重度及坑底土体残余应力相关，经过文献[4]的研究，对上海地区而言，一般基坑开挖后坑底土体残余应力约为开挖面初始土体重度的 30%，也即坑底卸荷应力约为土体重度的 70%；δ_h 为隧道拱顶隆起值；D 为隧道直径；E_{tu} 为与土体卸荷模量及隧道刚度相关的刚度参数，此处称之为隧道上方总体卸荷模量，以工况一隧道中央测点为例，E_{tu} 的数值约为 44 MPa，可以看到 E_{tu} 的数值比土体卸荷模量大，约为土体卸荷模量的 2 倍。

利用式(5-9)，在了解基坑开挖深度以及隧道直径的条件下，能够较方便得对下卧隧道隆起量进行预测。在预测过程中，关键是确定隧道上方总体卸荷模量 E_{tu} 的数值。E_{tu} 的数值与隧道、基坑之间距离以及隧道直径均相关。E_{tu} 为与土体卸荷模量及隧道刚度相关的刚度参数，针对延安东路隧道，当隧道轴线与基坑坑底之间距离为一倍隧道直径时，E_{tu} 的数值约为隧道上方土体卸荷模量的 2 倍。随着隧道与基坑之间距离的增加，E_{tu} 的数值呈非线性增加。对于地铁隧道，位于相同位置时，E_{tu} 的数值仅为延安东路隧道的一半左右。

基坑开挖过程中的隧道纵向变形见图 5-25，第一层、第二层与第三层分别指基坑开挖达到 3.3 m，7.1 m 与 11 m 的深度，W 表示基坑宽度，横坐标下方的刻度表示以基坑宽度为标准的距离标度。试验的结果表明，在上方基坑开挖的影响下，下卧隧道的纵向隆起变形基本可以用高斯曲线来表示，见式(5-10)。这与文献[76]通过现场监测数据总结的规律相同。

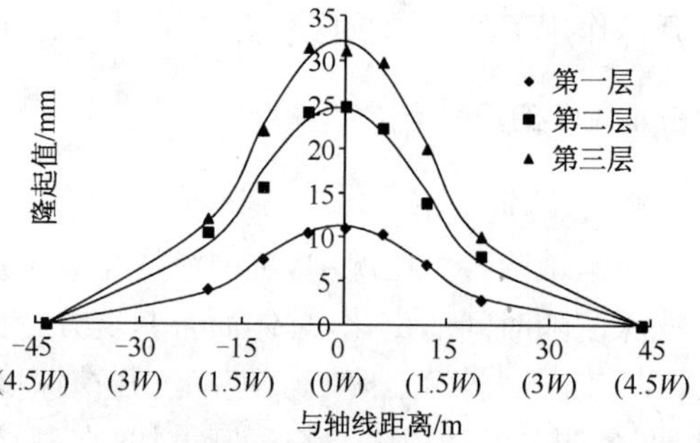

图 5-25　基坑开挖过程中隧道纵向变形图

$$w = S_{max}\exp\left(-\frac{x^2}{2i^2}\right) \tag{5-10}$$

式中，w 为隧道沉降(隆起)；S_{max} 为隧道最大变形，出现在基坑正下方；i 为隧道纵向变形反弯点的位置，基坑开挖到第一层、第二层、第三层时，i 的数值分别为 12.9 m，13.3 m 及 13.5 m。随着隧道开挖深度的增加，i 的数值稍微有所增加，意味着反弯点逐渐远离隧道中点。总体而言，反弯点的位置在距离轴线约 1.3 倍的基坑宽度的位置。

隧道在纵向上受影响的范围随着基坑开挖深度的增加逐渐扩大，假定隧道隆起超过 5 mm 的范围为受影响范围，则基坑开挖到第一、二、三层时隧道受影响范围分别为 32 m，46 m 及 55 m。当基坑开挖完成后，其对隧道的影响范围在隧道纵向大约为 6 倍基坑宽度。

当隧道产生纵向不均匀变形时，隧道受力状态与隧道纵向弯曲曲率息息相关。图 5-26 是基坑开挖到底时隧道纵向弯曲曲率的分布图。曲率分布曲线存在三个极值点，在基坑轴线正下方 $x=0$ 处，隧道最大曲率为0.000 18，也即曲率半径为 5 556 m。另两个极值点约位于 $x=\pm 24$ m(1.732i)处，此处隧道曲率半径为 12 500 m。

为了保护上海地铁隧道的运营安全，上海地铁运营公司规定：由于邻近施工使地铁发生纵向变形时，隧道的最小曲率半径必须大于15 000 m。对于大直径的延安东路隧道，所测得的隧道变形显然不符合该条保护标准。

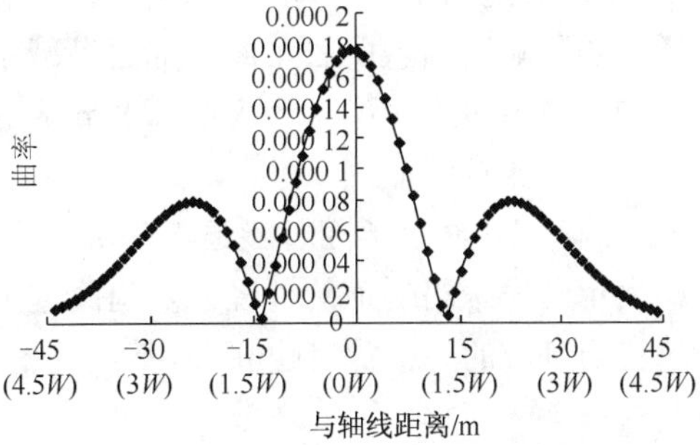

图 5-26　基坑开挖到底时隧道纵向弯曲曲率分布图

2. 隧道衬砌内力

基坑开挖过程中断面 1 附加应变变化见图 5-27。图中，拉应变为正，压应变为负。隧道拱顶与拱底为正应变，而水平直径处为负应变，这说明隧道断面的附加变形呈“竖鸭蛋”形式。

隧道衬砌的附加弯矩可以通过测得的应变按照式(5-11)进行计算：

$$M = \frac{2E\varepsilon I}{t} \tag{5-11}$$

式中，M 为弯矩；E 为模型材料的弹性模量；ε 为测得的应变；I 为衬砌的惯性矩；t 为衬砌的厚度。

图 5-28 显示了工况一由基坑开挖引起的隧道衬砌附加弯矩。当基坑开挖到底时，最大附加正弯矩出现在隧道拱顶，为 118.9 kN · m/m，而最大附加负弯矩出现在隧道水平直径处，为－49.8 kN · m/m。由基坑开挖引起的隧道附加弯矩十分显著，这对于隧道衬砌设计十分重要。

对比断面 1 及断面 2 的附加弯矩，随着断面离基坑轴线的水平距离增加，隧道衬砌附加弯矩迅速地减小，以基坑开挖到底时的隧道拱底弯矩为例，断面 2 仅为断面 1 的 11.6%。相对于弯矩，由基坑开挖引起的隧道纵向变形沿隧道轴线传递得远得多，断面 2 的最终隧道隆起为断面 1 的 44.5%。

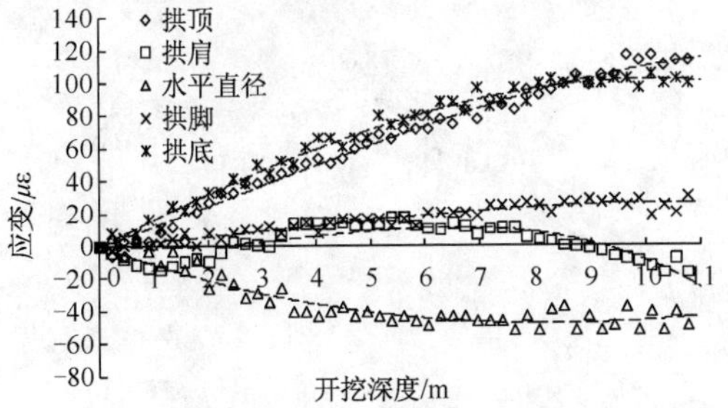

图 5-27　断面 1 应变变化图

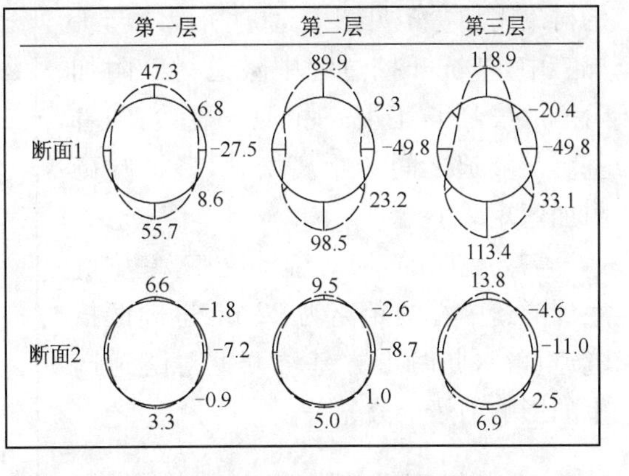

图 5-28　工况一隧道衬砌附加弯矩图 (kN · m/m)

5.6.2　隧道与基坑之间距离的影响

基坑开挖到底时工况一、工况二与工况三隧道纵向变形见图 5-29。在工况二与工况三中，虽然隧道与基坑之间的距离有所增加，然而反弯点的位置仍与工况一接近。基坑开挖对隧道的影响范围随两者距离增加逐渐减小，在工况二中为 45 m，而在工况三中为 35 m。工况二中隧道最小曲率半径为 9 524 m，而工况三中为 13 568 m，可见在这两个工况中隧道的挠曲依旧比较明显。

图 5-30 显示了随着隧道与基坑坑底距离增加，隧道拱顶最大隆起值的变化趋势，图中 D 表示延安东路隧道的外径。隧道隆起值随着距离的增加呈指数形式减小，而这种减小的趋势与基坑的开挖深度也相关，基坑开挖深度越大，隧道隆起减小的趋势越明显。

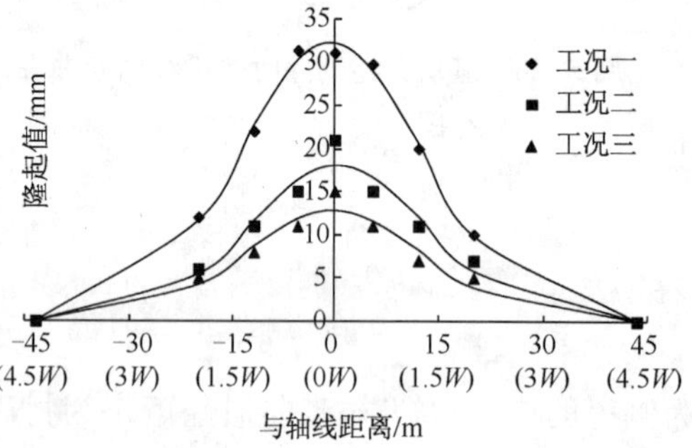

图 5-29　工况一、工况二和工况三隧道纵向变形图

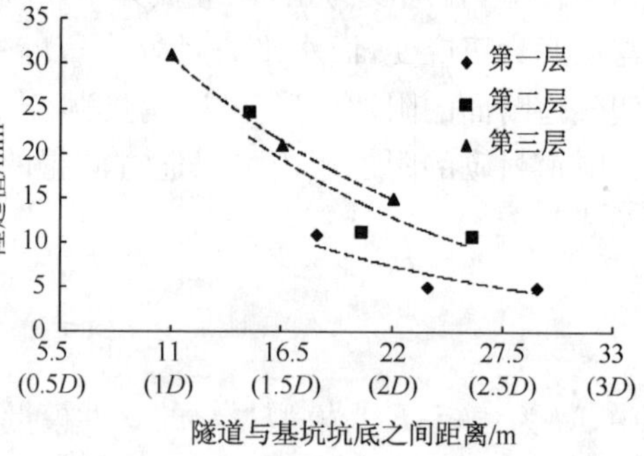

图 5-30　工况一、工况二和工况三隧道拱顶隆起

同样，根据工况二与工况三的试验结果可建立如式(5-9)所示的坑底应力释放量与坑底下方隧道拱顶隆起的关系。根据计算，工况二的隧道上方总体卸荷模量 E_{tu} 的数值约为 68 MPa，而工况三的 E_{tu} 的数值达到 111 MPa 左右。随着隧道与基坑之间竖向距离的增加，E_{tu} 的数值呈非线性增长。

工况一、工况二和工况三在断面 1 的衬砌附加弯矩见图 5-31。工况二与工况三中，基坑开挖过程中隧道衬砌附加弯矩的发展与工况一相似。显然，随着基坑与隧道之间的距离增加，隧道衬砌附加弯矩减小。

需要说明的是，对于工况三，基坑坑底到隧道中心的距离为 22 m，也即两倍隧道直径，此时上方基坑开挖对隧道产生的影响仍然十分显著。

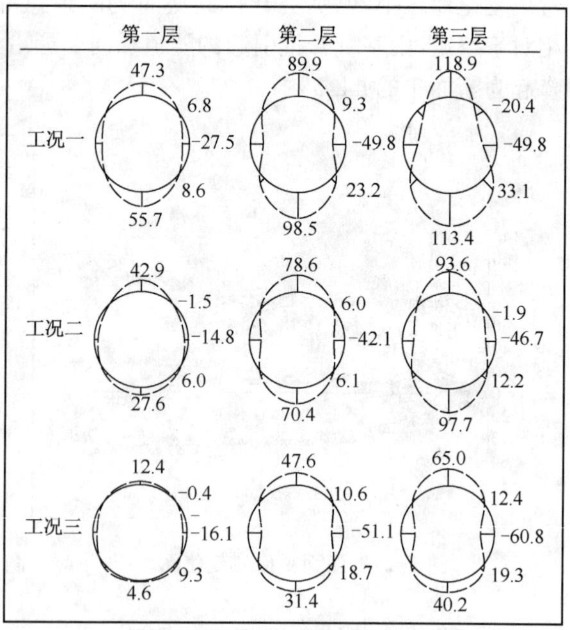

图 5-31　工况一、工况二和工况三隧道衬砌附加弯矩图（单位：kN · m/m）

5.6.3　隧道直径的影响

工况四中上海地铁隧道中心的位置与工况一上海延安东路隧道相同。通过比较这两个工况的结果，可以分析不同

直径隧道受相同基坑开挖卸荷作用的不同响应。

工况一与工况四隧道纵向变形见图 5-32，其中公路隧道指上海延安东路隧道。当基坑开挖到底时，两个隧道的最大隆起值接近，但是地铁隧道的挠曲更加明显：地铁隧道纵向变形反弯点与轴线距离大约为 12 m，同时地铁隧道的最小曲率半径为 4 400 m。

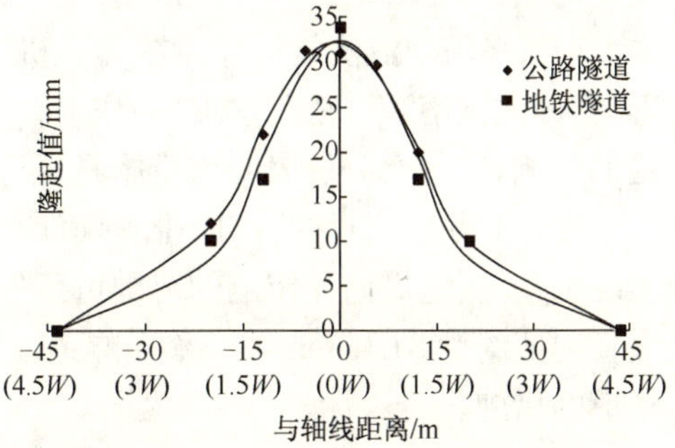

图 5-32　工况一和工况四隧道纵向变形图

同样，根据工况四的试验结果可建立坑底应力释放量与坑底下方隧道拱顶隆起的关系。经过计算，工况四的隧道上方总体卸荷模量 E_{tu} 的数值约为 24 MPa，该数值仅为工况一的 50%左右。事实上，由于此处讨论的隧道变形为拱顶隆起，隧道拱顶隆起同时反映了隧道的纵向变形与隧道横断面变形，由于地铁隧道纵向刚度与延安东路隧道相比小许多，因此反映到 E_{tu} 的数值就同样比相同位置的延安东路隧道小许多。

图 5-33 显示了工况一与工况四基坑开挖过程中隧道衬砌附加弯矩的变化。地铁隧道的附加弯矩显然比公路隧道小，以拱顶弯矩为例，地铁隧道仅为公路隧道的 1/3 左右。

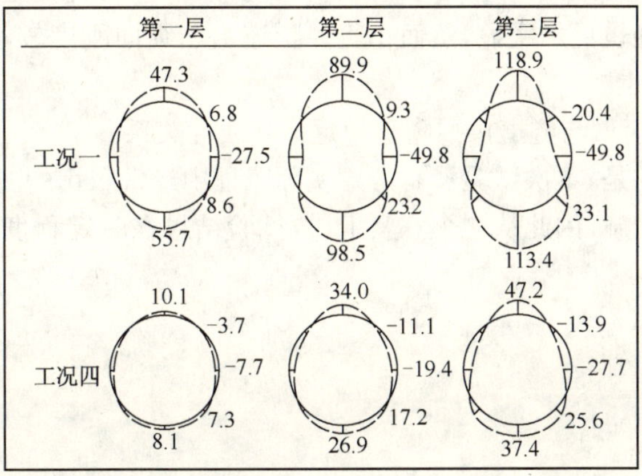

图 5-33　工况一和工况四隧道衬砌附加弯矩图（单位：kN·m/m）

通过分析基坑开挖引起的作用力与隧道的抵抗力就不难解释上述结果。下卧隧道所承受的由基坑开挖引起的卸荷力与隧道直径相关，公路隧道由于直径大，因而所受卸荷力明显，衬砌上的附加弯矩数值更大。然而上海地铁隧道由于纵向刚度较小，其上作用的荷载虽小，但是纵向隆起却与公路隧道接近。

5.7　小结

本章采用离心机模型试验研究基坑开挖对下卧盾构隧道的影响，采用排液法模拟离心场中的基坑开挖，利用金属管切割法模拟盾构隧道接缝对隧道结构的影响，得到了以下一些主要的结论：

（1）采用排液法能较好地在离心机试验中实现不停机基坑开挖模拟，本次试验采用无毒的“硅酸钠溶液”（俗称水玻璃）作为代土溶液，采用提高液体高度的方法消除液体密度不足的影响，有限元分析表明该措施是可行的。

（2）上方基坑开挖将对下卧隧道产生显著的影响，以外滩通道对延安东路隧道影响的工况为例，隧道纵向受影响的范围可延伸到距离基坑中轴线约3倍基坑宽度之外。隧道最大隆起值约为31.4 mm(2.8‰)，隧道纵向变形最小曲率半径约为5 600 m，必须采取保护隧道的措施。

（3）基坑开挖将使下卧隧道横断面产生“竖鸭蛋”形的附加变形，同时衬砌产生明显的附加弯矩，然而附加弯矩随着隧道横断面与基坑中轴线之间的距离增大而迅速消减，当横断面与基坑轴线的距离大于1.5倍基坑开挖深度时，横断面的附加弯矩基本可以忽略。

（4）当隧道与基坑坑底之间竖直距离增加时，隧道的最大隆起值呈指数形式减小。这种减小的趋势，与基坑的开挖深度也相关，基坑开挖深度越大，隧道隆起减小的趋势越明显。同时，隧道衬砌附加弯矩也随着距离增加而减小，基坑开挖在坑底下方的影响范围很大，即使当隧道中心与基坑坑底的距离超过隧道2倍直径时，基坑开挖对隧道的影响仍旧十分显著。

（5）当不同直径的隧道位于相对于基坑的相同位置时，大直径隧道所受的卸荷荷载比较大，其衬砌附加弯矩也更加明显，然而小直径隧道由于纵向刚度较小，其纵向挠曲程度可能比大直径隧道更严重。

（6）基坑开挖卸荷量与隧道拱顶隆起量近似呈线性关系。

不过，值得说明的是，本次试验没有考虑实际工程中经常采用的隧道周围和坑底加固以及分块、分区开挖等措施，因此从这个意义上讲，试验结果在一定程度上高估了基坑开挖对下卧隧道的影响。

第 6 章　明挖法施工对既有大直径盾构隧道的数值模拟

6.1　概述

隧道上方的明挖法基坑施工是一个复杂的系统工程，离心机试验结果表明，在不采取其他控制措施的情况下是难以将外滩通道下方的延安路隧道的隆起控制在安全范围之内的。因此必须采取其他的辅助施工措施以确保隧道的结构和运营安全。常用的辅助变形控制措施包括地基加固、抗拔桩、分块开挖等，但如何确定这些辅助措施的作用效果，如何对这些辅助措施进行合理配置，采用传统的计算理论和解析方法是无法进行分析的。因此在前述试验的基础上，数值模拟将着重进行对地基加固等辅助措施的优化设计分析，为后续设计方案的确定提供技术支撑。

6.2　计算模型及工况设定

6.2.1　模型尺寸确定

对于沿外滩通道纵向两侧的边界取至开挖分区封堵墙止。确定的模型区域沿外滩通道基坑纵向为 110 m；考虑基坑施工对延安东路原有隧道一定的影响范围，模型沿延安东路隧道方向尺寸为 60 m；模型上表面取为天然地面，考虑封堵墙的插入深度，下表面取至距上表面 70 m 厚处。因此三维模型总尺寸为 110 m×60 m×70 m。

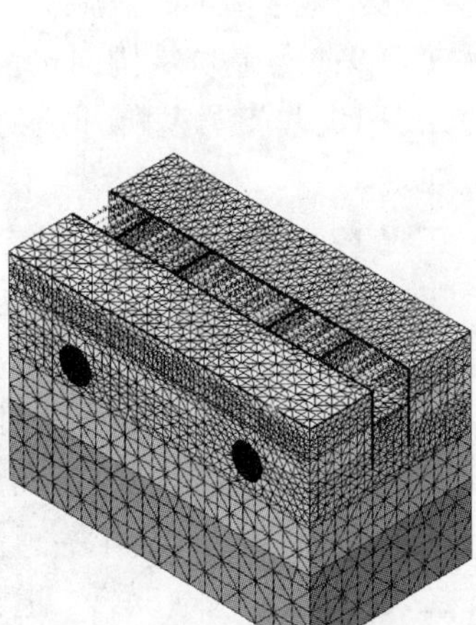

图 6-1　模型三维有限元网格

6.2.2　模型网格划分

土体单元的模拟采用实体单元进行模拟，考虑到有多层土和多道内支撑的基坑，为了保持与实际开挖、支撑状态的一致，将网格划分得较为密集，因此土体采用四面体实体等参单元模拟，通道底板、顶板、中板、地下连续墙、钻孔灌注桩、延安东路盾构隧道衬砌等结构体采用离散基尔霍夫四边形等参单元模拟，支撑采用梁单元模拟。根据计算区域及研究问题的需要，模型网格划分共得到 120 543 个单元，21 327 个节点。通过单元的“生死”实现土体开挖、结构施作等施工过程。模型网格如图 6-1 和图 6-2 所示。

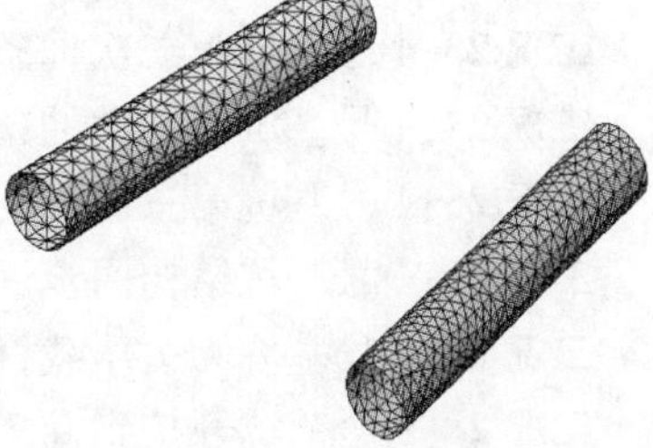

图 6-2　延安东路隧道衬砌结构网格

6.2.3 模拟计算工况

经过对外滩通道总体及各分区的施工方案研究,考虑到该区段的特殊性及总体工期的要求,将整个延安东路的穿越区域分为5个基坑进行施工,即延安东路上方为独立基坑,其余三部分为独立基坑。基坑开挖分成5块,如图6-3所示,编号分别为1, 2, 3, 4, 5。

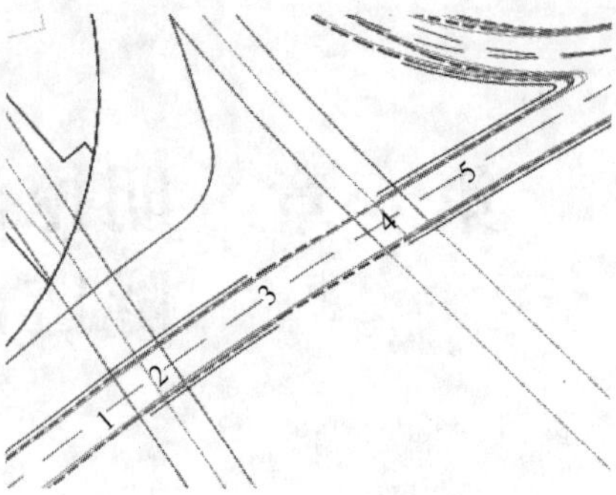

图6-3 外滩通道穿越延安东路段基坑施工分区示意图

根据实际可能的施工工序,对计算工况和步骤作如下定义:

工况1:土体初始应力场计算,位移置零。

工况2:延安东路盾构隧道施工,位移置零。

工况3:地下连续墙、封堵墙等围护结构的施工,土体加固,抗拔桩施工,位移置零。

工况4:3号基坑开挖到0.5 m。

工况5:3号基坑设第一道混凝土支撑,挖土至4.0 m。

工况6:3号基坑设第二道钢支撑,挖土至7.0 m。

工况7:3号基坑设第三道钢支撑,挖土至坑底。

工况8:3号基坑底板施工。

工况9:3号基坑结构回筑。

工况10:1, 5号基坑开挖到0.5 m。

工况11:1, 5号基坑设第一道混凝土支撑,挖土至4.0 m。

工况12:1, 5号基坑设第二道钢支撑,挖土至7.0 m。

工况13:1, 5号基坑设第三道钢支撑,挖土至坑底。

工况14:1, 5号基坑底板施工。

工况15:1, 5号基坑结构回筑。

工况16:4号基坑开挖到0.5 m。

工况17:4号基坑设第一道混凝土支撑,挖土至4.0 m。

工况18:4号基坑设第二道钢支撑,挖土至7.0 m。

工况19:4号基坑设第三道钢支撑。

工况20:4号基坑第一次抽条开挖至坑底。

工况21:4号基坑第一次抽条开挖处底板施工,并配重压载。

工况22:4号基坑第二次抽条开挖至坑底。

工况23:4号基坑第二次抽条开挖处底板施工,并配重压载。

工况24:4号基坑第三次抽条开挖至坑底。

工况25:4号基坑第三次抽条开挖处底板施工,并配重压载。

工况26:4号基坑结构回筑。

工况27:4号基坑卸去压载。

工况28:2号基坑开挖到0.5 m。

工况29:2号基坑设第一道混凝土支撑,挖土至4.0 m。

工况 30:2 号基坑设第二道钢支撑,挖土至 7.0 m。

工况 31:2 号基坑设第三道钢支撑。

工况 32:2 号基坑第一次抽条开挖至坑底。

工况 33:2 号基坑第一次抽条开挖处底板施工,并配重压载。

工况 34:2 号基坑第二次抽条开挖至坑底。

工况 35:2 号基坑第二次抽条开挖处底板施工,并配重压载。

工况 36:2 号基坑第三次抽条开挖至坑底。

工况 37:2 号基坑第三次抽条开挖处底板施工,并配重压载。

工况 38:2 号基坑第四次抽条开挖至坑底。

工况 39:2 号基坑第四次抽条开挖处底板施工,并配重压载。

工况 40:2 号基坑结构回筑。

工况 41:2 号基坑卸去压载。

在各工况连续计算中,位移和应力是逐次累加的,上一工况的位移和应力将作为下一工况的初始应力和位移状态。

6.2.4 计算参数

数值计算中,土体采用摩尔—库伦模型,模型计算参数如表 6-1 所示。

表 6-1 土体基本特性表

参数	孔隙比	重度	含水量	塑性指数	侧压力系数	比重
黏土	1.39	16.9	49.4%	21.3	0.52	2.75
粉质黏土	1.00	17.9	34.0%	15.5	0.47	2.73
砂质粉土	0.82	18.7	28.2%	—	—	2.7

表 6-2 围护结构与隧道衬砌参数表

参数	$EA/(\text{kN}\cdot\text{m}^{-1})$	$EI/(\text{kN}\cdot\text{m}^2\cdot\text{m}^{-1})$	$W/(\text{kN}\cdot\text{m}\cdot\text{m}^{-1})$	R_{inter}	υ
围护墙	1.51×10^7	6.00×10^5	8.27	0.65	0.15
隧道衬砌	1.90×10^7	4.78×10^5	8.69	0.65	0.15

表 6-3 支撑参数表

参数	EA/kN	支撑间距/m
支撑	6.60×10^6	3

6.3 计算结果

6.3.1 延安东路隧道衬砌结构变形

外滩通道基坑开挖卸载、结构加载等行为均会造成周边土体位移场和应力场的改变,这种改变会使包裹在下卧土体中的延安东路隧道衬砌结构产生变形,使车站结构产生附加应力，影响衬砌结构的承载能力和正常使用。

1. 竖向位移

通过对三维有限元数值计算结果的整理，在延安东路隧道衬砌结构的有限元网格上选取竖向位移最大的单元点作为特征点进行分析。图 6-4 给出了延安东路隧道南北线衬砌结构特征点竖向位移随施工模拟工况步的变化情况。

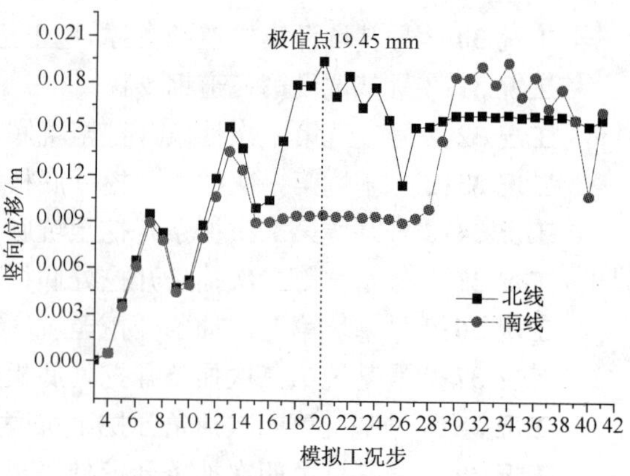

图 6-4　延安东路隧道衬砌特征点竖向位移随工况变化曲线

从图 6-4 可以看到，在工况 20，即位于北线隧道上方的 4 号基坑第一次抽条开挖时，北线隧道衬砌结构竖向位移达到极大值，为 19.45 mm；在工况 34，即位于南线隧道上方的 2 号基坑第二次抽条开挖，南线隧道衬砌结构竖向位移达到极值，为 19.40 mm。随着施工工况步的进行，衬砌结构竖向位移随基坑卸载增加、配重（回筑）加载下降，北线隧道特征点最终竖向位移为 15.76 mm，南线隧道特征点最终竖向位移为 16.25 mm。

图 6-5 和图 6-6 分别给出了南北线衬砌竖向位移发生极值的工况 20、工况 32 下的衬砌结构竖向位移分布云图。

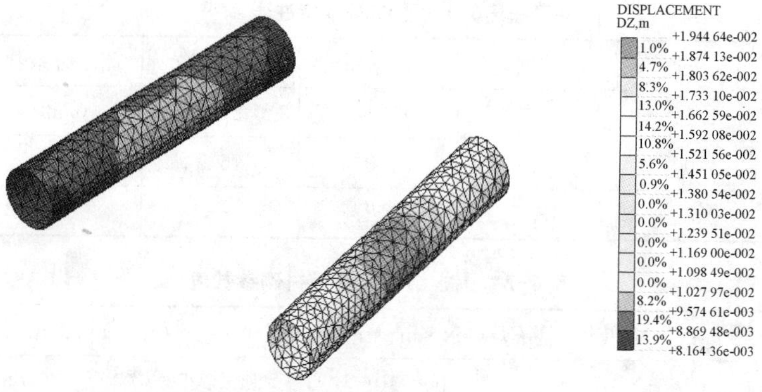

图 6-5　工况 20：延安东路隧道衬砌竖向位移分布云图

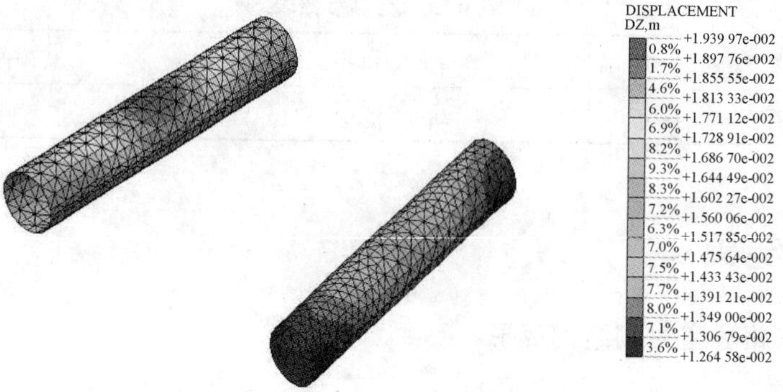

图 6-6　工况 32：延安东路隧道衬砌竖向位移分布云图

2. 水平位移

对于隧道衬砌结构而言，周边地层位移场的改变会造成衬砌结构的附加应力。一般而言，在计算附加应力所需考究的位移应为各个方向位移的矢量和。通过对三维有限元计算结果水平位移场变化数据的整理，下面给出隧道衬砌水平位移发生最大值的典型工况下的衬砌水平位移分布云图，如图 6-7 所示。

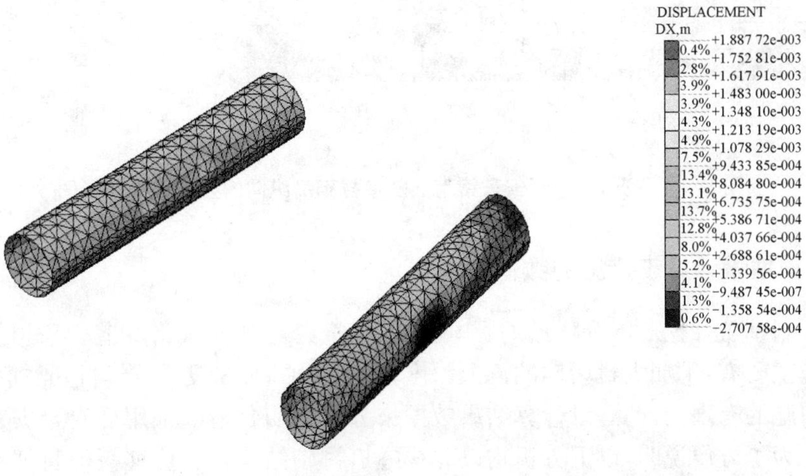

图 6-7　典型工况下延安东路隧道衬砌水平位移分布云图

通过分析水平方向的变形值，可以发现水平位移的量值均在毫米级，最大值约为 1.89 mm，远小于竖向变形值，不会对隧道结构安全产生影响。因此，竖向位移值才是控制隧道衬砌变形的主要因素。

3. 纵向变形

由于隧道结构特点，隧道对整体沉降或上浮变形的敏感性较低，而差异变形带来的影响更大。图 6-8 和图 6-9 分别给出了竖向位移发生极值工况下的延安东路北线(极值工况为工况 20)、南线(极值工况为工况 34)隧道衬砌结构上表面沿纵向的变形图，图中可见变形曲线较为平缓，差异位移变形不大。北线隧道最大差异变形为 4.19 mm，相对弯曲 1/143 20，纵向变形曲线曲率半径 107 399 m；南线隧道最大差异变形为 2.85 mm，相对弯曲1/21 052，纵向变形曲线曲率半径 157 894 m。

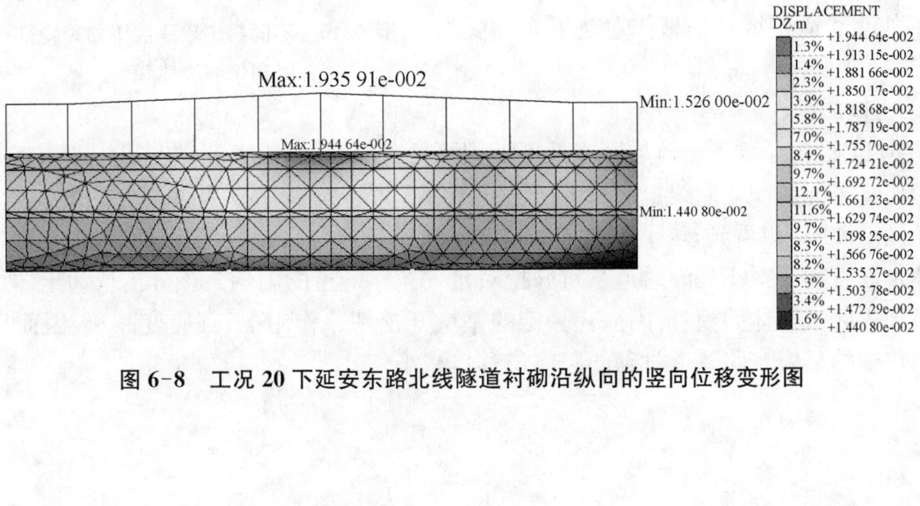

图 6-8　工况 20 下延安东路北线隧道衬砌沿纵向的竖向位移变形图

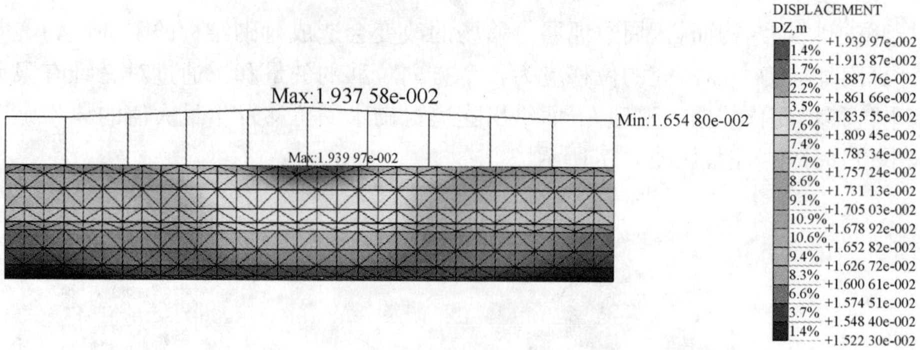

图 6-9　工况 34 下延安东路南线隧道衬砌沿纵向的竖向位移变形图

6.3.2　保护性设计施工措施的数值分析

为了控制基坑开挖对下卧隧道的影响，外滩通道跨越延安东路隧道段采用的保护性设计施工措施主要有：①加大封堵墙的插入深度；②土体加固；③设置抗拔桩；④抽条开挖。通过对以上措施的有限元计算，以计算结果数据来分别说明各措施采用后对延安东路隧道的保护效果。为了方便说明，以下分析均以北线隧道衬砌结构发生位移极值特征点的竖向位移作为分析指标。

1. 封堵墙入土深度

图 6-10 给出了不同封堵墙入土深度时，北线隧道衬砌特征点的竖向位移随模拟施工工况的变化曲线。

从图 6-10 可以看到，封堵墙入土深度影响衬砌结构的竖向位移的量值，但不影响竖向位移随工况进行变化的趋势。封堵墙入土深度越深，衬砌竖向位移越小，当封堵墙插入深度由 30 m 增大到 40 m 时，不同施工工况下的竖向位移均有减少趋势，其减小幅度在 10% 左右。因而，适当增大封堵墙入土深度，有利于减小外滩通道基坑开挖施作对延安东路隧道的影响。

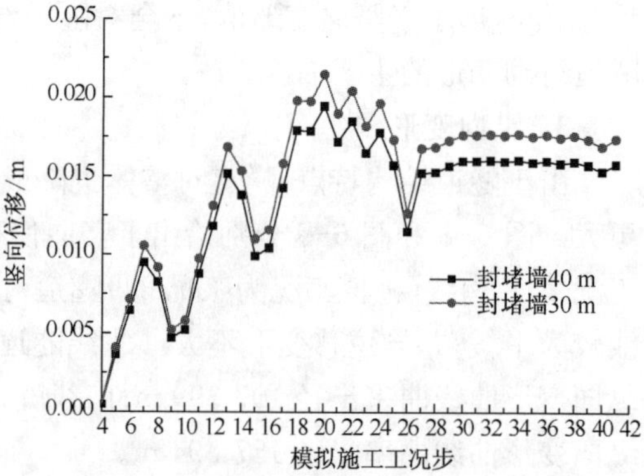

图 6-10　不同封堵墙深度下衬砌特征点竖向位移之比较

2. 土体加固

图 6-11 给出了坑下土体加固以及不加固两种情况下，北线隧道衬砌特征点的竖向位移随模拟施工工况的变化曲线。

从图 6-11 可以看到，坑下土体加固情况下衬砌竖向位移量值均比不加固时小，表明坑下土体加固有利于减小外滩通道基坑开挖对延安东路隧道的影响。该分析认为土体加固可以提高加固区域土体的模量，因而在一定的基坑开挖卸载作用下，其应变减小，因而可使包裹在土体中的延安东路隧道衬砌的竖向位移也减小。

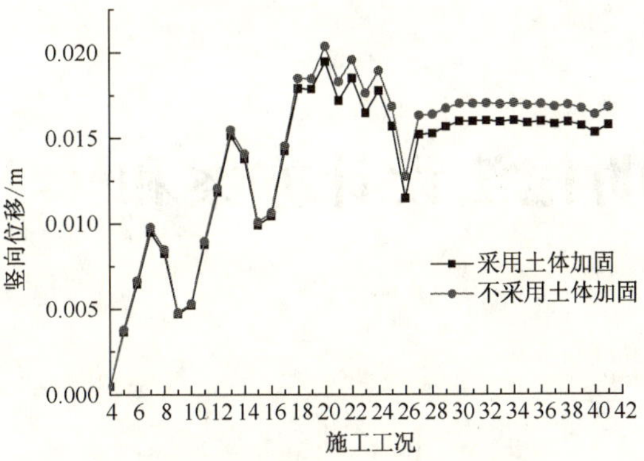

图 6-11　坑下土体加固及不加固时衬砌特征点竖向位移之比较

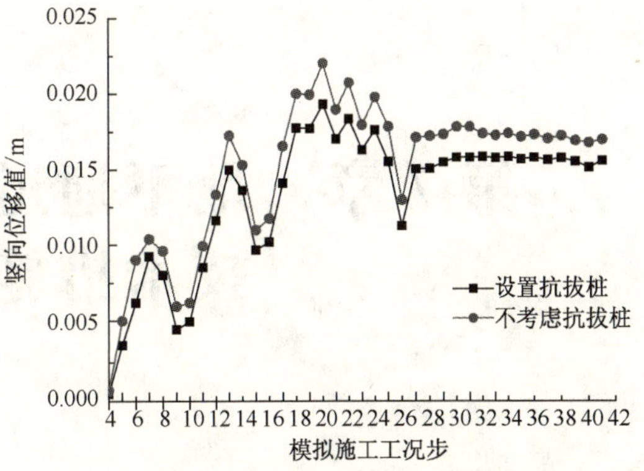

图 6-12　坑下设抗拔桩及不设抗拔桩时衬砌特征点竖向位移之比较

3. 设置抗拔桩

图 6-12 给出了当设置抗拔桩和不设置抗拔桩时，北线隧道衬砌特征点的竖向位移随模拟施工工况的变化曲线。

根据图 6-12 两条位移曲线的比较，可以看到抗拔桩的设置对延安东路隧道衬砌竖向位移的控制作用非常明显。不设抗拔桩时，其峰值位移为 22.10 mm，相比设抗拔桩时的峰值 19.45 mm，位移减小了 2.65 mm。表明抗拔桩的设置对延安东路隧道的保护作用非常明显。可以认为，由于抗拔桩的刚度较土体刚度要大很多，土体中由于抗拔桩的存在，其由于卸载作用造成的应变会受到穿插在土体中的抗拔桩的较大制约，因而土体位移减小。

4. 抽条开挖

图 6-13 给出了隧道上方基坑最后一层土的开挖方式分别为抽条开挖和一次开挖的情况下，北线隧道衬砌特征点的竖向位移随模拟施工工况的变化曲线。

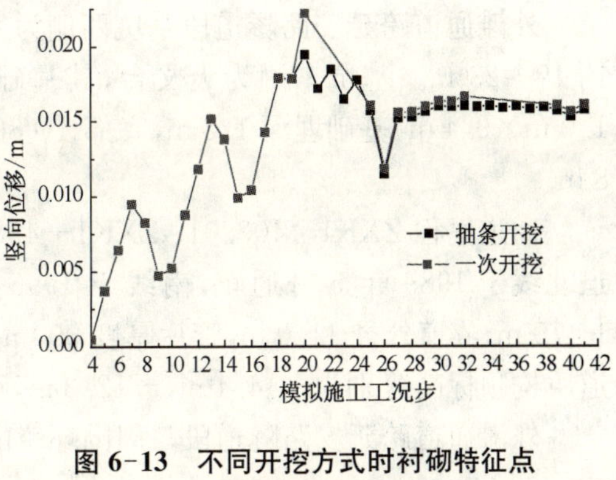

图 6-13　不同开挖方式时衬砌特征点竖向位移之比较

从图 6-13 中可以看到，不同开挖方式对于隧道衬砌竖向位移有一定影响。虽然两者的最终值及变化规律较一致，但在抽条开挖实施的工况 20—工况 25 过程中，两条曲线的量值和分布有较大区别，而且一次开挖时的位移峰值要比抽条开挖时的位移峰值大了约 3 mm。采用抽条开挖时，工况 20—工况 25 之间的位移量值变化不大，总体表现随开挖卸载隆起、配重压载下降的规律。而对于一次开挖的方式，工况 20—工况 25 之间的位移量值变化较大，位移达到极大值，为 22.20 mm。

由于在整个外滩通道基坑开挖、结构施作过程中，衬砌结构的位移峰值出现在基坑坑底最后一层土开挖期间。因而，采用合理的开挖方式对控制延安东路隧道衬砌的位移和变形有着重要的意义。抽条开挖可减少一次性卸荷量，避免阶越式突变，对保证隧道安全是有利的。

第7章 地下通道明挖法设计方案和技术措施

7.1 工程概况

外滩通道工程位于黄浦区、虹口区，是上海中心城区规划的三条南北向主干道之一的东线重要组成部分，为双向四至六车道地下通道。外滩通道南段南起老太平弄，上、下层车道自会馆路与东门路先后进入中山南路地面下，以左右相平的两车道向北穿越枫泾路、龙潭路、新开河路、新永安路后，两车道逐渐形成上、下相叠形式，经金陵东路、延安东路、广东路后，至达中山东二路、福州路以南的福州路工作井，在延安东路设匝道与延安东路高架连接。主线全长 1 578.65 m，匝道全长 306.94 m。外滩通道主线及匝道暗埋段采用箱形钢筋混凝土结构，敞开段采用"U"形钢筋混凝土结构。

穿越段深基坑设计里程桩号为 ZXK1＋393.00—ZXK1＋469.01。本段外滩通道结构形式为上下双层单跨钢筋混凝土箱涵结构，基坑宽度约为 11 m，长约 76 m，深度为 10.0～10.7 m。

外滩通道跨延安路隧道段基坑西侧为 6 层金延大楼与 5 层新恍酒店，两建筑距基坑边约 19～23 m。基坑东侧为天文台，其基础尺寸为 10.0 m×25.5 m，厚 0.8 m，下设地梁 1.0 m×0.4 m，基础埋深 1.8 m，底部设ϕ 800 铆脚，深 1.0～1.5 m，天文台距基坑距离约为 8 m。

通道里程 ZXK1＋403.01、ZXK1＋458.94 下方分别为延安路南北线隧道。延安路隧道北线于 1989 年 5 月通车，南线于 1996 年 11 月建成通车，穿越黄浦江的圆形隧道长 1 470 m，隧道外径 11.0 m，管片厚度 500 mm，采用通缝拼装，与外滩通道相交的延安路隧道盾构顶标高分别为－14.1 m，－12.3 m，距外滩通道基坑底距离分别为 6.90 m，5.24 m。

外滩通道跨延安路隧道段与周围环境的关系详见图 7-1。

7.2 工程地质条件

7.2.1 地形、地貌

拟建工程沿线场地属长江三角洲下游滨海平原地貌，线路基本沿现有道路行进，已有建筑以多层住宅及商业用房为主。线路地面起伏不大，实测陆域地面标高在 2.63～4.26 m 之间，高差 1.63 m。

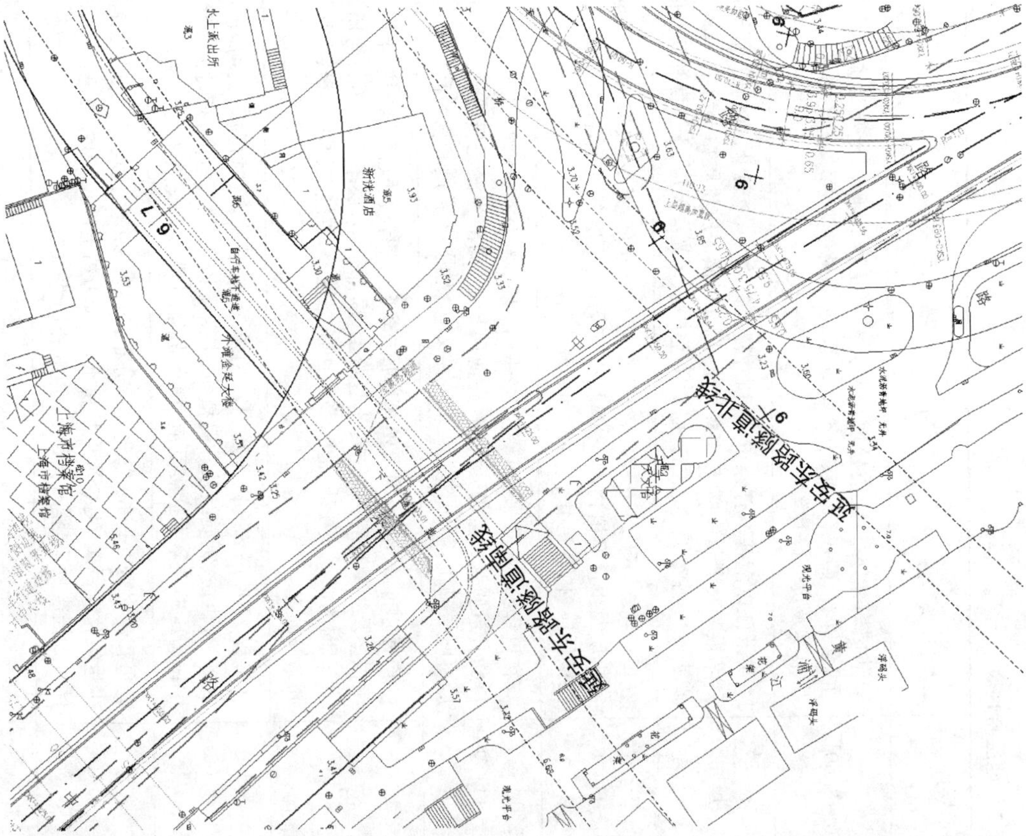

图 7-1　外滩通道跨延安路隧道段(ZXK1+393.00—ZXK1+469.01)总平面

7.2.2　地层特性及物理力学参数

拟建工程沿线场地标高−74.64 m 范围内土层由第四系全新统至上更新统沉积地层组成。根据野外钻探鉴别及室内土工试验成果，结合静力触探及标准贯入试验成果，按其成因类型、土层结构及其性状特征可将土层划分为 9 层。各土层的土性描述与特征详见表 7-1。基坑支护设计施工参数详见表 7-2。

7.2.3　水文地质

1. 潜水

工程沿线陆域浅部土层中的地下水类型为潜水。勘探期间测得潜水稳定水位埋深为 0.90～2.50 m(绝对标高为 0.81～2.66 m)，平均埋深为 1.55 m(平均标高为 1.76 m)。按《岩土工程勘察规范》(DGJ 08—37—2012)[77]第 11.1.1 条，上海地区潜水位埋深为 0.30～1.50 m，潜水水位主要受大气降水、地表径流等影响呈幅度不等的变化，常年平均地下水位埋深为 0.50～0.70 m。

表 7-1　地层特性表

地质年代	成因类型	层号	土层名称	层底标高/m	揭示层厚/m	土层描述
Q_4^3		①$_1$	人工填土	2.66～－5.01	1.10～8.60	陆域均有分布，土质松散。表层多为混凝土地坪，上部以杂填土为主，含碎石、砖块、煤渣、建筑垃圾等；下部局部为素填土，含小石子、植物根茎及贝壳碎片等
Q_4^3	黄浦江新近沉积	②$_0$	江滩土（黏质粉土夹淤泥质粉质黏土）	－1.91～－14.71	1.00～14.60	吴淞江以南基本有分布，饱和，松散，欠均匀，含云母、有机质，偶夹腐芦苇根茎及螺壳片，夹较多黏性土，局部以淤泥质粉质黏土为主，有时为砂质粉土，中～高压缩性。摇震反应中等、无光泽反应、干强度和韧性低
Q_4^2	滨海～浅海	③	灰色淤泥质粉质黏土	－4.84～－8.10	0.70～6.80	在里程约 ZXK1＋99—ZXK2＋199 基本有分布，流塑，欠均匀，含云母、有机质及少量腐植物，见零星贝壳碎屑，夹薄层粉性土，高压缩性。无摇震反应，稍有光滑、干强度和韧性中等
Q_4^2	滨海～浅海	④	灰色淤泥质黏土	－11.24～－16.09	1.50～11.30	在里程约 ZXK0＋609—ZXK2＋849 基本有分布，流塑，尚均匀，含云母和有机质及少量贝壳碎屑，夹薄层粉土，局部为淤泥质粉质黏土，层底有时呈黏土，高压缩性。无摇震反应、光滑、干强度和韧性高
Q_4^1	滨海、沼泽	⑤$_1$	灰色黏土	－19.15～－27.40	4.00～13.40	均有分布，软塑，有时可塑，尚均匀，含云母、有机质、钙质结核、半腐芦苇根茎及少量贝壳碎屑，夹薄层粉土，局部较多，层下部常转为粉质黏土，有时为淤泥质粉质黏土，高～中压缩性。无摇震反应、光滑、干强度和韧性高
Q_4^1	溺谷	⑤$_3$	灰色粉质黏土	－24.34～－56.94	1.70～32.00	在里程 ZXK0＋839 以北及 J1Z3 孔有分布，软塑，有时可塑，欠均匀，含云母、有机质、钙质结核和腐植质，夹薄层粉土，局部较多，有时为黏土，中偏高压缩性。无摇震反应，稍有光滑、干强度和韧性中等
Q_4^1	溺谷	⑤$_4$	灰绿色粉质黏土	－36.11～－46.86	1.00～4.40	在里程约 ZXK0＋969 以北零星分布，可塑～硬塑，尚均匀，含有机质及少量氧化铁锈斑，夹少量点状粉土，有时为黏土，局部为青灰色，中压缩性。无摇震反应，稍有光滑、干强度和韧性中等

（续表）

地质年代	成因类型	层号	土层名称	层底标高/m	揭示层厚/m	土层描述
Q_3^2	河口～湖泽	⑥	暗绿～草黄色黏土	−24.19～−31.36	0.50～5.70	在里程约ZXK0+969以南基本有分布，可塑，尚均匀，含氧化铁锈斑及铁锰质结核，夹少量点状粉土，层底局部为粉质黏土，有时呈灰绿色，中压缩性。无摇震反应，光滑、干强度和韧性高
	河口～滨海	$⑦_1$	草黄～青灰色砂质粉土	−29.62～−52.00	2.00～7.70	在里程约ZXK0+969以南均有分布，ZXK0+969以北零星分布，饱和，中密～密实，欠均匀，含云母少量氧化铁锈斑，夹薄层黏土，局部为粉砂或黏质粉土，古河道切割区域常为青灰色，有时为灰绿色，中偏低压缩性。摇震反应迅速、无光泽反应、干强度和韧性低
		$⑦_2$	草黄～灰色粉细砂	−48.77～−62.30	2.50～15.90	在里程约ZXK0+969以南均有分布，ZXK0+969以北零星分布，饱和，密实，尚均匀，含云母、长石、石英及少量氧化铁锈斑，夹少量黏土，局部为黏质粉土或砂质粉土，有时为灰绿色或青灰色，中偏低压缩性
	滨海～浅海	$⑧_1$	灰色黏土	−54.27～−59.14	1.60～14.50	在里程约ZXK2+49以北零星揭示，有时可塑，尚均匀，含云母、有机质，夹薄层粉土或粉砂，局部为粉质黏土，中偏高压缩性。无摇震反应、光滑、干强度和韧性高
		$⑧_2$	灰色粉质黏土夹粉砂	−59.63～−68.88	4.00～13.00	在里程约ZXK1+629以北零星揭示，软塑，有时可塑，欠均匀，含云母及少量贝壳碎屑，夹较多层状粉土及粉砂，局部呈黏砂互层状，有时为砂质粉土及黏质粉土，中压缩性。无摇震反应，稍有光滑、干强度和韧性中等
		$⑧_3$	灰～灰绿色粉质黏土	−64.61～−67.60	4.10～6.00	在里程约ZXK1+749以南零星揭示，可塑，有时硬塑，尚均匀，含云母及少量有机质，夹薄层粉土，局部为黏质粉土及黏土，中压缩性。无摇震反应，稍有光滑、干强度和韧性中等
Q_3^1	滨海～河口	⑨	灰色粉细砂	未穿	未穿	沿线仅少数孔揭示，饱和，密实，尚均匀，含云母、石英、长石，夹少量黏性土，层上部有时为粉土，下部含砾石，局部较多，中偏低压缩性

表 7-2　基坑支护设计参数建议值一览表

层序	含水量 w	湿重度 γ/(kN·m^{-3})	固快峰值		三轴 CU				回弹指数 Cs	回弹模量 $E_{0.2\sim0.025}$/MPa	无侧限抗压强度 q_u/kPa	静止侧压力系数 K_0	十字板抗剪强度	
			C/kPa	F/(°)	C_{cu}/kPa	F_{cu}/(°)	C'/kPa	F'/(°)					$(C_u)_V$/kPa	S_t
②$_0$	34.7%	18.0	11	22.0								0.45		
②$_1$	32.2%	18.4	18	21.0							66	0.42		
②$_{3-1}$	34.0%	18.2	10	25.0								0.35		
②$_{3-2}$	33.3%	18.2	7	28.5								0.32*		
③	39.6%	17.7	15	13.5	17	20.8	9	38.6	0.033	13.83		0.51	38.7	3.3
④	49.4%	16.9	14	9.5	16	15.6	8	32.4	0.055	9.70	50	0.52	35.4	3.1
⑤$_1$	36.7%	17.8	17	13.0	24	18.6	13	32.3	0.033	14.51	72	0.48	53.3	3.9
⑤$_3$	34.0%	17.9	17	17.0	26	21.7	16	33.8	0.028	16.94	81	0.47		
⑤$_4$	24.5%	19.6	42	16.0								0.32*		
⑦$_1$	28.2%	18.7	6	29.0								0.32*		
⑦$_2$	27.2%	18.7	3	32.5								0.30*		
⑧$_1$	37.9%	17.7	24	15.5							114	0.49		
⑧$_2$	31.9	18.2	23	17.5								0.45		

注：加"*"为根据经验提供。

2. 承压水

工程沿线场地揭示的承压水分布于⑦(⑦$_1$、⑦$_2$)层和⑨层中，⑦层为上海市第一承压含水层，揭示的顶板标高−24.19～−49.86 m；⑨层为上海地区第二承压含水层，揭示的顶板标高−64.61～−67.60 m。勘探期间对该两层承压水位进行了实测，根据实测资料，⑦层承压水水位埋深为 5.35～10.31 m(绝对标高为−2.26～−7.23 m)；⑨层承压水水位埋深为 13.80 m(绝对标高为−10.74 m)。据上海区域性观测资料，上海地区承压水水位随季节呈幅度不等的周期性变化，承压水位埋深一般为 3～11 m。由于第⑦层在沿线场地呈带状不连续分布，承压水位实测值变化较大，可能受附近建筑工地存在的抽降水过程的影响，建议施工时再实测承压水位。

3. 地下水腐蚀性评价

据调查，场地及附近未发现污染源。根据《岩土工程勘察规范》(DGJ 08—37—2012)[77]及钻孔的水分析报告，判定沿线场地浅部地下水及地基土对混凝土无腐蚀性，干湿交替条件下对钢筋混凝土中的钢筋具弱腐蚀性，长期浸水条件下对钢筋混凝土中的钢筋无腐蚀性，对钢结构具弱腐蚀性。

4. 地下水参数

根据室内渗透试验、现场注水试验及地区经验，主要土层渗透系数建议值，详见表 7-3。

表 7-3　土层渗透系数试验成果及建议值

层序	土　　名	室内试验/(cm·s^{-1})		现场注水试验 K /(cm·s^{-1})	建议值 K /(cm·s^{-1})
		垂直 K_V	水平 K_H		
②$_0$	江滩土(黏质粉土夹淤泥质粉质黏土)	4.74×10^{-5}	8.27×10^{-5}	4.33×10^{-5}	1.0×10^{-4}
②$_1$	粉质黏土	6.48×10^{-8}	9.09×10^{-8}	—	2.0×10^{-6}
②$_{3-1}$	黏质粉土夹粉质黏土	1.38×10^{-4}	2.19×10^{-4}	—	2.2×10^{-4}
②$_{3-2}$	砂质粉土	1.91×10^{-4}	3.02×10^{-4}	1.59×10^{-4}	3.0×10^{-4}
③	淤泥质粉质黏土	3.00×10^{-6}	5.75×10^{-6}	2.11×10^{-5}	2.0×10^{-5}
④	淤泥质黏土	2.03×10^{-7}	4.79×10^{-7}	1.21×10^{-5}	1.2×10^{-5}
⑤$_1$	黏土	1.97×10^{-6}	4.59×10^{-6}	1.61×10^{-5}	1.6×10^{-5}
⑤$_3$	粉质黏土	6.32×10^{-6}	1.18×10^{-5}	1.50×10^{-5}	2.0×10^{-5}
⑤$_{3t}$	粉质黏土夹黏质粉土	—	—	—	5.0×10^{-5}
⑤$_4$	粉质黏土	—	—	—	5.0×10^{-6}
⑥	黏土	—	—	7.06×10^{-6}	7.0×10^{-6}
⑦$_1$	砂质粉土	1.96×10^{-4}	2.63×10^{-4}	3.68×10^{-4}	4.0×10^{-4}
⑦$_2$	粉细砂	5.58×10^{-4}	7.37×10^{-4}	—	8.0×10^{-4}
⑧$_1$	黏土	2.49×10^{-7}	7.83×10^{-7}	—	1.0×10^{-6}
⑧$_2$	粉质黏土夹砂	3.01×10^{-6}	5.18×10^{-6}	—	3.0×10^{-5}

7.2.4　场地地震效应

按国标《建筑抗震设计规范》(GB 50011—2010)[78]和上海市《建筑抗震设计规程》(DGJ 08—9—2003)[79]有关条文规定，沿线场地抗震设防烈度为7度，设计基本地震加速度为0.10g，所属的设计地震分组为第一组，地基土属软弱地基土，建筑场地类别为Ⅳ类，处于建筑抗震不利地段。

7.2.5　不良地质

1. 流砂

基坑开挖范围内存在②$_0$层粉土，基本符合发生流砂的条件，在一定水动力作用下易产生流砂现象。

2. 地下障碍物

根据现场调查，基坑段基本位于现有道路上，可能存在较多地下管线，且本段人工填土层较厚6～7 m，可能存在较多的建筑垃圾，施工前需探明障碍物以便采取对策。

7.2.6　基坑工程分析与评价

根据基坑工程影响范围内土层分析，进行基坑开挖和支护的设计施工应注意以下两点：

（1）④层（淤泥质）软黏性土具有明显触变及流变特性，在动力作用下土体结构极易破坏，使强度降低、变形增加，因此在开挖过程中应防止对土体的过大扰动。

（2）基坑开挖范围内存在$②_0$层粉性土，在基坑开挖过程中易发生塌方、流沙等不良地质现象，在施工中应采取必要的止水、降水及排水措施。

7.2.7 地下管线概况

本次设计外滩通道范围所在的中山东二路地下管线情况非常复杂，不仅有20世纪初埋设的上下水管道，还有近十几年改扩建过程增设的市政管线。其中市政管线有：雨污水管道（管径ϕ 300～ϕ 1 200）、城市供水管道（管径ϕ 300～ϕ 500），城市燃气管道、电力管线、电信管道、路灯电缆等。现将金陵东路至延安路的地下管线统计见表7-4。

表7-4 金陵东路至延安路管线一览表

路 名	路 段	西侧辅道/人行道	车行道	东侧辅道/人行道
中山东二路	延安东路—金陵东路	电力 2/0.70 信息 12 孔/0.5 电力 1/0.60 探 煤气 300/0.70 路灯 1/0.40 雨水 300	信息 40 孔 1.10 给水 500/1.00 燃气 300/0.90 燃气 700/0.80 雨水 600/0.70 煤气 300/0.80 污水 1200	路灯 1/0.50 给水 300/0.9 电力 4/0.70

7.3 围护体系设计

7.3.1 围护结构

外滩通道穿越延安东路段基坑深度约10 m。根据上海地区多年来软土地下工程和已有上穿工程的建设实践经验，该段基坑可采用的围护结构形式有地下连续墙、SMW工法桩、钻孔灌注桩加水泥土搅拌桩隔水帷幕、钻孔咬合桩等。

1. 地下连续墙

地下连续墙施工工艺适用饱和软土地层。地下连续墙的刚度较大，能承受较大的水平侧向荷载，基坑开挖时，变形小，对周边环境的影响小。地下连续墙与地下道内衬墙的“两墙合一”技术已日趋成熟，可以实现基坑围护结构在结构使用阶段的再利用。

但地下连续墙从经济性考虑，一般用于开挖深度大于10 m时。同时地下连续墙成槽过程中开挖方量大，成槽过程中即会对周边环境产生一定影响。当有地下障碍物时可以采用铣槽机等机械配合施工，清障能力强。

2. SMW工法（型钢水泥土搅拌墙）

该方法为水泥土搅拌桩插H型钢作围护墙，同时具有挡土、防渗作用。待内部结构施工完成后，可视情况，回收H型钢，故工程造价较低。SMW工法一般用于开挖深度小于11 m的基坑围护结构。已有的上穿案例中有5个工程都采用SMW工法桩作为围护结构，说明SMW工法在上穿施工中的应用已经较为成熟，在一般条件下均可应用。

但 SMW 工法桩的刚度较小，开挖过程和施工结束后的拔除型钢的过程中均会对周边环境造成一定的影响。同时 SMW 工法桩施工中遇到地下障碍物时处理较为困难，因此在本工程中的使用有一定的局限性。

3. 钻孔灌注桩

钻孔灌注桩作为围护墙时，一般用于 5～12 m 埋深较浅的地下道路结构的围护。桩间需设置止水帷幕封堵地下水。钻孔灌注桩刚度较大，结构变形易于控制，且施工工艺灵活成熟。同时钻孔灌注桩施工过程中对周边环境的影响较小。但软土地区泥浆护壁的钻孔灌注桩和墙后止水帷幕施工时清障能力弱，在地下障碍物较多的情况下应用有一定的局限性。

4. 钻孔咬合桩

钻孔咬合桩是相邻混凝土排桩间部分圆周相嵌，并于后序次相间施工的桩内置入钢筋笼，使之形成具有良好止水防渗作用的整体连续排桩式挡土支护结构。钻孔咬合桩施工时采用机械成孔，现浇混凝土，相邻桩之间咬合排列，除具有挡土作用外，还具有抗渗强、造价低、施工快、对沉降及变位容易控制、能够紧邻相近的建筑物及地下管线施工等优点。

但传统咬合桩清障能力较弱，遇到障碍物时需要用重锤击碎后再用抓斗抓出，此过程耗时时间长，冲抓成孔时其冲击力太大，对下方隧道会产生较大影响。因此土法施工的钻孔咬合桩仍不宜在本工程中应用。

从围护结构本身的变形控制能力来看，除 SMW 工法桩作为围护结构时可能会对临近的保护建筑产生较大影响外，地下连续墙、钻孔灌注桩和钻孔咬合桩的围护刚度均能满足工程要求。

但考虑到地下障碍物的存在，钻孔灌注桩和土法咬合桩均无法满足施工要求。因此仅能考虑结合铣槽机的地下连续墙和硬法咬合桩。地下连续墙成槽过程中开挖方量大，成槽过程即可能对下方隧道和周边环境造成较大影响。国内外学者的研究成果均已证明这一点。从已有的上穿工程案例中也可以看到仅有的早期上穿工程如上海广场和世纪大道杨高路立交工程采用了地下连续墙，后期的上穿施工均未采用。因此综合多方面因素，地下连续墙在本工程仍不宜采用。围护设计比选流程如图 7-2 所示。

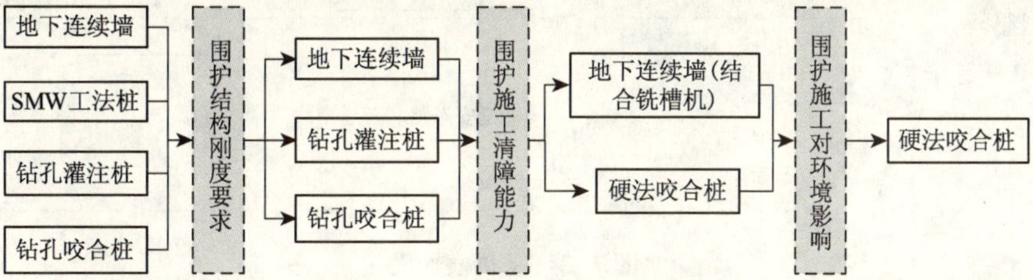

图 7-2　围护结构选型流程图

根据现场周边环境要求和地下障碍物的情况，采用硬咬合方法施工的钻孔咬合桩的使用优势则较为明显。采用硬咬合方法的钻孔咬合桩施工中清障能力强，施工过程中对周边环境的影响小，同时结构止水性能和刚度都较大，十分适合在本工程中使用。因此设计方案最终确定采用ϕ 1 000@800 钻孔咬合桩。

受基坑下延安路隧道的限制，南北线隧道上方围护结构底部设于延安路隧道顶 0.8 m，桩底位于④层灰色淤泥质黏土及⑤$_1$ 层灰色黏土中，插入比小于 0.5。根据计算，隧道范围外围护桩，桩底标高－19.00 m，邻近隧道围护桩桩底标高－27.00 m，桩底位于⑤$_3$层灰绿色粉质黏土中，围护桩入土比大于1.0。

7.3.2 支撑体系

基坑开挖深度为10 m，根据支撑设置的一般经验，基坑内部竖向设置一道800×800钢筋混凝土支撑及二道ϕ 609、t=16 mm钢管支撑，混凝土支撑水平间距6～7 m，钢管支撑水平间距约3.6 m，围标体系采用双拼H400×400×13×21型钢。第一道支撑位于地面下0.7 m，第二道支撑距第一道支撑约3.5 m。

对于最后一道支撑高度，根据有限元的计算结果和已有工程经验均要求尽量增大，保证最后一层土抽条开挖时留土的压载作用。初步设计中最后一道支撑距离坑底约3 m，经专家评审讨论后，认为在保证基坑稳定的情况下可以上调到距离坑底4 m左右。经过验算满足后，将最后一道支撑的高度定位距离坑底3.75 m，如图7-3所示。

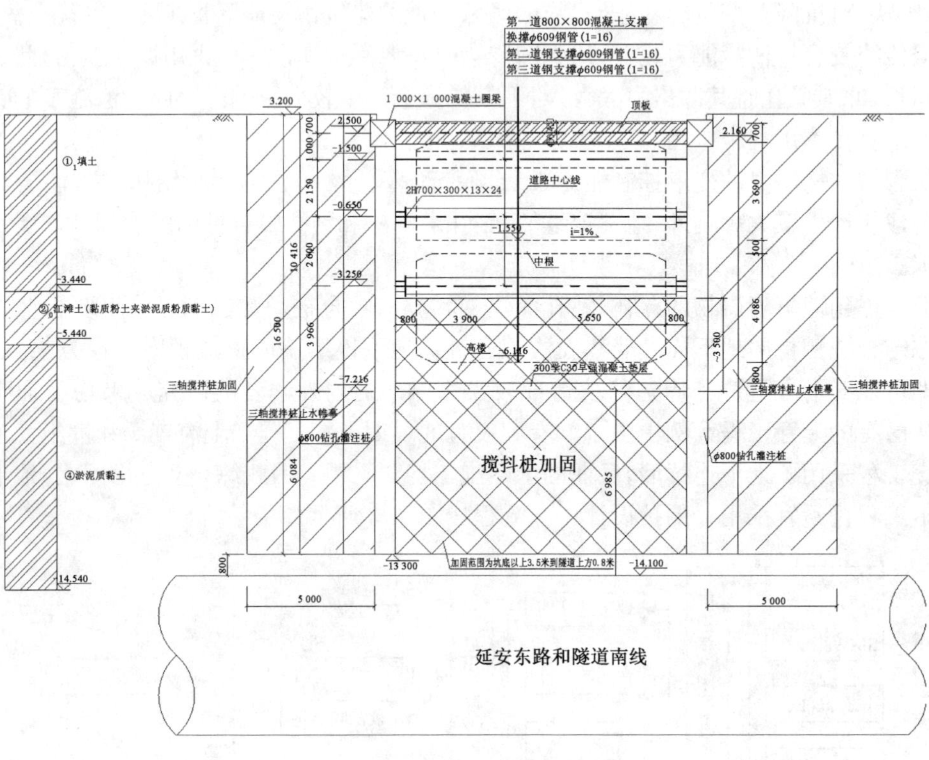

图7-3 基坑横剖面

7.4 地基加固

7.4.1 地基加固形式

延安路隧道上方基坑围护桩最小入土比仅0.42，为保证围护结构各项稳定性满足要求，必须对坑内土体和坑外土体都进行地基加固。坑内加固考虑到需兼作控制隧道隆起的加固，因此坑内采用满堂加固。对于坑外地基加固，主要为减小坑外主动区土压力，坑外加固范围取为 5 m。

为控制延安路隧道的隆起变形，对延安路隧道周边的土体需进行地基加固。参照已有的上跨施工经验，隧道周边宜采用门式加固形式。加固范围，对于隧道正上方基坑，加固范围为坑底以上 4 m 至隧道上方 0.8 m。对于隧道两侧的基坑，加固范围为坑底以上 4 m 至隧道底。加固体边缘距隧道 0.8 m。加固土体强度基坑底以上不小于 1.0 MPa，坑底以下不小于 1.2 MPa，如图 7-4 所示。

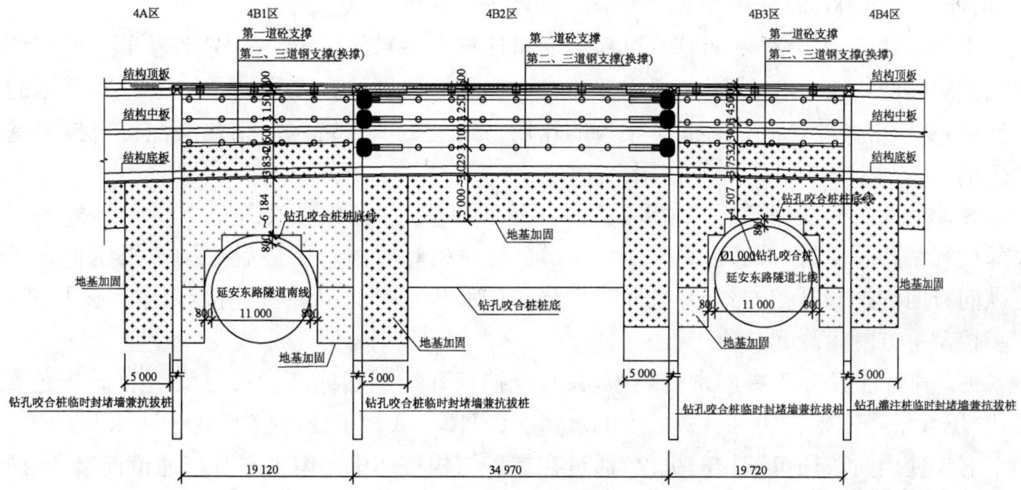

图 7-4　基坑纵剖面

7.4.2　加固工法选择

对隧道周边土体进行地基加固是控制隧道隆起的重要措施之一，但是地基加固又由于其自身工法的特点，容易在施工过程中就对隧道产生较大影响。如上海东方路下立交工程中采用搅拌桩进行加固，加固施工过程的隧道隆起量达到 6 mm，约占到了工程完成后的总变形量的 50%；南京火车站的站前地下停车场西出口基坑南线隧道工程基坑采用二重管高压旋喷桩加固盾构隧道四周土体，旋喷桩施工接近完成时，地铁盾构隧道左线局部管片接缝渗漏水、管片裂缝渗水等情况的发生；上海 8 号线大世界站北风井对隧道顶部实施旋喷加固，在列车停止运行后的旋喷过程中引起隧道发生了较大的变形，旋喷直接影响的隧道环缝发生了渗漏水。

在已有的上跨隧道基坑施工中采用的加固方法有振冲双液注浆加固，搅拌桩和旋喷桩加固。其中搅拌桩加固由于其加固时对周边土体扰动小，加固质量易保证等优势而被较多的采用。因此，在本工程的初步设计方案中亦采用搅拌桩结合注浆加固的方式对隧道周边地基土进行加固。其中搅拌桩加固至隧道周边 0.8 m 范围内，隧道与加固体间的空隙用注浆的方式进行填充。

但施工过程中发现地内地下障碍物较多，搅拌桩施工困难较大，根据现场施工要求，将加护方法修改为旋喷桩施工。但传统旋喷桩施工过程中射流压力较大，对周边土体扰动大，容易在加固过程中就对隧道产生较大影响。针对以上旋喷施工中的问题，施工单位提出采用创新的 MJS(调压四重管法)微扰动旋喷工法予以解决。在现场进行微扰动旋喷桩试验后,发现隧道隆起的变形在允许范围之内,因此最终实施采用 MJS 旋喷桩进行土体加固。

7.5 隧道抗浮及结构抗浮

为了减小对下卧延安路隧道的影响,通道线形有所抬高,使外滩通道结构覆土接近于零,由此引发通道自身结构和下卧隧道的双重抗浮问题。

工程实践发现,有桩基的基坑坑底隆起量比没有桩基的要小,采用逆作法施工的基坑隆起量比顺作法约小 1/3。原因在于工程桩,特别是立柱桩的存在增加了坑底介质整体的压缩模量,从而对减小坑底位移起了很大的作用。通过数值发现深层钻孔灌注桩对控制基坑开挖期间地基土回弹有着较好作用。

因此从保护延安路隧道的角度出发,在延安路隧道两侧,距隧道净跨 0.8 m 外的基坑底部设置钻孔灌注桩,桩底标高 −40.00 m。与此相对应的基坑最后一层土采用垂直于隧道纵向方向的抽条开挖方式,开挖完成后浇筑的底板于钻孔灌注桩连接,形成门式框架,进一步控制下方隧道隆起。

另外采用上跨施工中的常规经验,在基坑抽条开挖到底标高后及时浇筑底板并配重压载,总压载量等于挖去的最后一层土的重量。经计算,底板上压载应不小于 50 kPa。

对于使用阶段通道结构的抗浮,通过在围护结构桩体中预留钢筋并与通道连接,围护用桩体兼作主体结构抗拔桩。

7.6 土方开挖

7.6.1 基坑分区

对基坑开挖造成的坑底隆起,在开挖深度不大时,坑底为弹性隆起,其特征为坑底中部隆起最高(图 7-5(a)),当开挖达到一定深度且基坑较宽时,出现塑性隆起,隆起量也逐渐由中部最大转变为两边大中间小的形式(图 7-5(b))。对于较窄的基坑或长条形基坑,由于受到两侧围护结构较强的约束作用,坑底隆起仍呈现出中间大、两边小的分布。因此为了控制基坑下方隧道的隆起,可以将隧道上方的基坑中增设封堵墙,将基坑化大为小,减小基坑规模,通过围护结构的空间约束作用来抑制坑内土体回弹。通过数值模拟可对该方法进行优化布置。

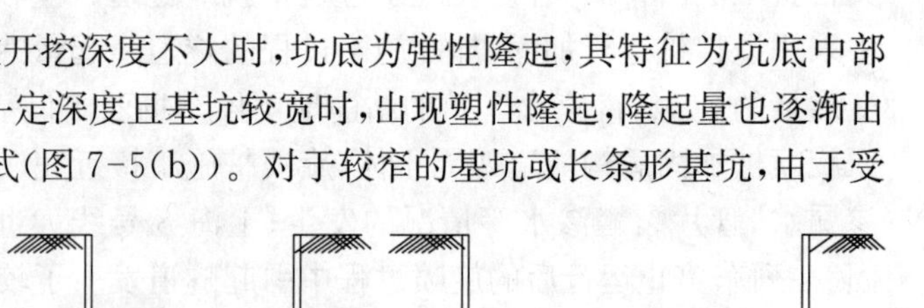

图 7-5 基底的隆起变形

将基坑化大为小的方法在与外滩通道基坑工程类似的杨高南路立交和东方路下立交工程中均有采用。因此本工程中在延安路隧道南北两线上方基坑两端设置封堵墙,将原一个长条形基坑化为 5 个小基坑进行施工。

在基坑开挖过程中实行分区施工，通道基坑共分为 5 个施工区(图 7-6)，由南向北分别为 4A、4B1、4B2、4B3、4B4 分别对应第 6 章数值计算中的 1，2，3，4，5 分区。其中延安东路隧道南线、北线分别位于 4B1、4B3 区下方，施工顺序按与施工单位协调后工程筹划为 4B2→4A→4B4→4B1→4B3。设计要求在上一期基坑内部结构施工完成后，方可进行下一期基坑的开挖。

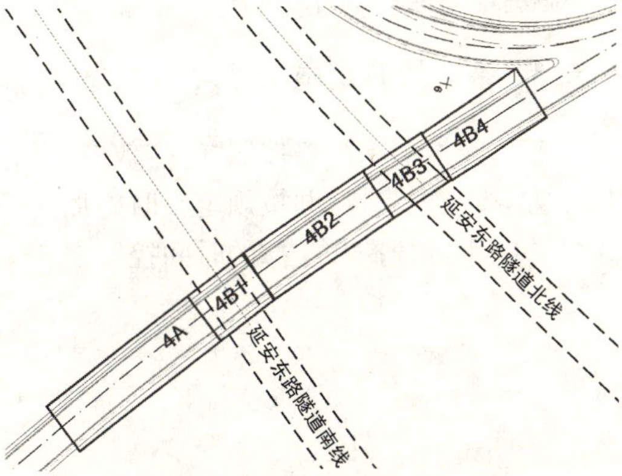

图 7-6　开挖分区示意图

原则上隧道上方基坑的封堵墙越靠近隧道，对隧道的隆起约束能力越强，但考虑到应尽量减少主体结构接缝数量，因此最终确定 4B1 长约 20 m，4B2 长约 36 m，4B3 长约 20 m，各分区间采用φ 800@600 钻孔灌注桩＋双排φ 650@450 三轴搅拌桩隔断墙，后根据围护结构一同调整为φ 1 000@800 钻孔咬合桩隔断墙。

7.6.2　开挖分块

土体的开挖回弹变形同上方的卸载量有着十分明显的关系，太沙基等早在 20 世纪三四十年代就注意到小的开挖段产生的回弹量比大的开挖段要小的事实。在已有的隧道上方开挖工程案例中，都采用了在隧道上方进行抽条开挖的办法来减小隧道上方的卸载面积，控制下方隧道隆起变形。因此本工程中最后一层土(第四层土)的开挖也采用抽条开挖的方式。

传统地铁隧道上方的抽条开挖多采用垂直于地铁线路方向进行抽条。主要原因在于地铁隧道直径较小，采用垂直于地铁线路方向的抽条能使单次卸载面积最小。同时对于地铁隧道上方的宽大基坑，可以在隧道两侧设置抗拔桩，垂直抽条完成后可直接将底板与桩连接形成门式框架，从而控制下方隧道变形。

考虑到本工程的基坑宽度仅为 11 m，而下方的延安路隧道直径也达到了 11 m，因此如果仍采用传统的垂直与隧道线路方向的抽条，其上方卸载面积反而会大于平行于隧道线路方向的抽条开挖。因此在本工程的初步设计中，将隧道上方基坑的最后一层土分为三块开挖，隧道上部和左右两侧各一块，从隧道左侧分块开始依次进行开挖。每个分块开挖完成后迅速浇筑底板并与围护桩连接。基坑抽条开挖方案如图 7-7 所示。

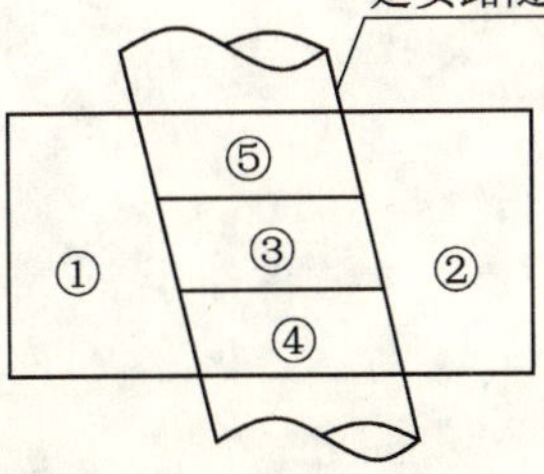

图 7-7　4B1、4B3 开挖顺序图

抽条开挖的过程如下：首先在隧道两侧范围外进行横向抽条，每一抽条宽度控制在 3～4 m，浇筑底板与坑底桩基连接，并配重压载；再对隧道上方进行纵向抽条，纵向抽条分 3 条，结合上部工况的监测结果确定，抽条开挖到底标高后及时浇筑底板并配重压载，压载不小于 50 kPa。每一抽条开挖至压重完成后，方可进行后续抽条的开挖工作。为提高底板浇筑速度，钢筋采用坑外预制网架方案，浇筑垫层后直接吊放底板钢筋网架，缩短现场钢筋绑扎时间。

7.6.3 基坑的开挖施工要求

基坑开挖要求严格按照“时空效应”理论，分区、分层、分段挖土，做到随挖随撑，挖一小段土方，撑一根支撑，并按规定及时施加支撑预应力。做好基坑排水，减小坑土暴露时间，要求完成一小段开挖和支撑的时间控制在6～8小时之内。

第 8 章　明挖法对既有大直径盾构隧道影响的施工控制措施

8.1　清障围护桩墙施工

由于外滩通道地下障碍物较多，外滩通道上穿延东隧道基坑工程围护结构采用清障围护桩墙，清障围护桩墙是对传统的咬合桩的一次重大改进，采用硬切割的方式进行咬合桩施工，不但有利于施工安排和桩基质量的保证，同时可以有效地清理桩墙施工范围内的障碍物，这在地质条件复杂的外滩通道施工中尤为适用。

8.1.1　清障围护桩墙的施工工艺

清障围护桩墙的施工工艺流程如图 8-1 所示，设备如图 8-2 所示。

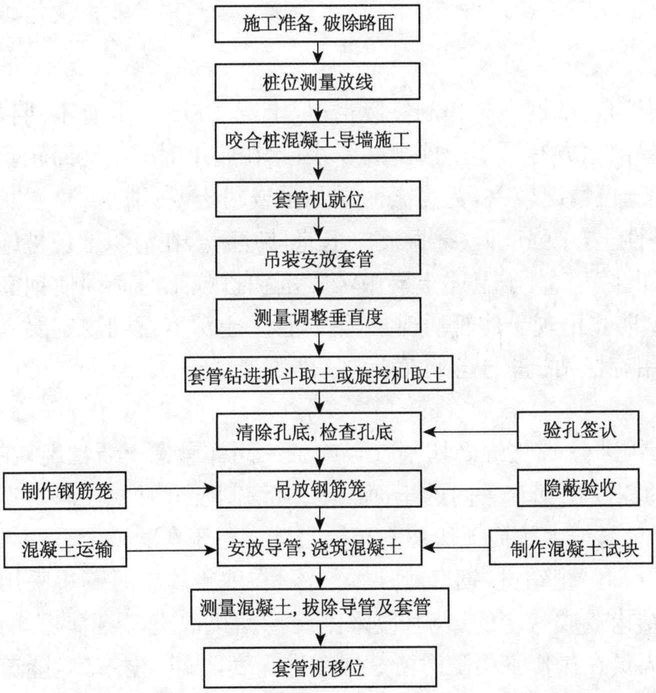

图 8-1　清障围护桩墙的施工工艺

图 8-2　全回转套管机配置的双壁钢套管

8.1.2 清障围护桩墙的施工流程

清障围护桩分A桩和B桩，A桩为方钢筋笼桩，B桩为圆钢筋笼的桩，先施工A桩且等A桩强度达到30%后再施工两A桩之间的B桩。咬合桩施工顺序如图8-3所示。

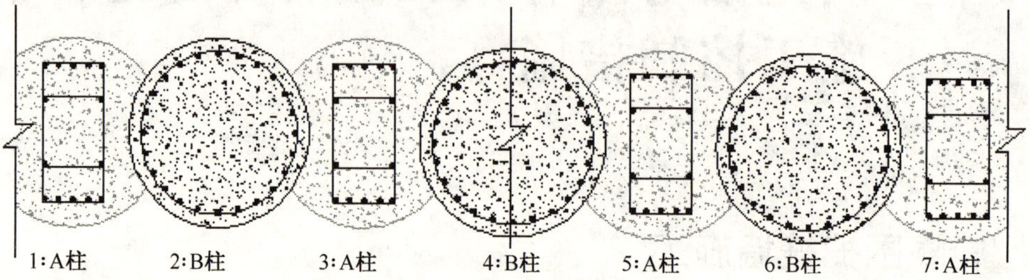

图8-3 清障围护桩施工流程图

1. 全回转套管机就位

将钻机的中心或定位器中心与清障围护桩桩位中心对齐，并调整钻机的水平度，保证导杆及套管的垂直度，通过导墙的精确定位，反复调整使钻机在中心与桩位中心对准，经复核无误后进行后续施工。

2. 安装套管

桩机就位后，即可安装钢套管，钢套管安装好后，应进行垂直度复测，复测固定锤球或经纬仪双向复测，满足要求后方可开始成孔。

3. 清障围护桩成孔

1）A桩成孔施工

A桩为方钢筋笼桩先施工无须咬合，根据本工程的实际情况，上部10 m以上有不同程度的混凝土、抛石、木桩等障碍物，局部地方有混凝土预制桩等，因此在施工时CD全回转套管机结合清障一次性成孔。因上部土层情况较差，都为淤泥质黏土或粉土，特别是②$_3$层灰色黏质粉土，土质不均，夹薄层状黏性土，干强度低，摇振反应迅速，韧性低，在清障围护桩施工时极易产生管涌，在施工中需密切注意。对于上述土层中清障围护桩施工时必须使钢套管的深度比钢套管内的土面深3 m，防止出现土体管涌现象，钢套管入土深度达到规定要求后，施工中边旋转钢套管边抓土或用旋挖钻机取土至孔底标高后浇筑混凝土。

2）B桩成孔施工

在A桩混凝土具有一定强度后，进行B桩的硬切割咬合施工。同样考虑土质情况，在清障围护桩施工时必须使钢套管的深度比钢套管内的土面深3 m，切割咬合时要控制垂直度，放慢钻进速度，防止钻进时钛合金磨损太快而无法切割至桩底部。对于在隧道上方的A桩和B桩，钢套管钻进至桩底标高立即停止钻进，钢套管严禁超深，在取土施工时不得采用冲抓斗，冲抓斗的冲击力会对隧道结构造成一定的影响，应采用旋挖钻机取土，减少取土的震动。旋挖钻机带有深度计，操作人员在操作室中随时能掌握钻进深度，防止超挖影响隧道结构。

在成孔过程中，必须随时进行钢套管的垂直度监测，特别是第一节套管钻进时，监测可采用两台经纬仪或两个锤球双向控制，确保垂直度小于3‰。

对于隧道顶上方的清障围护桩，钢套管钻进长度需做好标记，并有专人监测入土深度，严防超钻。取土接近孔底标高 1～2 m 后，每取一斗土测量一次孔深，测量深度的工具需经常复测。

4. 钢筋笼制作及安装

钢筋笼的制作应严格按设计图纸的要求，焊接牢固，不得有虚焊、脱焊，在钢筋笼底部应加设 3～5 mm 厚的抗浮钢板。钢筋笼四周应设置定位钢筋。定位钢筋的上口开口，当起拔钢套管，钢套管与定位筋相碰时能自动收缩，保证在起拔钢套管时顺畅，定位钢筋如图 8-4 所示。

钢筋笼起吊时采用多点缓慢起吊，根据实际情况逐步倒点下放，不得使钢筋笼发生变形，在钢筋笼下放过程中，逐步调整钢筋笼方向。为保证钢筋笼定位准确，每个钢筋笼就位前均应绑上测绳，在外套管起拔过程中，监测钢筋笼是否上浮。

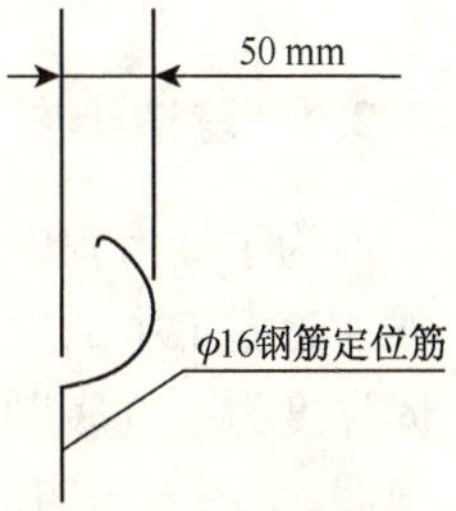

图 8-4　定位钢筋示意图

5. 混凝土灌注

混凝土采用 C30 泵送微缓凝混凝土，缓凝时间为 10～12 小时，满足灌注后拔管的要求。

混凝土灌注时，首先安装混凝土导管，混凝土导管采用φ 250 螺纹连接钢导管，各节导管应扣紧，防止漏气堵管。混凝土导管底部离孔底 30～50 cm。混凝土导管安置完毕后，采用拔管机对钢套管进行拔管检查，目的在于检查套管起拔是否顺畅，起拔过程中钢筋笼是否跟管或转动，起拔量一般控制在 10～20 cm。

灌注前上料及贮料斗用水湿润，进行现场混凝土坍落度试验并制作混凝土试块。如发现混凝土和易性变差、坍落度达不到规范要求，严禁直接将水注入混凝土罐车，该车混凝土应予退回，检查完毕一切正常后进行首次上料。贮料斗内的堵头采用圆形钢板，用细钢丝绳悬吊。首次上料应保证不得少于初灌量，首次灌注完成，混凝土导管应处在埋深 2 m 以上的位置，首斗料下落完成后应试拔外套管（起拔量不超过 10 cm），检查钢筋笼是否跟管上浮，如发现跟管，应立即进行反压处理，如一切正常，才能继续上料作业。每完成一斗混凝土或一车后均应进行起拔检查，起拔量不超过 10 cm，该过程一直延续至拆卸第一节外套管。

当混凝土灌注高度超过第一节钢套管 3 m 以上，此时应开始第一次起拔第一节套管，拆除第一节外套管后，外套管在混凝土内埋深不少于 2 m，混凝土导管埋深不少于 2.5 m。

重复上述过程，进入第二次拔管循环。在最后一节外套管一次拔出时，混凝土导管应留在孔内，待外套管完全拔出并拆除后，测量孔内混凝土面标高，根据需要进行混凝土补灌。灌完后拆除混凝土导管。混凝土灌注这一过程需 2～3 小时。每次拆除的混凝土导管应马上进行清水冲洗，为下次混凝土灌注准备。

上述浇灌混凝土及拔管方案，应通过现场做试验确定，防止外套管埋深过大，起拔套管困难。

为了保证清障咬合桩质量，对咬合桩混凝土要求如下：采用商品混凝土，混凝土要有一定的缓凝时间，确保灌注时的拔管顺畅。混凝土的缓凝时间控制在 10 h 左右（略大于 10 h），在施工过程中，对不同批号的水泥及外加剂，应提前做好配合比试验。

混凝土按水下混凝土的标准要求，灌注要求混凝土的坍落度在 18～22 之间，每车混凝土均应现场做坍落试验并予记录，每次出料时，上料斗上应有 10 cm 间距的格栅状钢筋滤网，防止混凝土罐车内流出块石及水泥结晶体堵塞混凝土导管。

混凝土应充分搅拌,防止部分混凝土砂率过高或过低,过高或过低砂率的直接后果是该部分混凝土的和易性发生改变,使得钢筋笼有可能跟管上浮。因此,现场混凝土应充分搅拌。

8.2 微扰动基坑加固工程应用

8.2.1 隧道上方基坑微扰动加固设计方案

为了最大程度上减小延东隧道上方基坑开挖对隧道的影响,确保延东隧道南北线在外滩通道施工中的安全,对外滩通道 4B1、4B3 基坑采取满堂加固,坑内隧道正上方区域的加固深度为基坑底以上 4 m 到延安路隧道上方 0.8 m;未在隧道上方的区域加固至延安路隧道底;采用调压四重管旋喷桩加固形式,加固土体强度基坑底以上不小于 1.0 MPa,坑底以下不小于 1.2 MPa;基坑外侧设置 5 m 宽的加固带,加固体强度 1.2 MPa 以上。加固范围如图 8-5 所示。

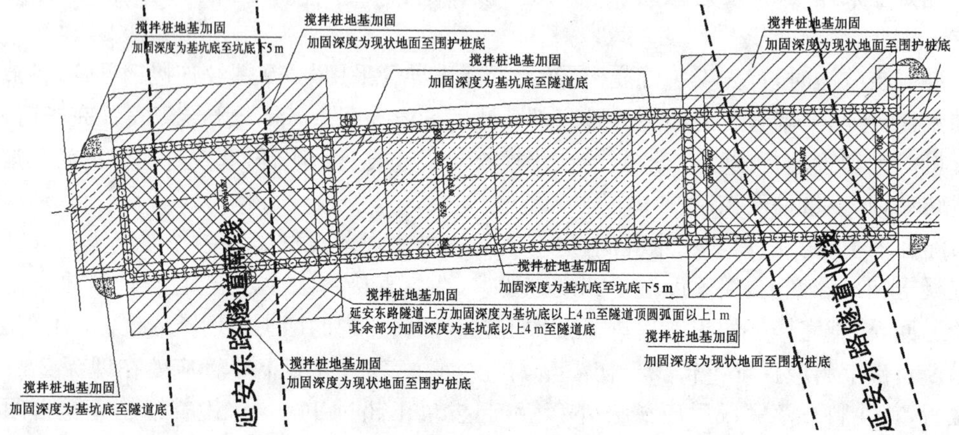

图 8-5 基坑加固范围示意图

基坑东侧受管线及交通影响,坑外加固宽度取 3 m,如图 8-6 所示。

根据施工进度安排,首先进行 4B1 区土体加固,完成后再进行 4B3 区土体加固。

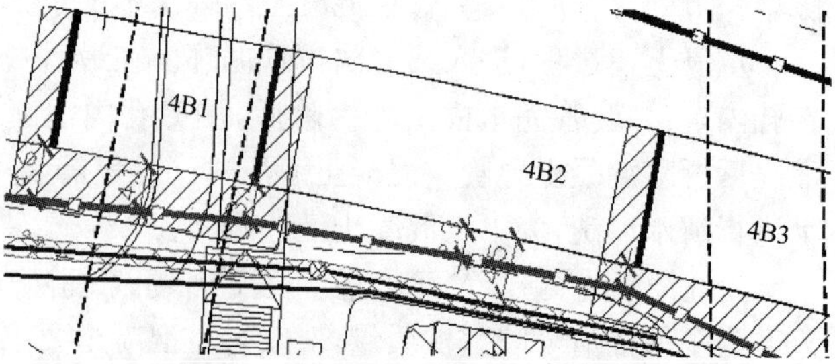

图 8-6 基坑东侧加固范围示意图

基坑内共 162 根三重管旋喷桩(ϕ1 500@1 300),一般情况下,旋喷加固采用普通三管法,三管法旋喷桩设计桩径 1 500 mm,桩间距 1 300 mm。在隧道两侧,为减少旋喷桩施工对隧道的影响,旋喷采用调压四重管工艺施工。因为调压四重管旋喷桩工法能有效控制旋喷施工过程中的挤土效应,达到保护隧道的作用。隧道顶部共采用 171 根四重管旋喷桩,设计桩径 1 200 mm,桩间距 1 000 mm。旋喷桩以隧道中心线为中心向隧道两侧均匀布置,如图 8-7 所示。

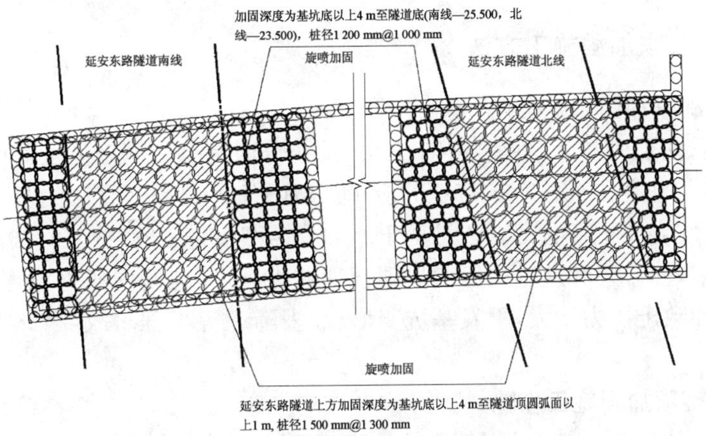

图 8-7　旋喷加固平剖面图

8.2.2　隧道上方基坑旋喷桩施工工序

4B1 区上方由于存在原金陵路地道，地下通道施工中废弃，因此结合金陵路地道的清障进行加固施工。先进行南线隧道正上方的加固，在金陵路地道范围内，针对地道由南向北先拆除三分之一顶板，保留侧墙以及底板，拆下之物作为地道压载压在相邻空箱结构上。然后在已拆除顶板的空箱结构底板上进行钻孔，引孔完后进行高压旋喷作业。一段完成后拆除相邻地道顶板，拆下之物填入完成高压旋喷桩的地道内，作为压重。旋喷桩施工顺序按照图 8-8 所示顺序施工。隧道腰部以下的旋喷桩施工视实测结果，若对隧道影响不大，则最后予以实施图 8-8 中的区域 3。

4B3 区土体加固也采用调压四重管旋喷桩，实施的顺序如下：先施工隧道正上方的土体加固，再施工隧道两侧腰线以上的加固。隧道腰线以下的 3 区域视实测结果，若对隧道影响不大，则最后予以实施图 8-9 中的区域 3。

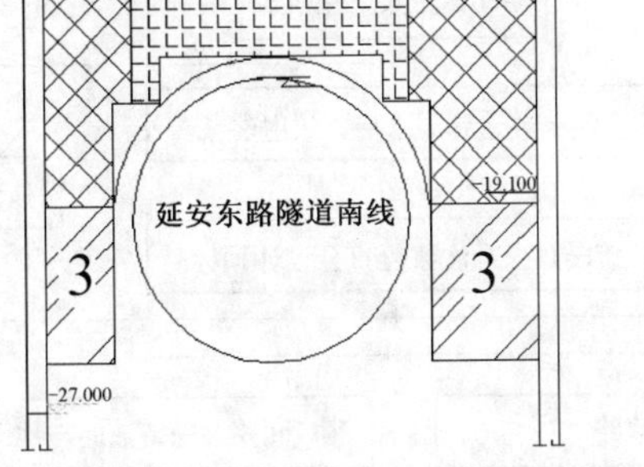

图 8-8　4B1 区旋喷加固区分区示意图

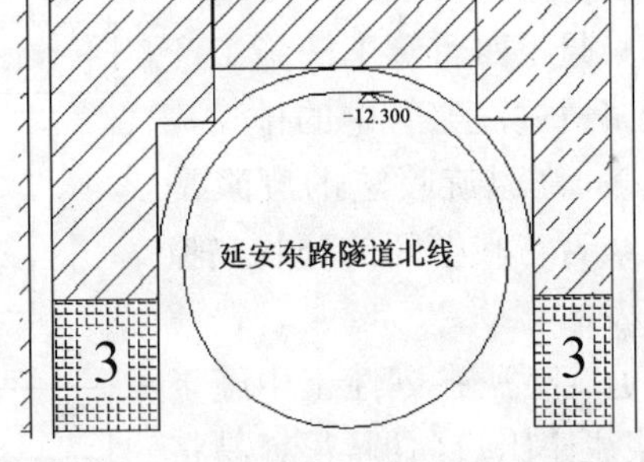

图 8-9　4B3 区旋喷加固分区示意图

8.2.3 微扰动旋喷加固施工方法

1. 微扰动旋喷加固施工工艺

调压四重管法加固技术，或称MJS工法，是在普通旋喷法基础上发展而来的一种新的施工方法，MJS工法在国外已有较广泛的应用。MJS工法在原三管法的基础上增加了排浆管，从而使“三管”变成了“四管”。正是由于增加了第四根排浆管，使三管法被动排浆变成四管法的主动排浆，使排浆和地基内压力得到合理的控制，使地基内压力稳定，解决了三管法由于排浆不畅导致土压力增大，引发基坑变形、地表隆起等工程事故，因此也称微扰动旋喷加固施工技术。

2. 微扰动旋喷加固施工步骤

(1) 准确确定桩位。按设计图纸准确放样，要求孔位偏差小于5 cm。钻机就位后，钻头对准桩位中心，用水平尺校正钻机使钻杆垂直；然后将钻机摆放稳定，防止钻机移位，偏离桩位中心。

(2) 钻机成孔。采用XY-2型工程钻机成孔。详细记录成孔情况、遇障碍物标高、进尺难易程度及土层情况。

(3) 旋喷机就位，下注浆管。成孔完成后，移开钻机，旋喷机就位，将注浆三管下放至设计标高。

(4) 旋喷机旋转并提升注浆三管至设计顶部高度。开启高压清水泵、注浆泵和空压机，检查各施工参数是否符合设计要求。开启提升装置，提升过程中卸管后继续喷浆时应复喷10 cm，以确保桩身搭接质量。提升注浆管至设计顶标高。

(5) 清洗、移位。喷浆成桩结束后，拨出注浆管，同时用清水清洗三管及输浆管道，然后移位，进行下一根桩的施工。

微扰动旋喷加固的施工流程如图8-10所示。

调压四重管工法与普通旋喷有以下几点不同：

(1) 调压四重管旋喷机具有双动力头结构，钻孔时，可以同时进行跟套管钻进。

(2) 调压四重管工法施工产生的废浆通过注浆管中的排浆孔排出地表，普通旋喷法的废浆是通过注浆管与孔壁间的环状空隙排出地表。

普通旋喷法在黏性土中施工时，废浆往往比较黏稠，很容易将注浆管与孔壁间的环状空隙堵

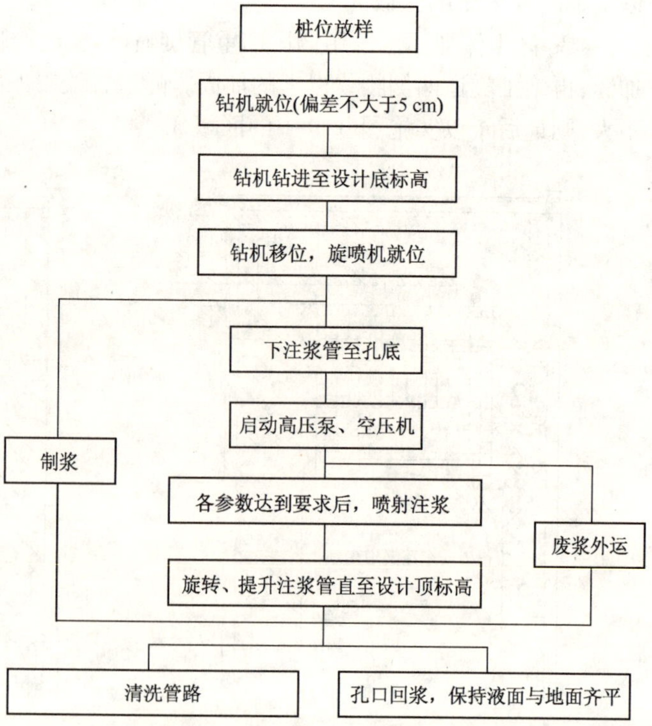

图8-10 微扰动旋喷加固施工流程

塞。当环状空隙被堵塞时，旋喷产生的废浆难以排出地表，造成孔内压力增加，对周围土体产生挤压，会引起周围土体变形。

调压四重管工法排浆是通过高压水产生的负压将浆液强制排出地表的，排出过程中又经过高压水的稀释，排出过程中不会被堵塞，可以达到土体内压力平衡，因此不会产生挤土效应。调压四重管工法成桩示意图见图 8-11。

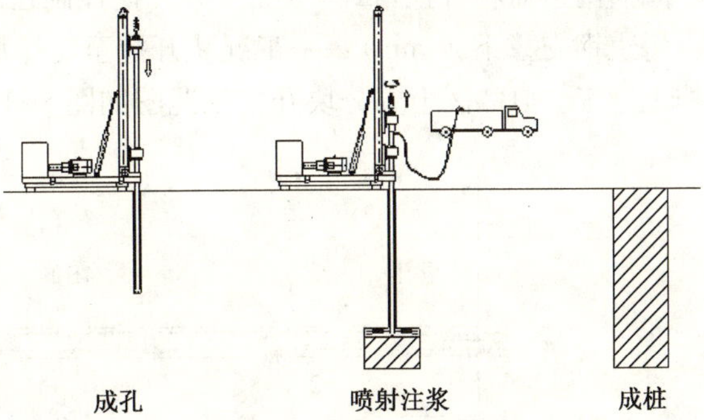

图 8-11　调压四重管成桩示意图

8.3　基于卸载平衡效应基坑开挖

8.3.1　卸载平衡开挖总体原则

施工时必须严格遵循“分层、分段、对称、限时、随挖随撑”开挖的原则，即挖一小段土方，撑一根支撑，并按规定及时施加支撑预应力。做好基坑排水，减小坑土暴露时间，要求完成一小段开挖和支撑的时间控制在 6～8 h 之内，使土方开挖过程中能可靠而合理地利用土体自身在基坑开挖过程中控制土体位移的潜力而达到保护环境的目的。

在基坑开挖过程中遵循分区施工和抽条开挖的原则。分区施工：在基坑开挖和结构施工阶段，实行分段施工方案。通过设置封头墙，将本节点分为多个区段，分段进行施工。延安路隧道南北线间先行施工，然后实施延安路隧道以南、以北基坑，延安路隧道南北线正上方待其他各段基坑结构完成后方依次进行施工。抽条开挖：为减少延安路隧道因基坑施工卸载引起的隧道回弹变形，延安路隧道南北线正上方基坑最后一层约 4 m 厚土体开挖实行分块抽条开挖，每一抽条宽度控制在 4 m 左右，抽条开挖到底标高后及时浇筑底板并配重压载，压载不小于 50 kPa。每一抽条开挖至压重完成后，方可进行后续抽条的开挖工作。

根据设计工况要求，4B1、4B3 区挖土施工前，相邻区域至少完成至中板以上，并且须在 4B3 区底板浇捣完成并压载后，方可进行 4B1 区最后一皮土的开挖。基坑开挖分区如图 8-12所示。

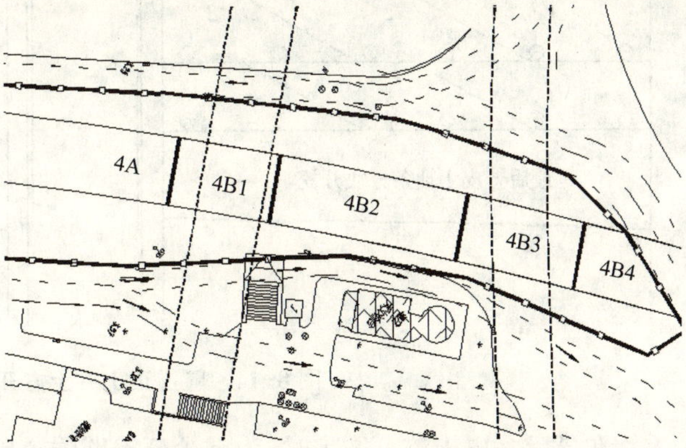

图 8-12　基坑开挖分区示意图

8.3.2　隧道两侧土方开挖

根据总体进度安排，首先进行隧道之间 4B2 区开挖施工。遵循分区开挖原则，开挖时从中间向两边对称开挖，每一工况土方开挖控制在两道支撑的长度之内(约每段 6 m)，标高挖至每道钢支撑下50 mm，每一工况从开挖至支撑加设完成需控制在 8 h 以内，计划 14 d 完成挖土施工。4B2 区土方分块开挖工况图如图 8-13 所示。

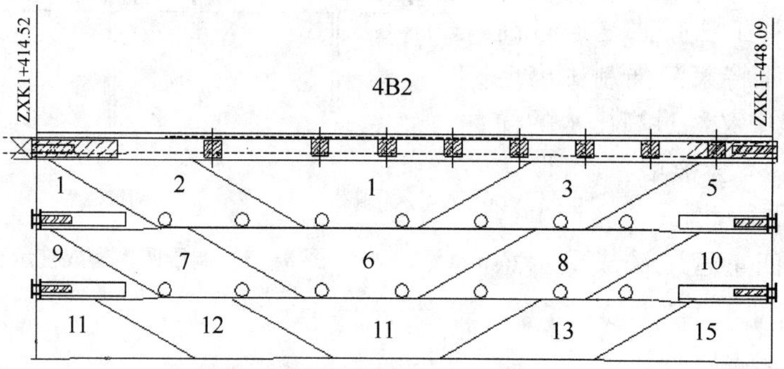

图 8-13　4B2 土方开挖工况

8.3.3　隧道正上方土方开挖

4B2 区结构完成后，进行 4A 和 4B4 区基坑开挖和结构施工，待 4A 和 4B4 区结构施工完成后，进行隧道正上方(4B1、4B3 区)施工。挖土时利用已完成的两侧区域及东西两侧场地作为施工道路，进行土方挖出及外运。

基坑上方土体开挖共分为三皮，第一皮和第二皮土开挖时，土方分块开挖工况如图 8-14所示。

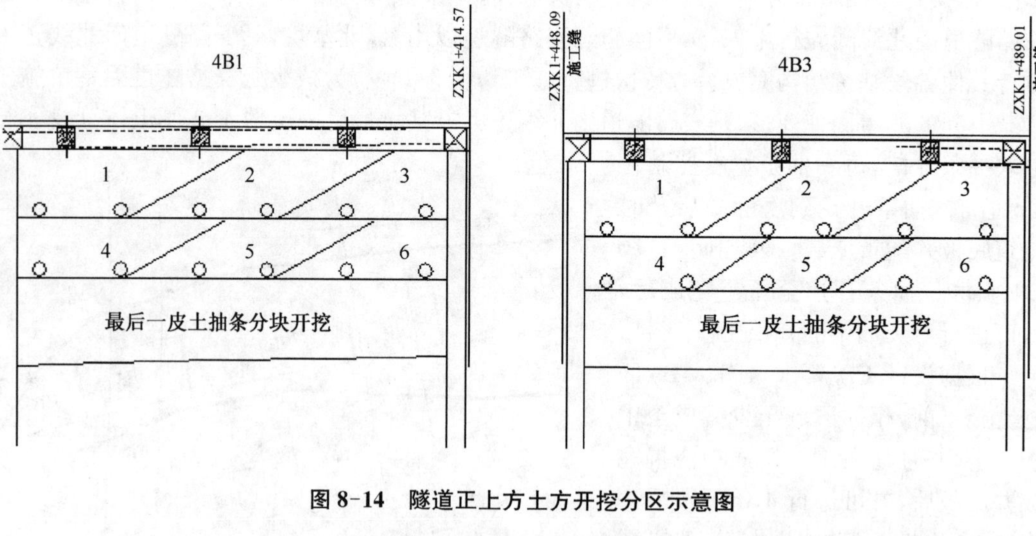

图 8-14　隧道正上方土方开挖分区示意图

在最后一皮土挖土施工时，为减少延安路隧道因基坑施工卸载引起的隧道回弹变形，并及时形成门式抗浮结构，进行分区开挖及底板施工，开挖及结构施工按照 1→2→3→4→5 顺序进行。先施工两侧的 1 块、2 块，再从东到西施工 3—5 块。现场可视监测结果，必要时将 3 块、4 块、5 块区分为两个区域进行施工，如图 8-15 所示。

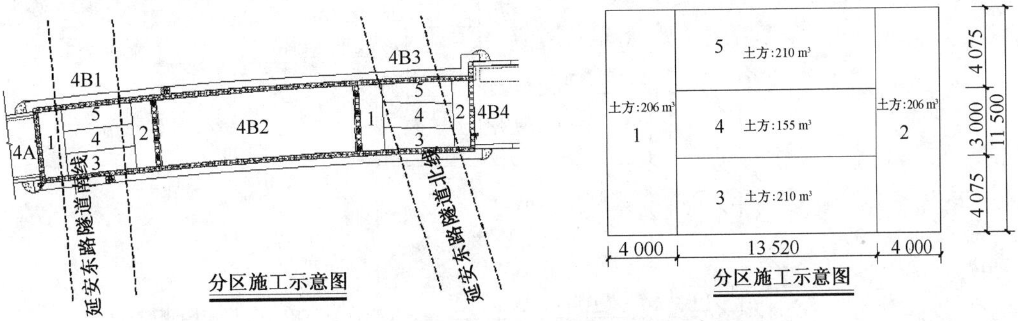

图 8-15　最后一皮土土方分区示意图

由于最后一皮土为加固土体（强度 1.0 MPa)，开挖时需用长臂镐头机配合凿除。由于加固土体的自立性较好，挖土时放坡均为 1∶0.3。每块区域挖土耗时 5.5 h，土方挖完吊运小挖机耗费 0.5 h。分区施工及剖面工况如图 8-16 所示。

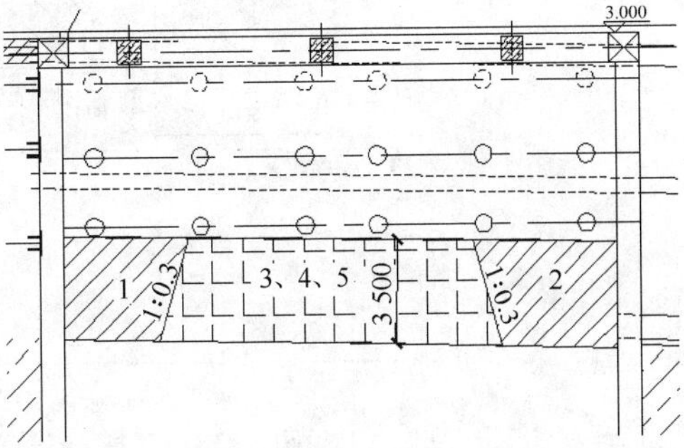

图 8-16　最后一皮土土方开挖方式示意图

由于 4B1、4B3 施工时，相邻区域结构已经完成，因此第一皮和第二皮土开挖施工时封堵墙需随挖土过程一起凿除，但由于隧道上方最后一皮土的开挖时间应尽量缩短，因此考虑最后一皮土区域的封堵墙不予凿除，底板预留施工缝后期再做处理，如图 8-17 所示。

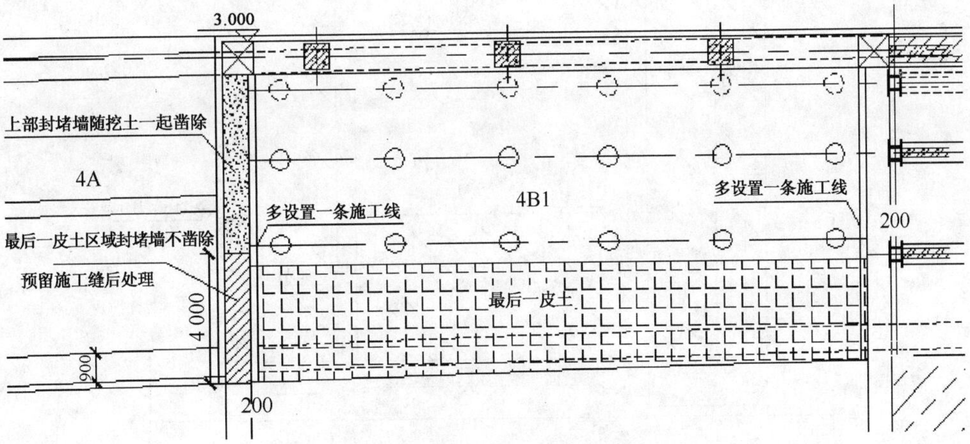

图 8-17　封堵墙处理方式剖面图

8.3.4　隧道正上方土方开挖工况

根据上述隧道上方土体开挖顺序，将隧道正上方土方开挖及结构施工汇总如图 8-18—图 8-38 所示。

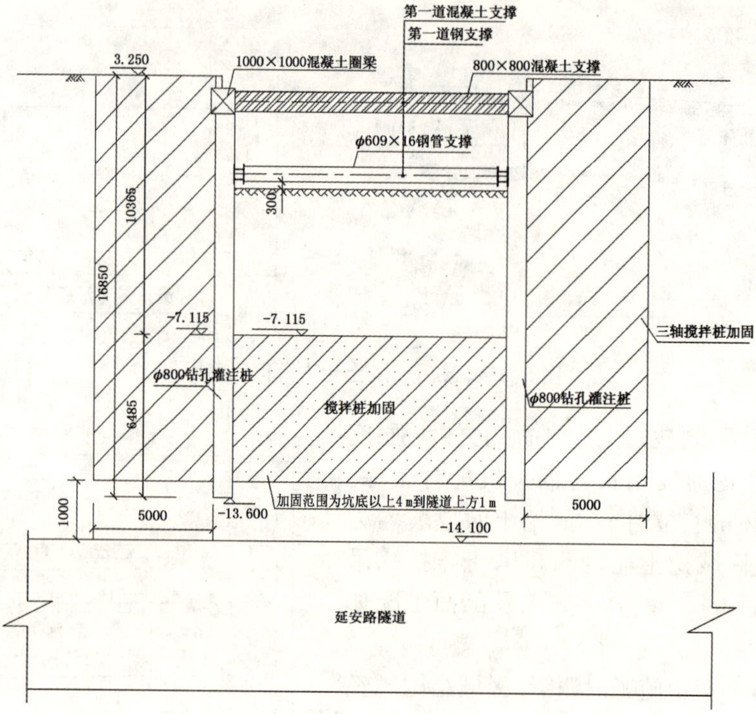

图 8-18　开槽、浇筑顶圈梁及第一道钢筋混凝土支撑

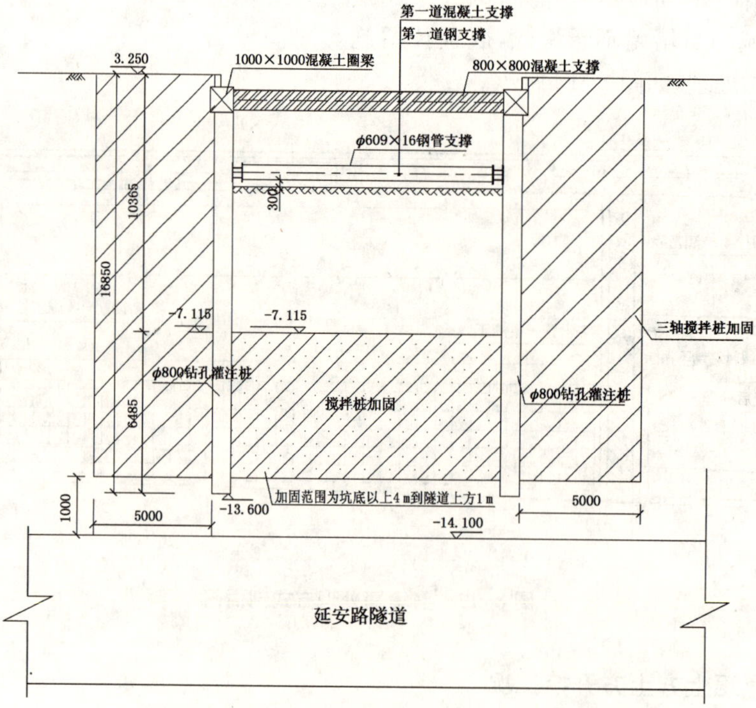

图 8-19　继续挖土至第二道支撑下 300 mm，施工第一道钢支撑

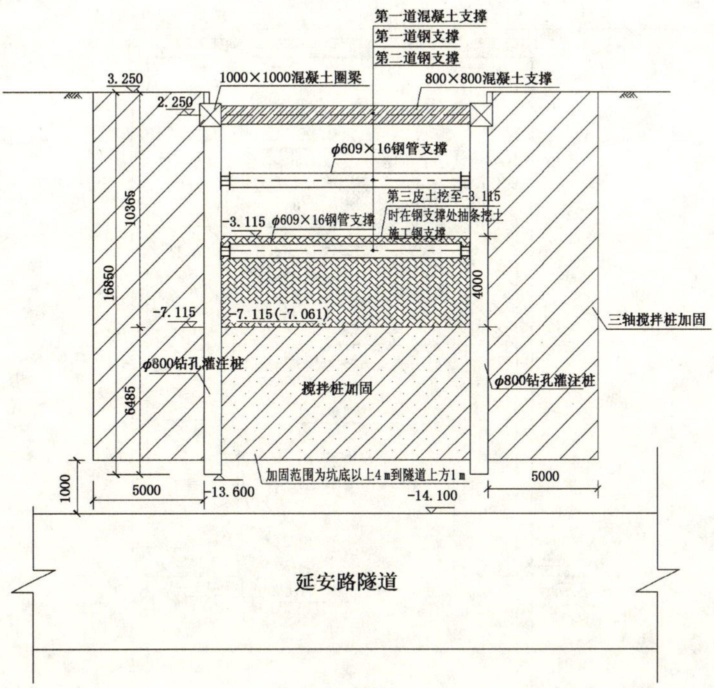

(a) 基坑横剖面图

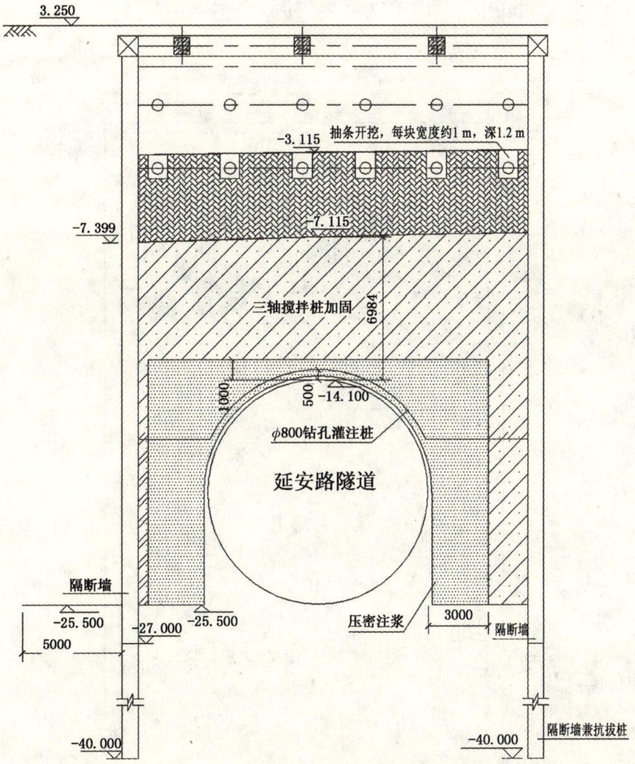

(b) 基坑纵剖面图

图 8-20 挖土至-3.115，在钢支撑处抽条挖土施工第二道钢支撑

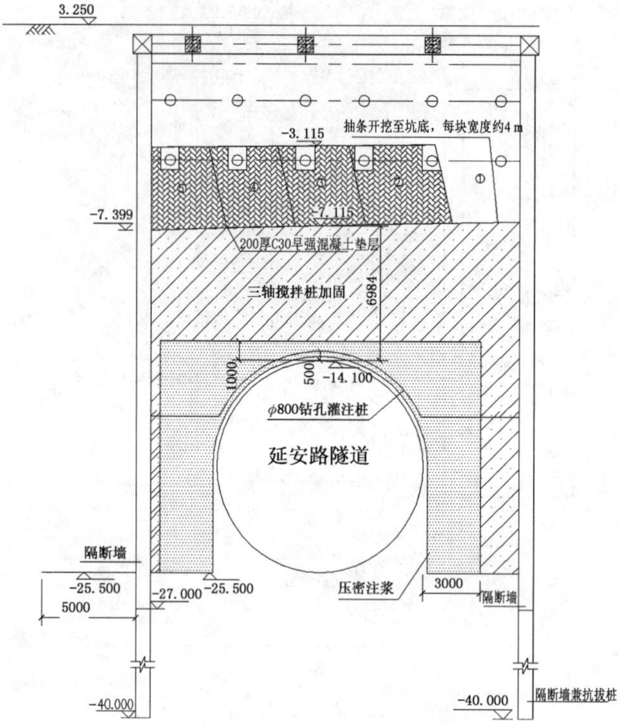

图 8-21　抽条开挖至坑底，每块宽度约 4 m

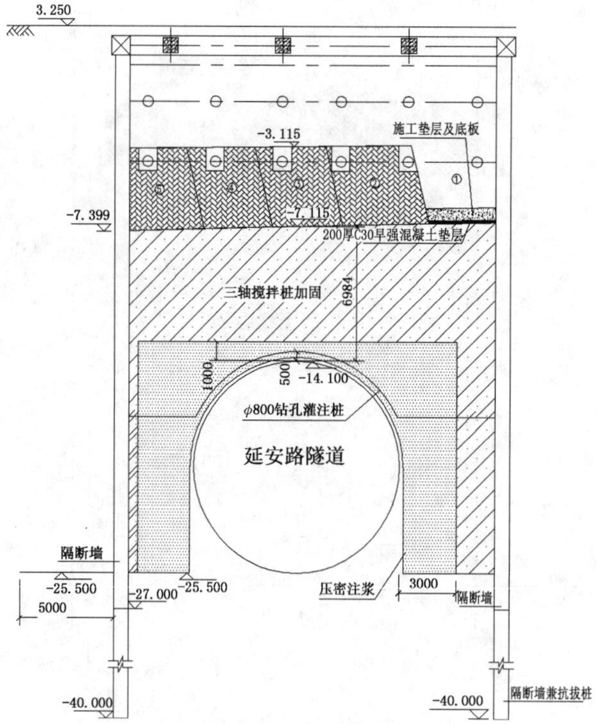

图 8-22　施工第一条土处的垫层及底板

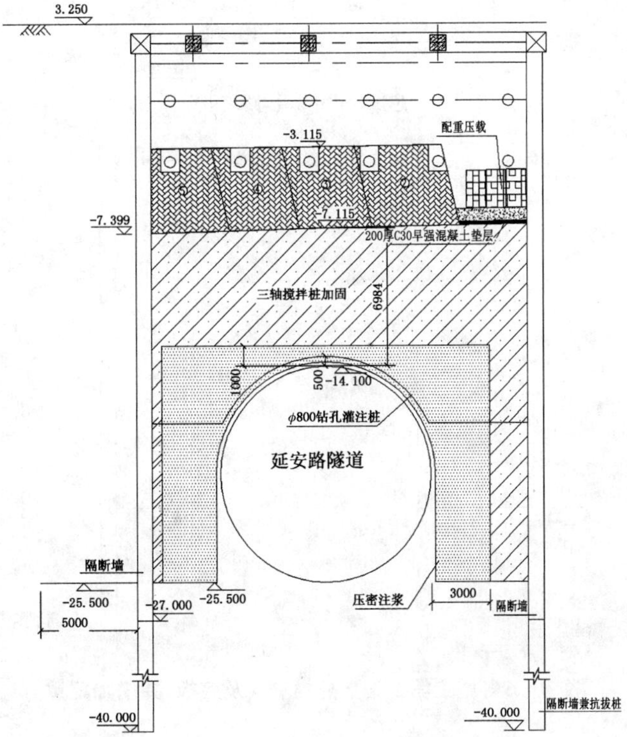

图 8-23 第一条抽条处底板施工完毕，增加配重压载

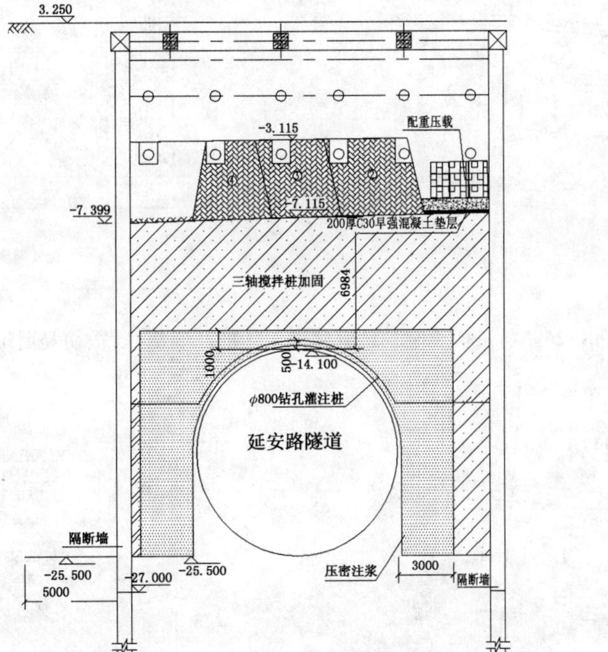

图 8-24 第二条土挖到坑底

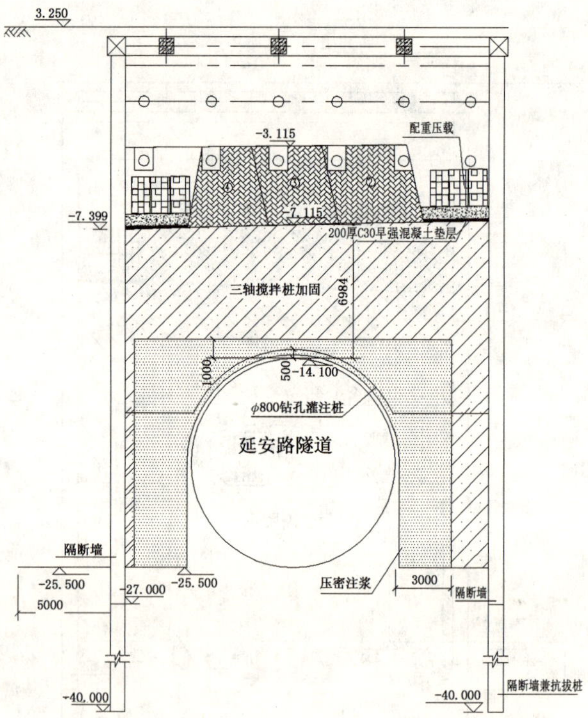

图 8-25　施工第二条土处的垫层及底板，并增加配重

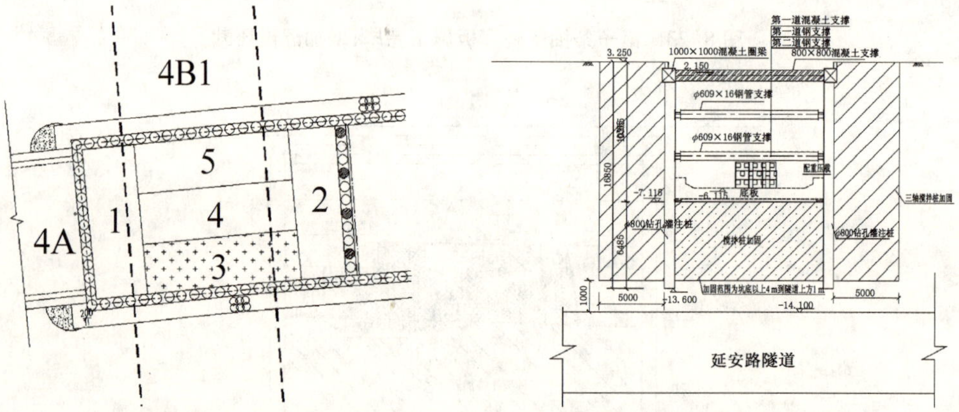

图 8-26　第三条土挖到坑底并施工垫层及底板，底板初凝后配重

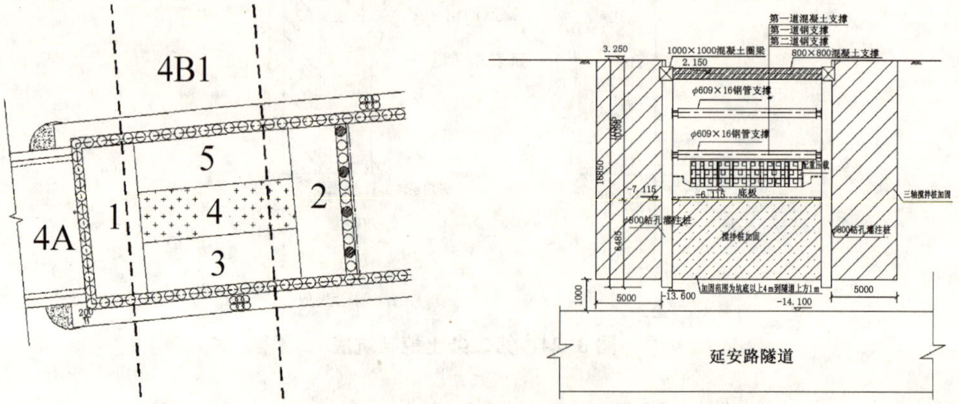

图 8-27　第四条土挖到坑底并施工垫层及底板并配重

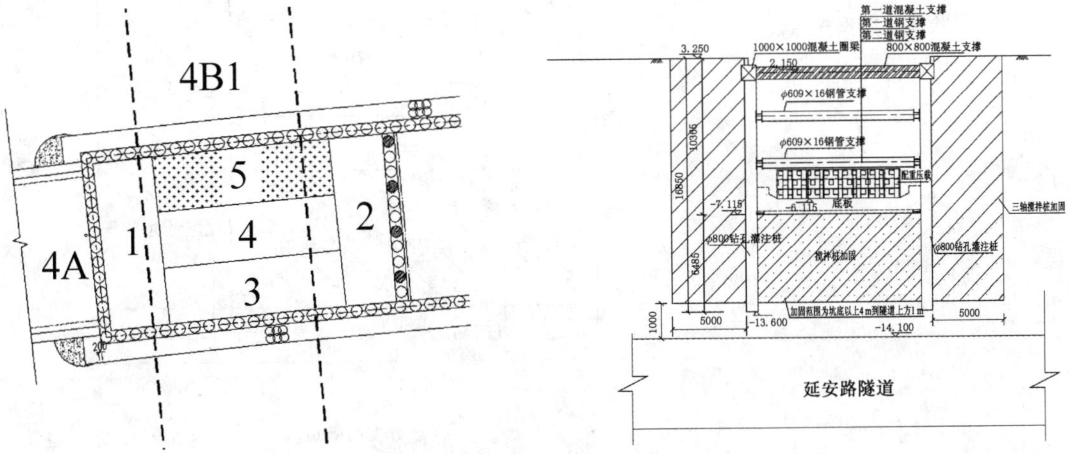

图 8-28 第五条土挖到坑底并施工垫层及底板并配重

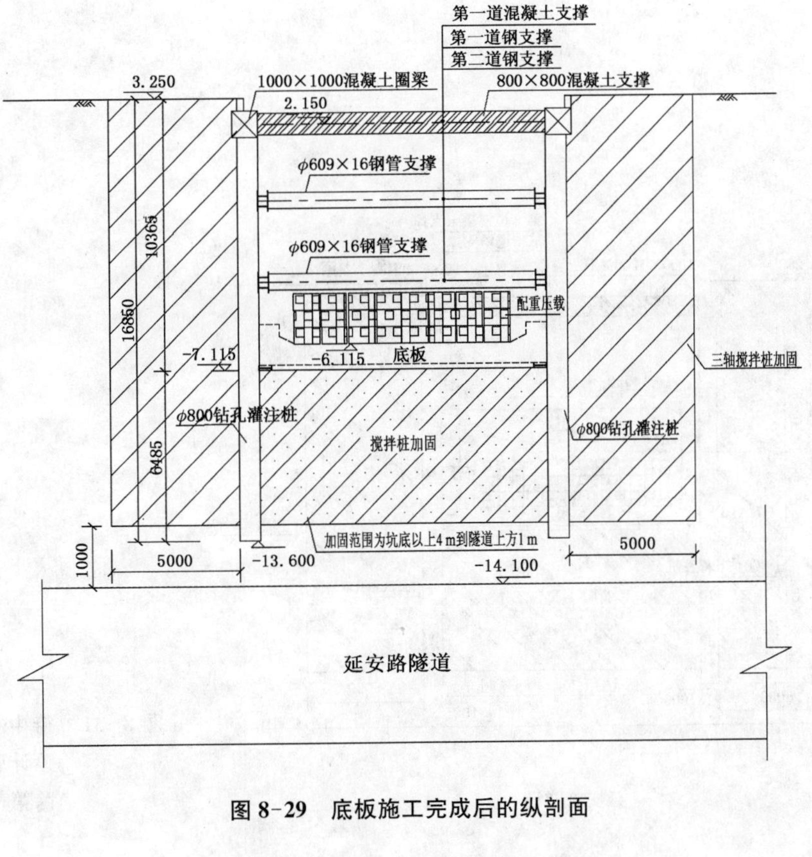

图 8-29 底板施工完成后的纵剖面

图 8-30　待底板、侧墙达到设计强度以后，拆除第二道钢支撑

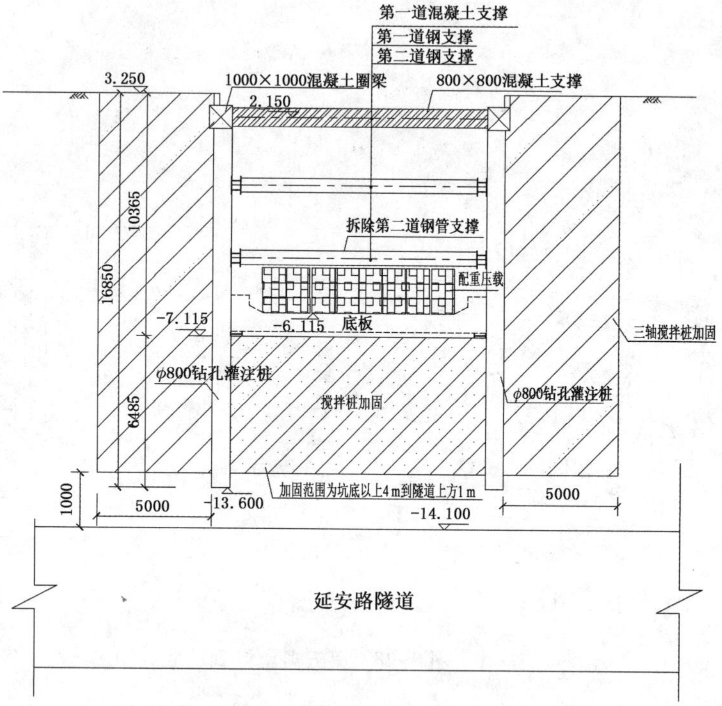

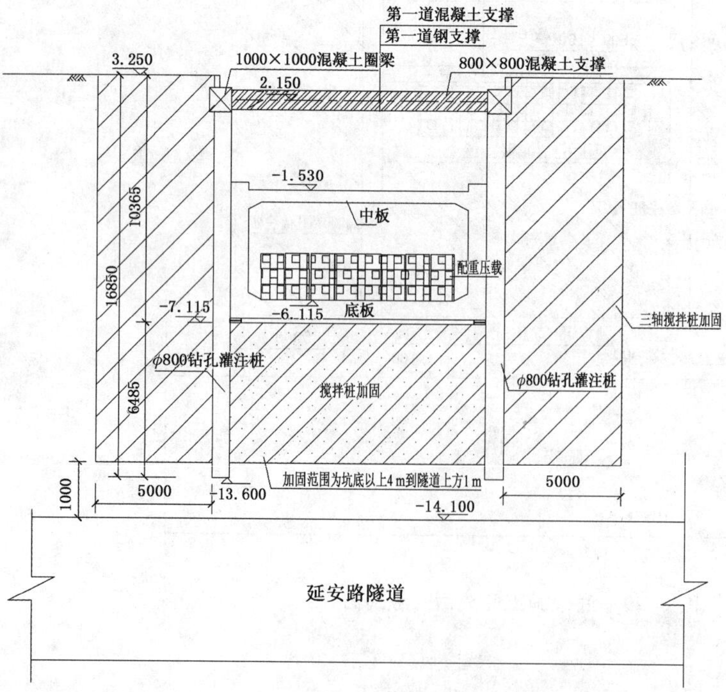

图 8-31　待中板、侧墙达到设计强度以后，拆除第一道钢支撑

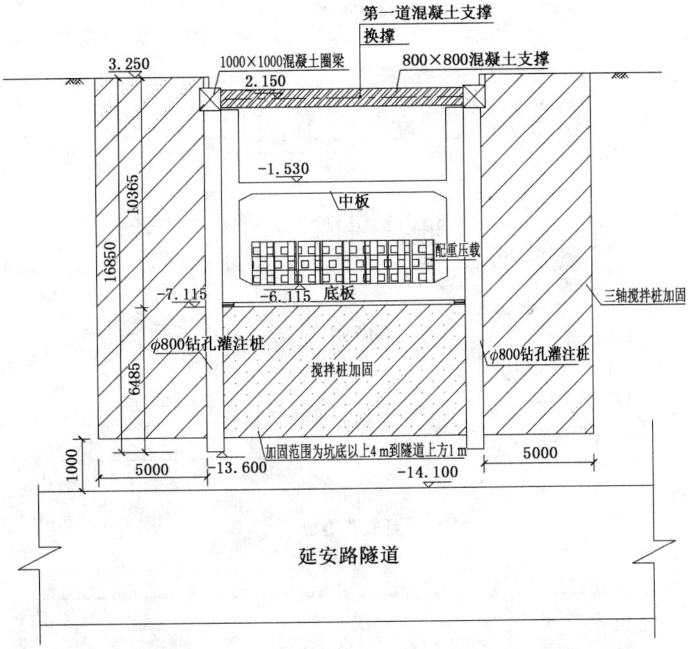

图 8-32　施工侧墙至第一道钢筋混凝土支撑下

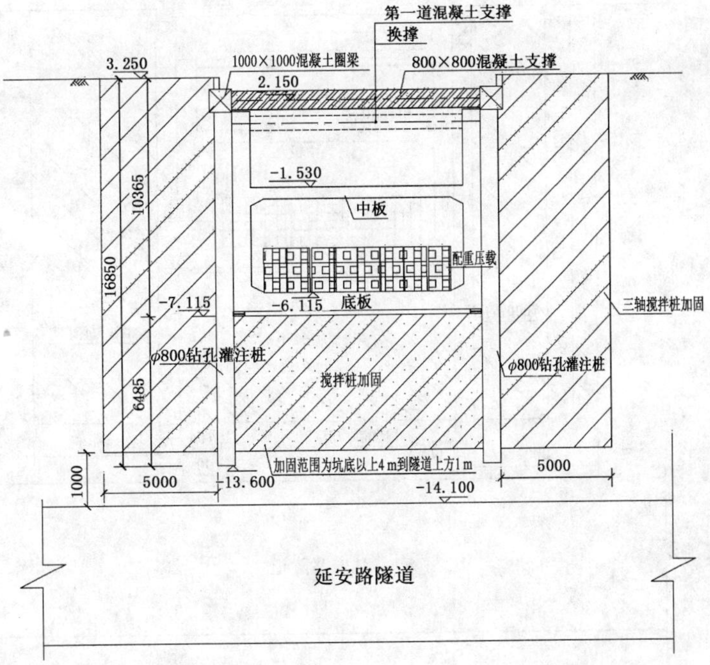

图 8-33　施工侧墙至第一道钢筋混凝土支撑下，待结构强度达到设计要求后，施工换撑

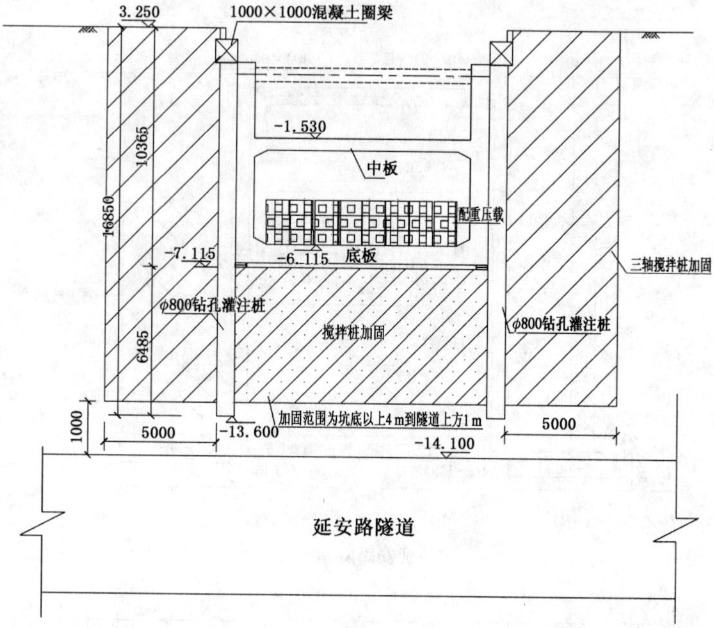

图 8-34　凿除第一道钢筋混凝土支撑

图 8-35　施工结构顶板

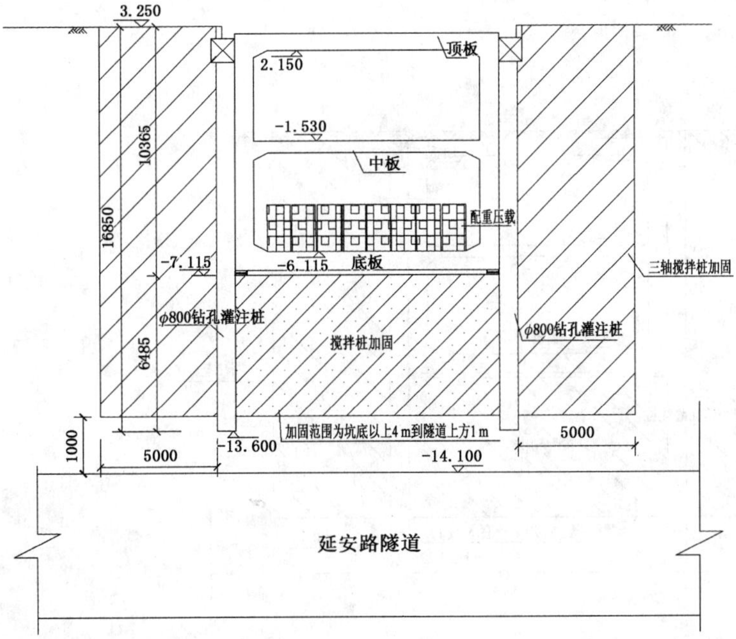

图 8-36　拆除换撑

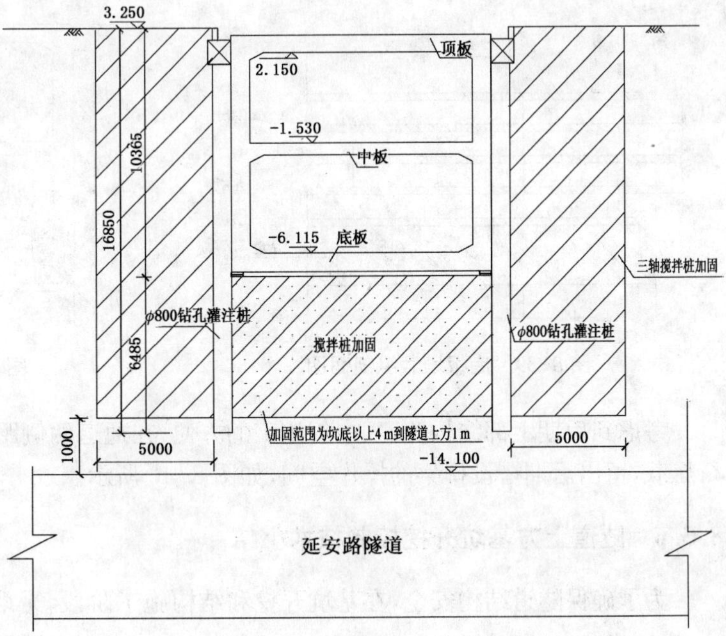

图 8-37　卸除底板压载

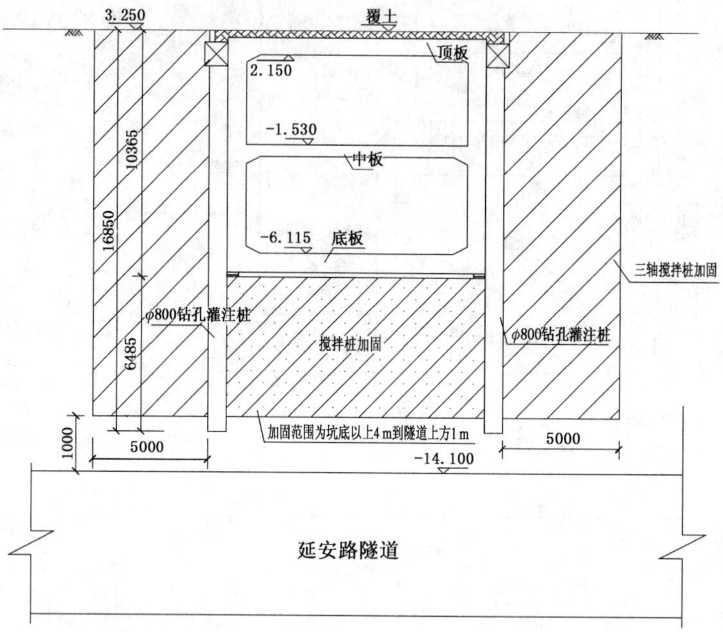

图 8-38　待顶板强度达到设计要求后覆土

8.3.5　隧道上方基坑压载方案

为防止下卧延安路隧道在基坑开挖后上浮，在每块底板达到强度后需在底板上进行压载，压载重量为 50 kPa。考虑到上部排架的搭设以及后期处理的便捷性，采用现浇素混凝土进行压载。现浇混凝土采用 C20 素混凝土，同时为方便后期搬运，采用九夹板对素混凝土进行分层分块，每块尺寸为 1 m×4 m×0.5 m，后期配合铲车及吊车运出，如图 8-39 所示。

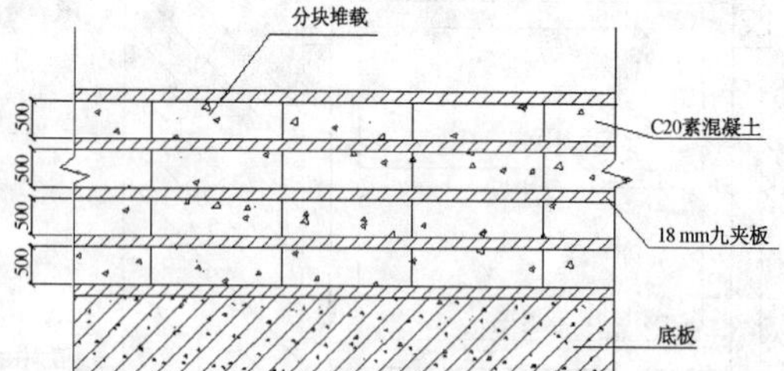

图 8-39　底板堆载纵剖面图

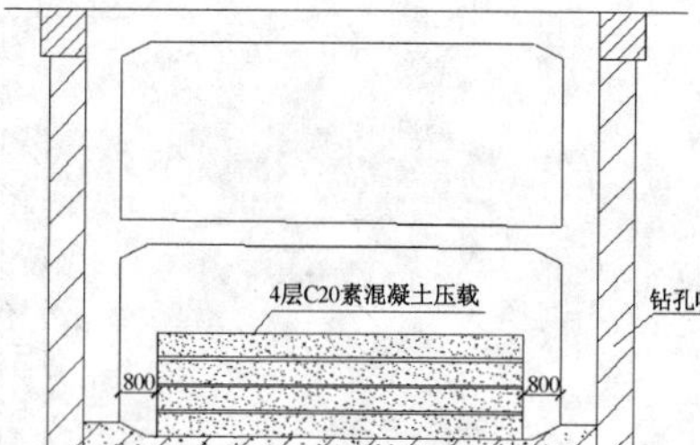

图 8-40　堆载剖面详图

考虑到后期上部结构侧墙、中板施工的方便，在通道两侧距离侧墙内壁 800 mm 处不进行压载，留出后期搭设排架的操作空间，如图 8-40 所示。

8.3.6　隧道上方基坑开挖控制技术小结

为了确保隧道结构安全，在基坑开挖和结构施工阶段，采取了如下四种控制手段：①分区开挖；②分层抽条开挖；③压载控制；④控制施工时间。

1. 分区开挖

通过设置封头墙，将施工区域分为多个区段，分段进行施工。将隧道影响范围内的基坑分为几个区域进行。隧道正上方区挖土施工前，相邻区域必须完成顶板以后方可进行土方开挖施工，且隧道上方的基坑也不能同时施工，需待一块基坑底板施工完成后，方可进行另一基坑的开挖及结构施工。即必须在 4A、4B2、4B4 区顶板结构均完成后，方可进行 4B1、4B3 区施工，并且 4B1 区必须在 4B3 区底板完成后方可进行开挖。

2. 分层抽条开挖

为减少延安路隧道因基坑施工卸载引起的隧道回弹变形，延安路隧道南北线正上方基坑最后一层约 3.5 m 厚土体开挖实行分块抽条开挖，每一抽条宽度控制在 4 m 左右，抽条开挖到底标高后及时浇筑底板并配重压载，压载不小于 50 kPa。每一抽条开挖至压重完成后，方可进行后续抽条的开挖工作。

3. 压载控制

为确保隧道安全，施工过程中应尽量减少隧道上方一次性的卸载土方量，挖土过程中卸载的土方应采取堆载措施进行平衡。

4. 控制施工时间

为了减小基坑开挖对下卧隧道的影响，在基坑施工过程中，严格控制各工序施工时间，上海外滩通道施工中各工序时间控制如下：

(1) 延安路隧道正上方基坑最后一层约 3.5 m 厚土体开挖实行分块抽条开挖，每一抽条宽度控制在 4 m 左右，整个基坑分成 5 块，每块土方约 200 m^3，配置一台 1 m^3 的长臂挖机，约需花费 6 h 完成开挖；

(2) 桩头凿除、围护剥除耗费 5 h；

(3) 支模、绑扎钢筋 4 个小时内完成，底板间钢筋连接采用接驳器形式；

(4) 底板厚度均为 1 000 mm，每块混凝土方量约为 40 m^3，一台汽车泵浇筑混凝土，2 h 内完成；

(5) 浇筑完成后，进行混凝土养护，对混凝土级配进行适当调整，在 4 h 达到压载承重要求；

(6) 堆载采用现浇 C20 素混凝土进行，压重不小于 50 kPa，3 h 内完成；

(7) 完成所有底板施工需花费 5 d 时间。

8.4 应急预案

由于基坑位于延安路隧道正上方，且基坑施工过程中受到的环境影响因素复杂多变，因此，确定合理的基坑变形控制标准，制定施工应急预案，是降低隧道结构安全风险、保证隧道在施工各阶段(尤其基坑开挖阶段)安全有效的措施之一。

8.4.1 隧道上方基坑开挖必须具备的条件

隧道开挖前，由总承包项目部进行专题讨论，落实基坑开挖所必需的人力、材料、设备、应急物资准备等。同时,基坑开挖必须具备以下条件,方可进行开挖:①首道圈梁和支撑必须达到强度要求;②坑内加固进行取芯监测,必须达到相关要求。

8.4.2 风险点分析及应对措施

第一皮土开挖时,隧道累计允许变形量控制在 3 mm 内。若在开挖过程中,隧道连续两天变形速率超过 1 mm/d,累计变形量小于 3 mm,则采取在基坑内未开挖区域进行短时压载并加快施工速度,压载材料优先选用成型混凝土块(或备用小挖机、钢支撑等重型设备和材料),压载材料远离开挖面(堆载边缘距离放坡面不小于 2.0 m,压载控制在 3 t/m^2),如图 8-41 所示。

第二皮土开挖时,隧道累计允许变形量控制在 3 mm 内。若在开挖过程中,连续两天变形速率超过 1 mm/d,累计变形量小于 3 mm,则采取在基坑内未开挖区域进行短时压载并加快施工速度,压载材料优先选用成型混凝土块(或备用小挖机、钢支撑等重型设备和材料),压载材料远离开挖面(堆载边缘距离放坡面不小于 2.0 m,压载控制在 3 t/m^2)。若开挖过程中,连续两天变形速率超过 1 mm/d,累计变形量为 3 mm,但变形累积值小于20 mm,则在基坑坑内压载的同时,采取在隧道内进行短时压载,压载选用 6 辆土方车进行单车道压载,每辆土方车载重量控制在 25t,凌晨 6:00 即驶离隧道,如图 8-42 所示;如果变形累积值超过 20 mm,且环缝展开量超过 1 mm,则考虑隧道内持续压载,直至通道底板完成,且隧道变形稳定。

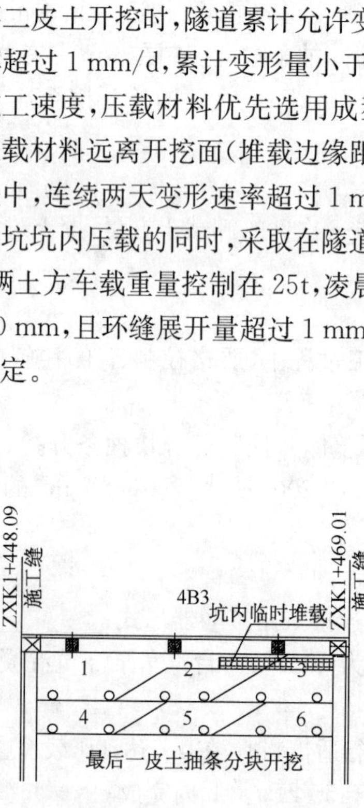

图 8-41 坑内进行短时压载

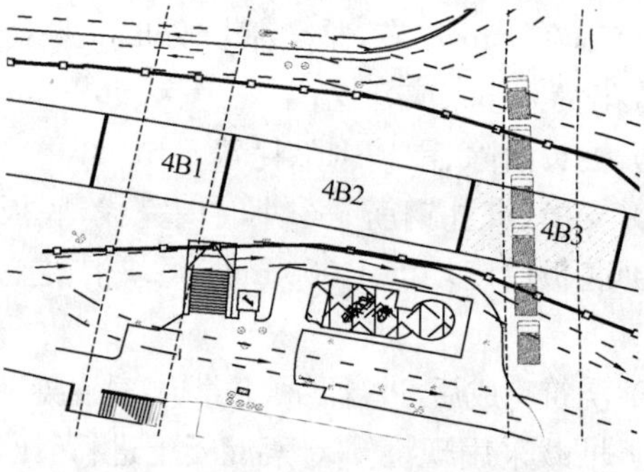

图 8-42 隧道内进行单车道临时压载

若第三皮土开挖过程中,隧道变形速率连续两天超过 1 mm/d,累计变形量小于 20 mm,则采取在基坑内未开挖区域进行短时堆载并加快施工进度,同时加强对隧道的监测,随时掌握隧道变形情况。

若隧道累计变形量为 20 mm,且环缝增量超过 1 mm,则在隧道内进行单车道临时堆载,堆载材料可选铁砂、矿粉或钢板。

(1) 铁砂,堆载长度为通道中心线向东西两侧各延伸 25 m,共 50 m,堆载高度为35 cm,堆载宽度为 3 m(一根车道),总方量为 52.5 m^3,总重为 410 t(2.73 t/m^2)。铁砂运输采用小型货车,铁砂采用小袋装,每袋不超过 50 kg,每辆运输车载重加自重不超过 25 t,如图 8-43和图 8-44 所示。

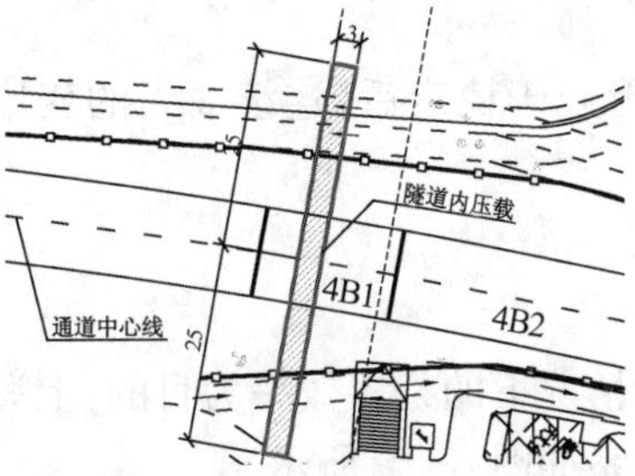

图 8-43　隧道内压载平面示意图

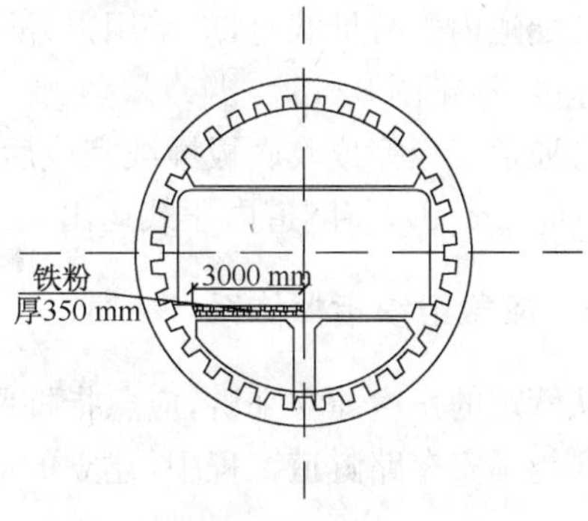

图 8-44　隧道内铁粉压载断面图

(2) 矿粉，堆载长度为通道中心线向东西两侧各延伸 25 m，共 50 m，堆载高度为 60cm，堆载宽度为3 m(一根车道)。总方量为 90 m^3，总重为 430 t (2.88 t/m^2)。铁砂运输采用小型货车，铁砂采用小袋装，每袋不超过 50 kg，每辆运输车载重加自重不超过 25 t，如图 8-45 所示。

(3) 钢板，堆载长度为通道中心线向东西两侧各延伸 24 m，共 48 m。钢板尺寸为 1.5 m×4 m×0.02 m，铺设厚度为 340 mm(0.02×17 层)，总数为 408 张，总重为 380 t (2.652 t/m^2)，钢板上打设 2 个直径 40 mm 的装卸孔，钢板运输采用具备装卸功能的小拖车，实行自行装载和卸车，每辆车最多装载 10 块钢板(运输钢板重 9.36 t)，加载平面局部示意图如图 8-46 和图 8-47 所示。

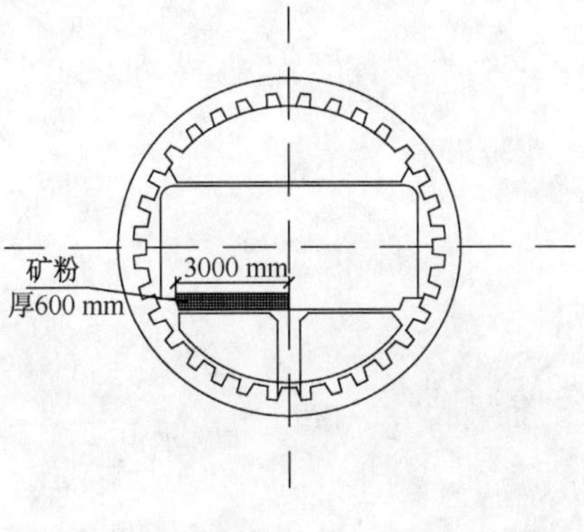

图 8-45　隧道内矿粉压载断面图

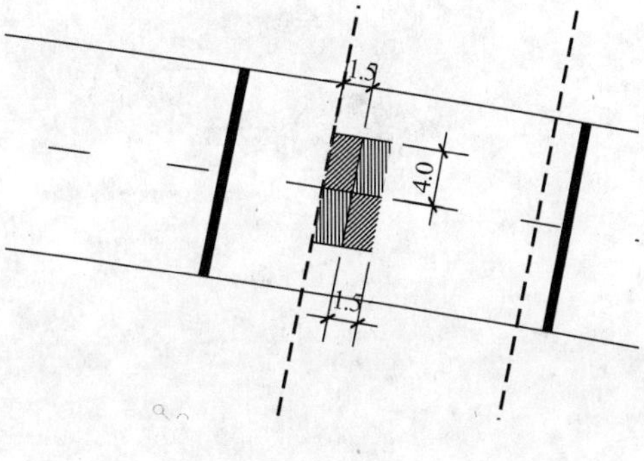

图 8-46　隧道内钢板压载平面局部示意图

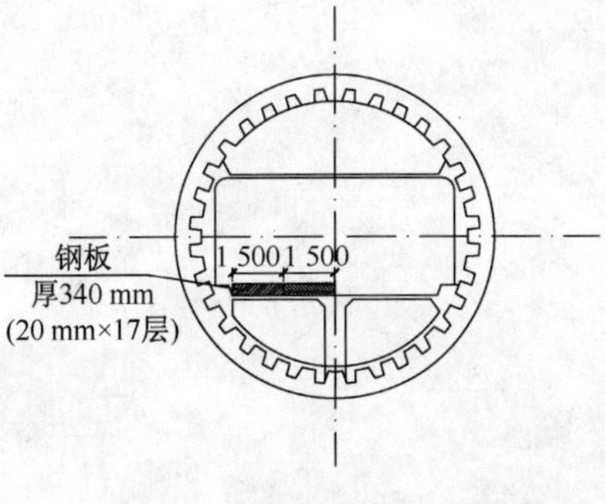

图 8-47　隧道内钢板压载断面图

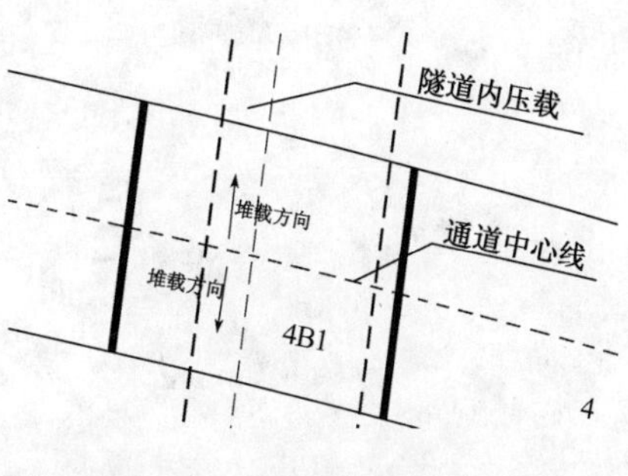

图 8-48　隧道内压载施工方向示意图

在隧道内进行堆载时，应采用以外滩通道中心线为对称向东西两侧双向堆载方式，加快堆载速度，详见图 8-48。

待通道底板完成及底板堆载完成后并且隧道的变形趋于稳定后(连续 3 天的变形速率小于 0.1 mm/d)，将隧道内压载运出。

8.4.3 应急组织指挥体系

从管理的角度建立来讲，应急指挥网络以提高应急情况下的处置效率为目的，上海外滩通道穿越延安东路隧道工程中，建立的应急组织指挥体系如图 8-49 所示。

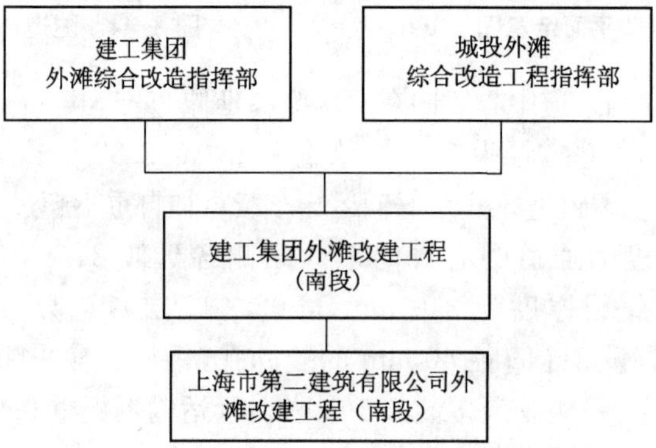

图 8-49 应急组织指挥网络

第 9 章　明挖法施工对既有大直径盾构隧道监测与影响评价

9.1　信息化监测

在已建大直径隧道上方进行基坑开挖施工，开挖过程中，土体卸载必然引起基坑内的一定范围深度的土体发生回弹，土体回弹使隧道产生竖向变形，使隧道沿纵向产生不均匀的曲率变化。另外土体回弹会改变隧道周边的土体应力场，作用在隧道结构上的围压上会发生变化，从而影响隧道结构的内力。隧道的横向变形和纵向隆起轻则会引起环缝张开漏水，重则产生管片压裂、螺栓剪断等后果。

因此，为了在外滩通道基坑上跨延安路隧道的施工过程中保障延安路的安全，需对本工程采用信息化施工。基坑工程的信息化施工不但能检验基坑设计理论和方法的正确性，而且能为发展基坑设计理论和方法创造有利条件。它能有效指导现场施工，有利于保证整个围护结构在施工过程中的安全，有利于控制结构的变形及其下方延安路隧道的安全，有利于达到优化施工和避免事故发生的目的。工程实践已经证明，信息化施工对基坑工程起着极其重要的作用。同时，通过对监测数据的分析，对理论分析结果提供支撑，可以得到一些有益的经验，以指导以后类似工程的设计与施工。

本工程信息化施工包含两大监测主体，即基坑本体监测和基坑下方延安路隧道的监测。基坑本体监测主要为基坑的施工安全服务，延安路隧道监测用于反映延安路隧道的结构安全，并通过延安路隧道的监测结果指导上方基坑的施工。

9.1.1　延安路隧道上方基坑施工监测

1. 监测内容

监测点的布置是以设计资料为依据，结合本工程的特点，同时参照围护体分段、施工缝位置及开挖分段长度等参数布设。各监测项目的测点布设位置及密度应与围护结构类型紧密相关，控制测点布设密度以隔 20～25 m 设置一监测断面为宜。为把握基坑变形状况，提高监测数据的质量，应在每一开挖段内设置监测点。同时，也注重监测断面的布置，主要为了解变形的范围、幅度及方向，从而对基坑变形信息有一个清楚全面的认识，为围护结构体系和基坑环境安全提供监测信息。结合工程分段特点，监测项目如下：

(1) 基坑本体监测。包括：①围护体(内部)水平位移监测(测斜)；②围护墙体顶部水平位移监测；③围护墙体顶部垂直位移监测；④支撑轴力监测；⑤坑底回弹监测。

(2) 周边环境监测。包括：①地下水位监测；②基坑周围地表沉降监测；③周围建筑物和防汛墙沉降监测;④周围地下管线沉降变形监测。

根据基坑规模和周边环境特点,测点布置如表 9-1 所示。

表 9-1　监测点汇总

序号	监测项目			单位	共计数量	备注
1	基坑围护体系	围护体水平位移监测(测斜)		点	10	
2		围护墙顶部水平位移监测		点	10	
3		围护墙体顶部垂直位移监测		点	10	
4		支撑轴力监测	钢筋混凝土支撑	点	2	共计 4 只钢筋计
			钢支撑	只	4	共计 4 只轴力计
5		坑底回弹监测		点	1	共计 4 只磁环
6	周围环境保护体系	地下水位监测		孔	2	
7		基坑周围地表沉降监测		点	34	
8		周围建筑物和防汛墙沉降监测		点	42	
9		周围地下管沉降变形监测		点	55	

注:由于基坑坑外采用了地基加固,因此坑外水位孔未布置;考虑到坑底隆起测点保护难度较大,现场实际未实施。

2. 监测频率

监测频率布置的基本原则是必须在确保基坑安全的前提下,从实际出发,根据设计和业主的要求,结合本工程的特点,综合基坑开挖顺序、被保护对象的位置及特性,自始至终要与施工的进度相结合,满足施工工况的要求,在“全面、准确、及时”的原则下安排频率以及监测进程,尽可能建立起一个完整的监测预警系统。

基坑监测等级为一级。根据《市政地下工程施工质量验收规范》(DG/TJ 08—236—2006)[80]及《基坑工程施工监测规程》(DG/TJ 08—2001—2006)[81]的规定,现场监测的时间间隔参考表 9-2 执行。

表 9-2　现场监测时间间隔表

基坑等级 / 施工状况	一　级	备　注
施工前	至少测 3 次初值	当变化量或累计变化量超警戒值时,监测频率适当加密
桩基施工	3 d	
围护结构施工	7 d	
地基加固和降水	3 d	
开挖 0～5 m	1 d	
开挖 5～10 m	1 d	
开挖 10～15 m	1 d	

（续表）

施工状况 \ 基坑等级	一 级	备 注
开挖大于 15 m 至浇垫层	0.5 d	当变化量或累计变化量超警戒值时，监测频率适当加密
浇好垫层至浇好底板	1 d	
浇好底板后 7 d 内	1 d	
浇好底板后 7～30 d 内	2 d	
截至顶板浇筑完毕	7 d	
覆土后 30 d 内	15 d	

3. 报警值

基坑变形和环境保护安全等级为一级，因此监控施工过程中的基坑变形、环境变化情况工作应全面满足安全等级控制保护要求，使施工单位能随时了解变形情况，以便及时采取有关措施，调控施工步序与节奏，做到信息化施工，确保工程施工顺利进行。

各项监测的数值达到一定范围（即将产生不可接受的负面影响时）要进行“报警”。报警值根据初步设计资料、上海市工程建设规范《基坑工程施工监测规程》（DG/TJ 08—2001—2006）[81]的规定及有关其他规范、规程执行。基坑报警值如表 9-3 所示。

表 9-3　报警值汇总表[84]

序号	监测项目名称	报 警 值	依 据
1	围护体（内部）水平位移监测（测斜）	1.4‰H（一级基坑）（14 mm） 变化速率：2 mm/d	（上海市）《地基基础设计规范》（DGJ 08—11—1999）（条文说明）10.1.5-2
2	围护墙顶部水平位移监测	1‰H（一级基坑）（10 mm） 变化速率：2 mm/d	（上海市）《地基基础设计规范》（条文说明）（DGJ 08—11—1999）10.1.5-2
3	围护墙体顶部垂直位移监测	±10 mm；变化速率：2 mm/d	建议值
4	支撑轴力监测	设计值的 80%	《基坑工程施工监测规程》（DG/TJ 08—2001—2006）表 6.15.2-1
5	坑底回弹监测	累计：10 mm；变化速率：2 mm/d	建议值
6	地下水位监测	100 cm（在坑内降水的休止期坑外水位变化）	《基坑工程施工监测规程》（DG/TJ 08—2001—2006）表 6.15.2-2
7	基坑周围地表沉降监测	1‰H（一级基坑）（10 mm） 变化速率：2 mm/d	（上海市）《基坑工程设计规程》（DGJ08—61—97）（表 10.1.5-2）
8	周围建筑物和防汛墙沉降监测	（1）允许倾斜：0.003 注：倾斜指基础倾斜方向二端点的沉降差（差异沉降）与其距离之比 （2）累计：20 mm；变化速率：2 mm/d	建议值
9	周围地下管线沉降变形监测	累计：10 mm；变化速率：2 mm/d	《基坑工程施工监测规程》（DG/TJ 08—2001—2006）表 6.15.2-2

9.1.2 延安路隧道内部监测

1. 监测内容与方法

根据隧道结构变形特点以及基坑开挖对下卧隧道的影响特征，对下卧隧道的监测内容主要包括：①隧道沉降；②隧道水平位移；③隧道直径变化；④隧道渗漏水；⑤隧道环缝张开及裂缝开展。

1）沉降测量

从上述离心机模型试验和数值模拟分析可知，由于基坑和隧道的相对位置关系，在基坑开挖过程中，隧道的沉降变化最为明显。因此，为了提高沉降监测的精度，对隧道沉降监测采用了人工监测和自动监测两种方法，以相互验证，最大限度地保证隧道结构安全。

（1）人工测量部分

测量仪器采用Leica（徕卡）电子精密水准仪，在隧道口两端设立测量基准点，在各工作井基础上设立临时测量基准点，区域性沉降测量高程控制形式以上述基准点构成独立闭合环。

高程系统采用上海吴淞高程系，以小闸镇J1-0基岩标起始的上海市高程首级控制网中的J7基岩标（塘桥）作为本项目高程控制起始点。在延安路隧道两端出口处设置两座基准标（深层分层标埋深35 m），既有隧道内埋设253只沉降观测点，分别对称布设于全隧道的圆形段和暗埋段及敞开段。

（2）自动化测量部分

由于受延安路隧道运营的限制，很难长时间进行连续的人工测量，为确保其安全，在监测范围内采用美国SLOPE INDICATOR公司的ELBEAM电子水平尺及相应的CR系列数据自动采集器组成的竖向位移自动监测系统，进行实时监控，以及时发现问题。电子水平尺的原理是通过测量隧道倾斜来监测隧道竖向位移。使用时电子水平尺可以单支安装，也可以将多支电水平尺的首尾相连，形成一个“尺链”，在监测区段内沿待测方向展开安装，以此来监测沿隧道轴向的沉降。

电子水平尺的核心部分是一个电解质倾斜传感器，其测量倾斜角的灵敏度高达1 s。将上述电解质倾斜传感器安装在一支空心的直尺内，就构成了电子水平尺（EL Beam Sensor），如图9-1和图9-2所示。尺身一般长2 m，用锚栓安装在隧道道床（结构物）上。接着将倾角传感器调零，并锁定在该位置。道床（结构物）的沉降会改变梁的倾角，沉降量（d）可按公式“$L(\sin 1-\sin 0)$”算出。此处，L是梁的长度；1是现时倾角值；0是初始倾角值。若将一系列电水平尺首尾相接地安装在隧道纵向的隧道结构上，形成上述的所谓“尺链”，就可得出“尺链”范围内的竖向位移曲线。其原理可见图9-3。

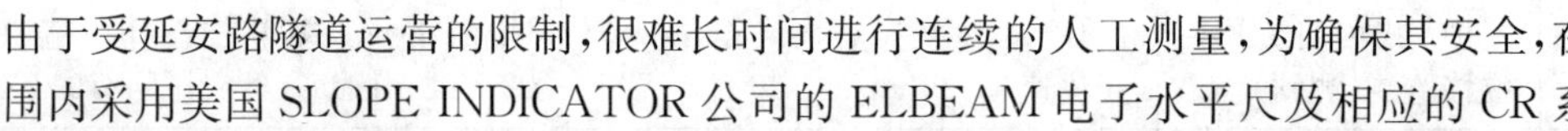

图9-1　装有电解质倾斜传感器的电子水平尺

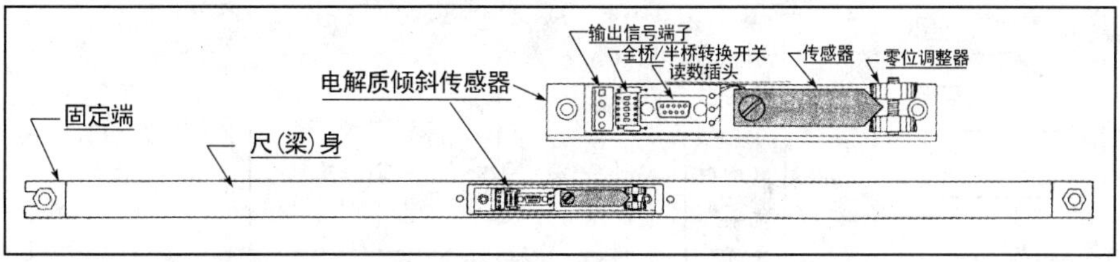

图 9-2　装有电解质倾斜传感器的电子水平尺实物照片

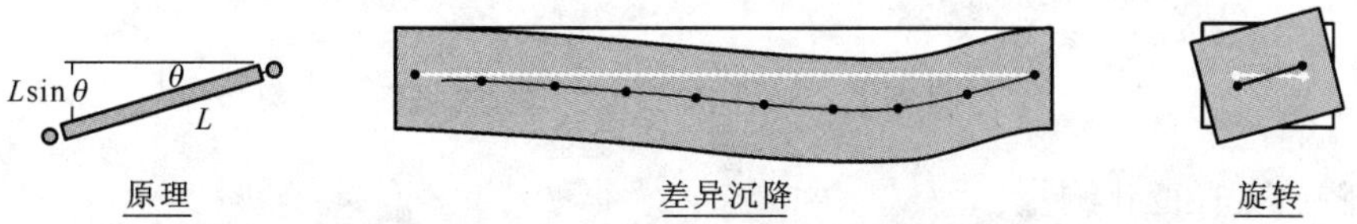

图 9-3　用电子水平尺监测竖向位移的工作原理和差异沉降曲线

电子水平尺中的电解质倾斜传感器能根据倾角的变化输出相应比例的电压信号。将“尺链”上各个电解质倾斜传感器输出的信号均接到一台 CR 系列数据自动采集器上,就可按设定的时间间隔(可调整的范围为几秒到几小时,一般可取 1 小时)对所有接入的传感器进行一次采样读数。每次采样读取的数据暂存在采集器内供定期处理。还可以通过电缆直接从采集器输送到一台计算机中,在计算机内按预先设定的程序将电压信号换算成倾角角度,再根据尺体的长度(L)计算出沉降量 d_i(“i” 表示尺链中第 i 支尺),利用矢量相加的方法可以得到“尺链”范围内的实时竖向位移曲线。

竖向位移自动监测系统由设在隧道纵向结构上的电子水平尺、随电子水平尺就近安装在隧道侧壁上的 CR 系列数据自动采集器,以及设在最近工地办公室内主控计算机组成。

各支电子水平尺的输出信号用电缆接到就近的数据采集器上,数据采集器用一根 RS232 接口的信号电缆与主控计算机相连。主控计算机设在就近的工地办公室内(根据现场条件确定)。沉降自动监测系统一经设定可以自动工作,亦可在任何时间由操作人员改成手动控制。

主控计算机内装有专门的控制软件,完成数据的传输、整理计算、存盘和实时显示监测图形等功能。

系统工作时数据的采集时间间隔可以在主控计算机上控制和修改。实际中可采用 15 min 的间隔,自动对所有电子水平尺进行一次数据采集就可以满足要求。每采集一次数据,就立刻计算处理,并把采集的结果用图形或表格在屏幕上显示出来。主控计算机可设在办公室内。

若通过社会公共传输网络,主控计算机中的数据和图形可以传送到终端上,实时得到与主控机上一致的结果,以便根据延安路隧道的位置变化随时调整施工进度和技术参数。自动监测系统组成如图 9-4 所示。

2) 平面位移测量

隧道整体变形中水平位移也是隧道纵向不均匀变形的重要组成,所以水平位移变形测量是隧道结构安全监测中最主要手段之一。由于建设施工对延安路南、北线隧道两侧均产生影响,所以两边相应部位均需设点测量。根据设计要求在隧道重点监测区域内布置 11 个观测点。观测点位一般布置于沉降点旁地面,测量方法采用小角度准直线施工,测量仪器采用精密电子经纬仪,以此监测隧道的侧向位移。

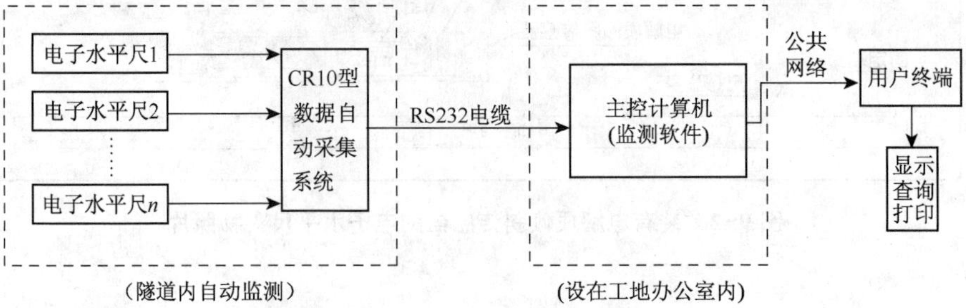

图 9-4　自动监测系统构造原理框图

3）隧道直径变化测量

隧道直径变化观测主要针对圆隧道区域进行检测，在隧道重点监测段布置 10 个断面（南、北线共需布置 20 个测量断面），埋设固定激光观测标志板（牌），利用 Leica（徕卡）高精度短程激光测量仪定期检测圆隧道直径变化。

4）隧道渗漏水、泥量测定

隧道渗漏水量、渗漏泥量及渗漏速率观测重点区域在浦西圆形段施工影响保护区范围内。

在一般监测区域仅作渗漏水状态及渗水量的定性观察。

6）结构环缝张开（自动化监测）及裂缝开展测定

隧道裂缝张开观测主要重点监测受基坑开挖影响较大的浦西圆隧道段，首先在隧道裂缝两侧布置观测标志，一旦发现有形变产生即刻安装数字式千分表，定期进行跟踪检查、观测。

为提高观测精度和保障隧道的结构安全，在南、北线隧道施工影响较大区域安置环缝开张监测的光纤光栅位移传感仪，监测现场光纤光栅传感器两端分别固定在产生相对位移的两种结构上，即可监测两种结构的相对位移。可以及时掌握和了解环缝受施工影响而产生的变化，光纤传感器如图 9-5 所示。

图 9-5　光纤光栅位移传感器

延安路隧道监测所采用的光纤光栅传感器基本参数如表 9-4 所示。

表 9-4　光纤光栅位移传感器基本参数

标准量程	1 mm；2 mm；5 mm	外观尺寸	50 mm×45 mm×16 mm
测量精度	1/1 000	安装方式	夹持
分辨率	0.3/1 000	波长范围	1 525～1 565 nm

与传统的传感器（如电阻应变片、振弦式传感器）相比，光纤光栅位移传感器在抗电磁场干扰、抗腐蚀、抗潮湿等能力上具有较强的适应性，同时在稳定性（温漂、零漂等）、耐久性和分布范围上能够满足某些特殊工程的需要；可以实现分布式测量；通过

定制不同初始波长的传感器，安装时串联熔接，通过一条通讯光纤可实现多点监测，一根线可以传送多点结构状态信号，可节约传输线缆；节省线路，灵敏度高，精度高；频带宽，信噪比高等。

2. 测点布置

1）隧道沉降和水平位移监测

隧道沉降和水平位移测点分别布置在南线北侧防撞墙及北线南侧防撞墙上。

隧道沉降电子水平尺竖向位移自动监测系统由 2 m 长的电子水平尺首尾相连构成总长 100 m 监测线(50 支×2 m/支＝100 m)。延安路隧道的南线和北线监测长度相同，均为 100 m。其编号分别为延安路隧道南线自东向西 SS1—SS50，延安路隧道北线自东向西 NN1—NN50。其中圆隧道上的测点布置如表 9-5 和图 9-6 所示。单条圆隧道上的测点共 21 个，对称布置在以地下通道为对称中心的隧道上，监测的隧道长度为 90～100 m，是基坑开挖期间重点观测对象。

表 9-5　隧道沉降和水平位移监测范围汇总表

区段	监测分段	与通道底垂距	对应点号	区段长度	备　注
圆隧道段	北线监测	5.0～6.9 m	B86—B96	90.0 m	延安路匝道与隧道平行段监测长度约为 150 m
	南线监测	5.0～6.9 m	N77—N87	90.0 m	

注：沉降测量点布置在隧道车行道两侧的防撞墙上。

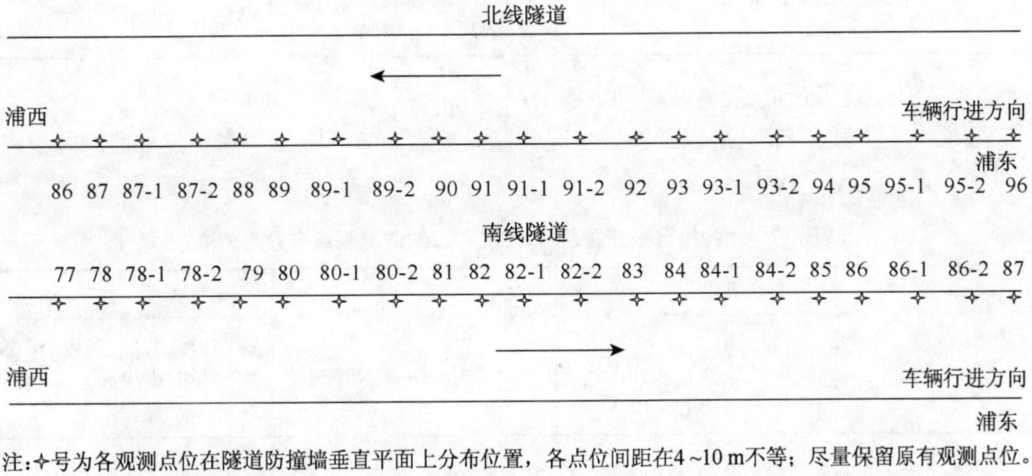

注：✧号为各观测点位在隧道防撞墙垂直平面上分布位置，各点位间距在4～10 m不等；尽量保留原有观测点位。

图 9-6　隧道沉降和水平位移观测点布置示意图

2）圆隧道直径变化监测

圆隧道直径变化测点布置和隧道沉降及水平位移沉降两侧点对应布置，测点布置如图 9-7 所示。圆隧道直径变化测点汇总于表 9-6 中。

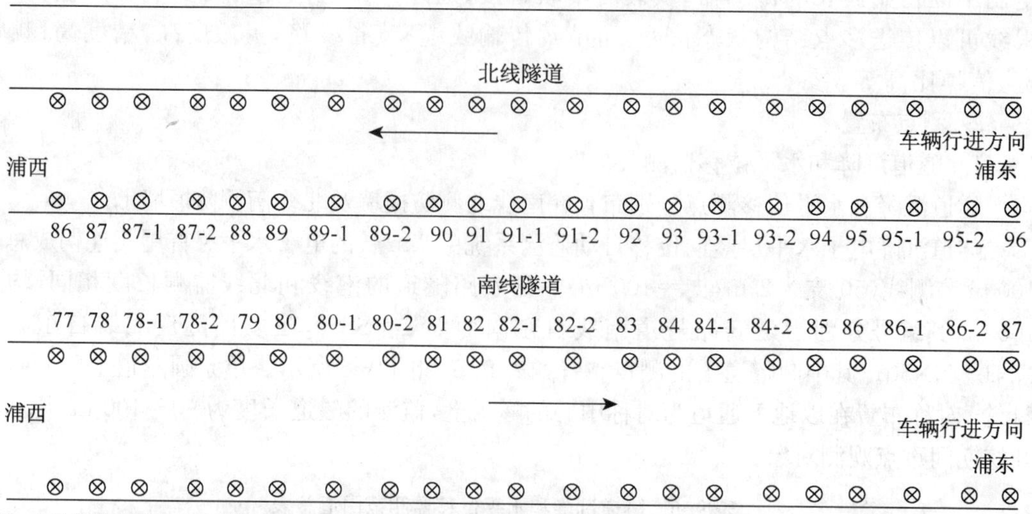

注:⊗号为各观测点位在隧道两侧侧墙上分布位置，各点位间距4～10 m。

图 9-7　圆隧道直径变化测点布置示意图

表 9-6　圆隧道直径变化测点

区段	沉降监测段	水平位移监测段	备　注
北线圆形段	测点间距小于或等于10 m,共 10 个测点	测点间距小于或等于10 m,共 10 个测点	节段接缝两侧需设测点
南线圆形段	测点间距小于或等于10 m,共 10 个测点	测点间距小于或等于10 m,共 10 个测点	节段接缝两侧需设测点

3）结构接缝张开量、裂缝开展和渗漏情况

隧道接头张开、裂缝开展以及渗漏情况的监测测点布置在隧道和水平位移监测区段内，测点的布置如表 9-7 所示。

表 9-7　结构接缝张开量、裂缝开展和渗漏情况测点布置汇总表

区段	北线监测	南线监测	备　注
圆隧道段	(点号 B86—B96)	(点号 N77—N87)	检测裂缝宽度、长度;渗漏水(泥)两级渗漏速率;环、纵缝张开量

光纤光栅传感器的布置分别以延安路隧道与外滩通道南段 4B 区交叉点为中心,沿延安路隧道两侧分别延伸 50 m,共计 100 m 为监测范围。考虑到延安路隧道现状,侧面部位很难设置监测点,且很难布置环向断面,仅能沿隧道纵向布设断面。

在开挖范围 12 m 及两侧 4 m 内,每环布置监测点(每条隧道布置 20 点);4 m 以外至10 m范围内每 3 环布置传感器(每条隧道 4 点);10～50 m 范围每 5 环布置一个监测点(每条 16 点),南、北线隧道共约设置 80 个传感器。

每 6 个传感器串联熔接为 1 组,每条隧道 7 组,通过 1 条 8 芯光缆连接至监控中心。

3. 监测频率及报警值

1）监测频率

(1) 人工监测

隧道沉降、水平位移和圆隧道直径变化观测频率根据监测区段的受影响程度不同，分为三个区段：全隧道测量（基础施工前后各一次）；N86—96，S77－S87 测点范围内变形测量（每天监测一次）；N86—N96，S77－87 测点外的圆隧道段（3 d 监测一次）。施工结束后，维持三个月的跟踪测量，测量频率为每周一次。

(2) 自动化测量部分

自动化测量长期连续采集作业，定期汇总报表。

2）变形报警值

考虑到延安路隧道的各种影响因素，隧道目前的服役性态，同时参照上海市相同结构隧道的监测资料，在上覆地下通道施工期间，制定以下报警值：

(1) 最大沉降（隆起）增量小于 10 mm，连续两天最大沉降（隆起）速率小于每天 1 mm/d；

(2) 最大水平位移增量小于 5 mm；

(3) 接（环）缝张开增量小于 1 mm；

(4) 裂缝宽度增量小于 0.1 mm；

(5) 变形缝两侧差异沉降增量小于 2 mm；

(6) 渗流水量按隧道养护规程执行（0.1 L/(m² · d)）。

9.2 通道施工对隧道影响的实测分析

9.2.1 地下通道施工工况

地下通道施工对下卧隧道的影响跟地下通道的施工阶段密切相关，隧道上跨段基坑包括 4B1 和 4B3 两个基坑。两个基坑开始挖土施工前，两侧的通道结构均已施工完成。两个基坑的分部工程施工顺序均为围护结构钻孔咬合桩→基坑内外侧地基加固→开挖及支撑施工→结构浇筑施工。两个基坑总施工周期为 194 d。地下通道的施工阶段和工况如表 9-8 所示。

表 9-8 基坑施工工况汇总表

施工周期/d	4B3(北线隧道)	4B1(南线隧道)
0～37	—	钻孔咬合桩施工
38～52	—	—
53～87	钻孔咬合桩施工	—
88～89	—	—
90～100	—	坑外土体加固施工
101～121	坑内外旋喷加固施工	坑内旋喷加固施工
122～137	—	坑内旋喷加固施工
138～143	—	—
144～146	第二层土开挖	—

（续表）

施工周期/d	4B3(北线隧道)	4B1(南线隧道)
147～149	第三层土开挖	—
150～153	第四层土开挖，浇筑底板	—
154～167	—	—
168～171	—	第二层土开挖
172～174	中板浇筑施工	第三层土开挖
175～178	—	第四层土开挖，浇筑底板
179	顶板浇筑施工	—
180～186	—	—
187	—	中板浇筑施工
188～193	—	—
194	—	顶板浇筑施工
195～	后续施工至完成	后续施工至完成

注："—"表示基坑区域无影响隧道或基坑本体无施工行为。

9.2.2 基坑变形分析

图 9-8 为 4B1 区 I1 测斜孔实测曲线，围护结构开挖完成时最大变形为 7.13 mm，最大变形位置位于开挖面以下 1 m 左右。最大变形与开挖深度比为 0.71‰，满足一级基坑的保护要求。基坑开挖每层土所产生的变形量随着开挖深度的加深而不断增加，最大变形位置也随着开挖深度的增加不断下移。基坑的变形形态与一般基坑是一致的。

图 9-9 为 I1 测斜孔 11 m 深度处围护结构变形的时程变化曲线，也就是围护桩最大位移随施工时程的发展曲线。从图 9-9 中可以看出，基坑开挖第二层土，也就是开挖到第二道支撑的位置左右时，基坑开挖所引起的维护结构变形相对较小。而从基坑开挖第三层土开始，围护结构变形就不断增加，但到 178 d 左右底板浇筑完成后，围护结构变形就立刻趋缓并出现逐渐恢复的趋势。由此可见底板和压载对控制基坑变形的影响。

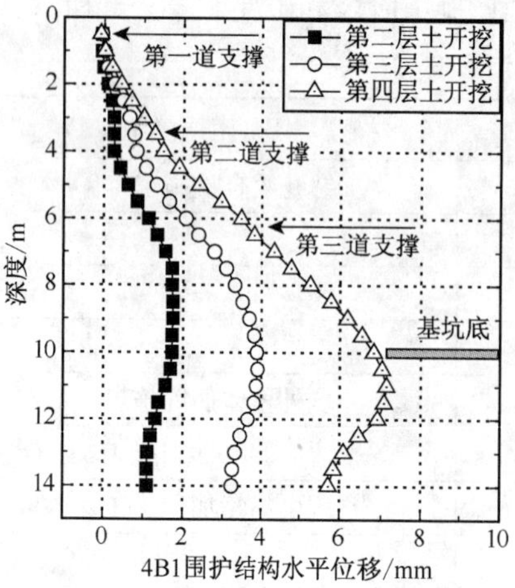

图 9-8 I1 测斜孔围护结构水平位移

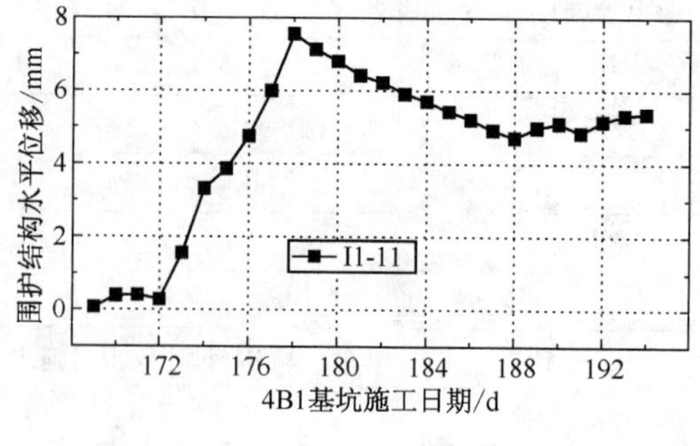

图9-9 11 m 深度处围护结构水平位移时程曲线

图 9-10 为墙顶隆起点的时程变化曲线。墙顶隆起从第二层土开挖就开始不断增加，并在底板浇筑 3 d 后达到极值。从图 9-10 中可以看出围护结构的墙顶隆起基本不受坑内压重的影响，并有一定的滞后效应，这与基坑下方的隧道变形有一定的差异。

图 9-11 为 4B3 区 I7 测斜孔实测曲线，围护结构开挖完成时最大变形为 7.58 mm，最大变形位置位于开挖面以下 2.5 m 左右。最大变形与开挖深度比为 0.76‰，满足一级基坑的保护要求。与 4B1 基坑相比，4B3 基坑在开挖过程中，基坑坑底以下的变形非常明显，而且出现围护结构整体平移的趋势，这种变形的发生可能是北线基坑较南线基坑围护结构的插入比更小造成的。

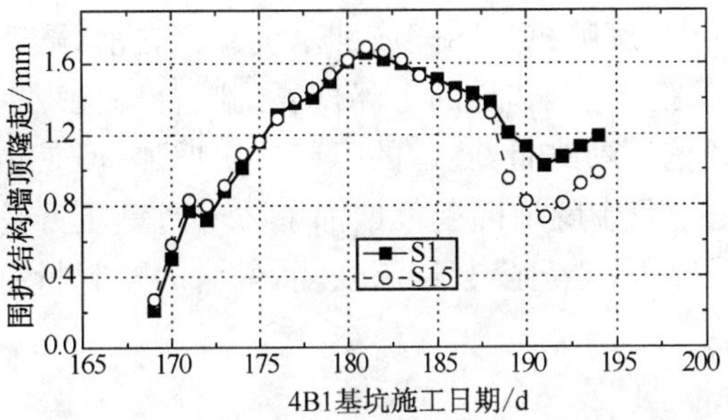

图 9-10 4B1 墙顶隆起时程变化曲线

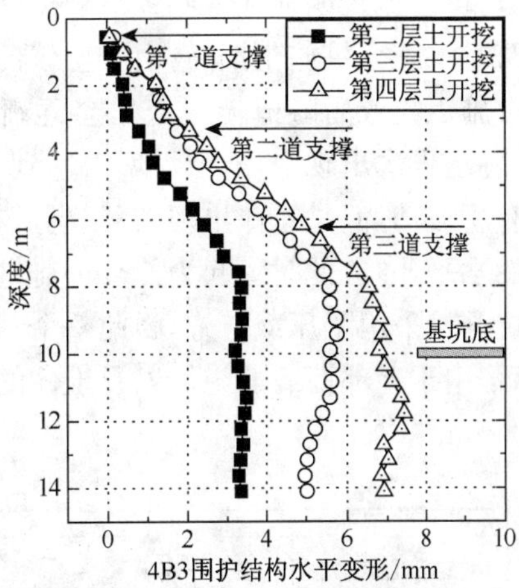

图 9-11 I7 测斜孔围护结构水平位移

图 9-12 为 I7 测斜孔 12.5 m 深度处围护结构变形的时程变化曲线，也就是围护结构最大水平位移随基坑施工的时程曲线。从图 9-12 中可以看到从基坑开挖第三层土开始，围护结构变形就迅速增加，在第 153 天底板浇筑完成后，由于底板和压载作用，围护结构变形立刻趋缓并逐渐恢复，这与 4B1 基坑围护结构的变形规律是相似的。

图 9-13 为墙顶隆起的时程变化曲线。和 4B1 区基坑相比，4B3 区基坑围护结构墙顶隆起较小，且在底板浇筑完成后出现了沉降，围护墙体的下沉主要是底板压载的影响所致。

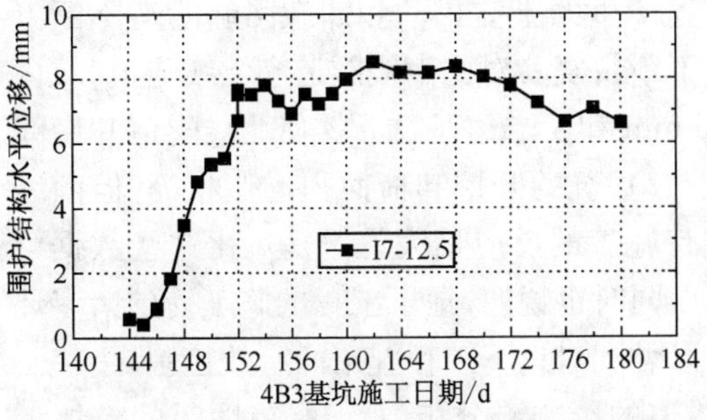

图 9-12 I7 测斜孔 12.5 m 深度处围护结构最大位移时程发展曲线

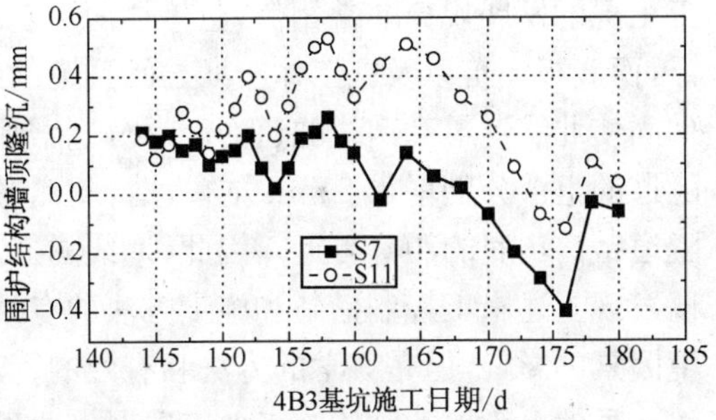

图 9-13 4B3 区基坑围护墙体墙顶沉降发展时程曲线

9.2.3 地下通道施工对下卧隧道影响分析

考虑到隧道和地下通道的位置关系，在地下通道施工期间，地下通道对下卧隧道的影响以隧道的沉降为主。因此，以下对隧道影响的分析中，以隧道的沉降为主展开分析。

1. 隧道最大沉降发展规律

图9-14和图9-15分别为北线隧道和南线隧道最大沉降随地下通道施工的时程发展变化曲线，在地下通道施工影响下，隧道的最大沉降基本都发生在基坑中心对应的位置。尽管隧道的变形在整个施工周期不断波动，但是对比地下通道施工工况和隧道最大沉降的发展趋势，可以比较明显地看到地下通道施工对下卧隧道的影响规律。由图9-14可以看出，在上跨基坑咬合桩施工期间，由于土体的扰动，隧道发生了一定的上浮，上浮量小于5 mm；咬合桩施工完成后隧道隆起变形会逐渐恢复，恢复量达到2.5 mm；直到坑内外土体加固开始，隧道再次出现上浮，上浮增量达到了3.5 mm；旋喷桩加固完成和基坑开挖之前，隧道隆起有所波动，但是总体出现恢复趋势，在基坑开挖之前，隧道的上浮恢复到咬合桩施工完成时的水平，隧道此时隆起为5 mm；随着基坑开挖不断进行，隧道的隆起再次增加，但是由于基坑开挖采用了压载措施，因此整个基坑开挖过程中隧道隆起仅增加了2 mm；基坑开挖完成后，由于上部荷载的施加以及土体的固结等原因，隧道隆起逐渐恢复，最终的隆起量稳定在3 mm左右。

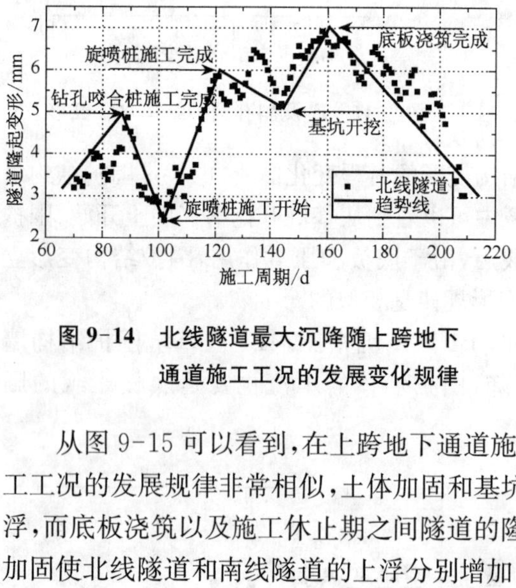

图9-14 北线隧道最大沉降随上跨地下通道施工工况的发展变化规律

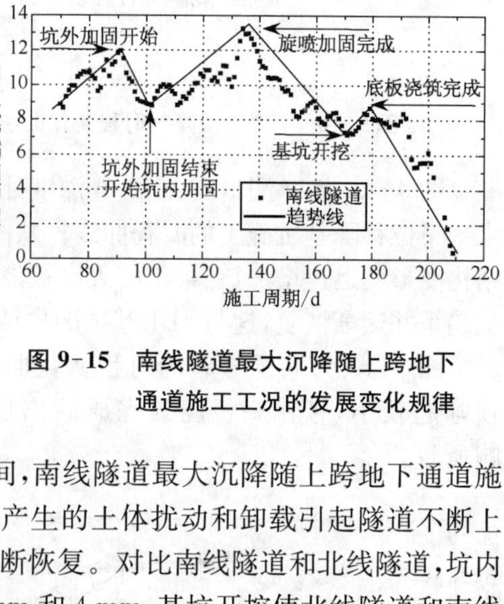

图9-15 南线隧道最大沉降随上跨地下通道施工工况的发展变化规律

从图9-15可以看到，在上跨地下通道施工期间，南线隧道最大沉降随上跨地下通道施工工况的发展规律非常相似，土体加固和基坑开挖产生的土体扰动和卸载引起隧道不断上浮，而底板浇筑以及施工休止期之间隧道的隆起不断恢复。对比南线隧道和北线隧道，坑内加固使北线隧道和南线隧道的上浮分别增加3.5 mm和4 mm，基坑开挖使北线隧道和南线隧道的上浮分别增加2 mm左右，南、北线隧道上方基坑的开挖卸荷面积近似相等，但南线隧道距离坑底的距离更近。因此，南线隧道对上跨施工的反应稍大。但是对比这些数据可以发现上述施工控制措施和施工方法的有效性，而同时也说明，地下工程的施工受到诸多环境因素的影响，但是科学的方法和有效的管理可以做到对地下工程施工的有效控制。

虽然上跨地下结构施工各工况对南北下卧隧道的影响十分相似，但是就隧道的整体上浮而言，南线隧道明显大于北线隧道，且几乎超过了1倍。这种现象的发生主要是由于北线隧道上跨地下结构先于南线隧道上跨结构的施工，在北线隧道上跨地下结构施工过程中对南线隧道也造成了较大的影响，尤其是北线隧道坑外加固和基坑开挖对南线隧道带来一定的隆起上浮变形。因此，在整个地下通道施工过程中，南线隧道的最大隆起上浮量远大于北线隧道。

尽管南线隧道和北线隧道在上跨地下结构施工过程中其最大隆起上浮量有很大差异，但是在结构底板施工完成以后，两条隧道的隆起都明显恢复，基本恢复到地下结构施工前的状态，这充分说明了在隧道两侧通道底板下布设抗拔桩来补偿开挖造成的土体损失这一措施是十分有效的。但是另外一方面也可以看到，在隧道上浮恢复过程中，南线隧道还出现了沉降的趋势，而北线隧道沉降基本稳定在施工前的状态，这也说明在地下通道施工过程中，隧道受到的扰动越大，其施工后沉降越大，越不利于隧道结构的安全和稳定。

2. 隧道沉降沿纵向发展规律

图 9-16 和图 9-17 分别为延安路隧道南线和北线不同施工阶段对应的隧道纵向变形曲线。对比图 9-16 和图 9-17 可以发现，北线隧道纵向沉降发展过程中基本呈现以地下通道中心位置为对称沉降发展趋势。而南线隧道由于受到北线隧道施工的影响，出现了一定的不对称性，南线隧道在更加靠近北线隧道的一侧，隧道的隆起有所增加。在上跨地下通道施工过程中，在北线隧道最大变形为 6.9 mm，南线隧道最大变形为 13.25 mm。北线隧道在沉降曲线中心两侧 30～40 m 位置处出现较为明显的反弯点，46 m 附近出现隧道变形零点，而南线隧道在 100 m 的监测范围内未出现明显的反弯点和零点。从隧道纵向变形规律来看，由于隧道的纵向整体刚度较大，隧道中部隆起量的大小在一定程度上决定了隧道纵向变形的影响范围，即隧道中部隆起变形越大，影响的隧道长度也越长。

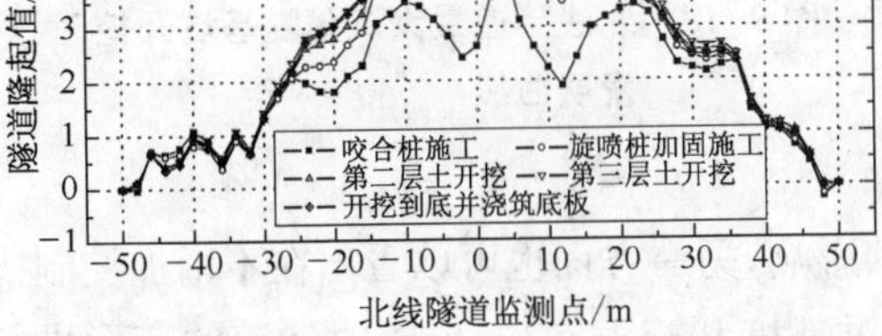

图 9-16　北线隧道各施工工况下纵向变形曲线

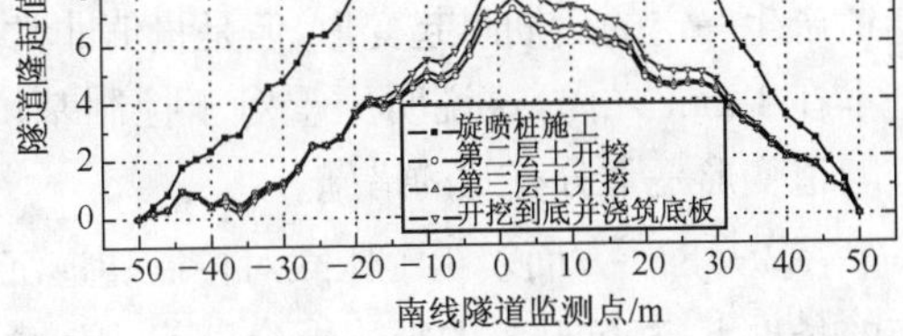

图 9-17　南线隧道各施工工况下纵向变形曲线

对比图 9-14—图 9-17，从各个施工阶段的变形量值来看，在隧道上方基坑进行咬合桩和旋喷桩加固施工时，隧道产生的隆起较大，而在基坑开挖过程中，隧道的隆起变形相对较小。表 9-9、表 9-10 对各个施工阶段的隧道累计变形量进行了统计，从表中可以看到，咬合桩和旋喷桩施工完成后隧道的累计变形已经达到了最大累计变形的 85%，而开挖施工产生的变形量仅占最大变形量的 10%。而南线隧道在咬合桩和旋喷桩施工完成后隧道的隆起变形值就达到了峰值，其后的基坑开挖施工均未超过这一峰值。因此，从上述现象可以看出，一是基坑开挖过程中选择压载的方式能够非常有效地控制隧道隆起，二是选择何种基坑围护结构形式和加固形式、如何控制施工对隧道周边土体的扰动，是今后上穿工程设计和施工中的重点。

表 9-9　北线隧道最大沉降在各工况下的变形值

分部工程	咬合桩施工	旋喷桩施工	第二层土开挖	第三层土开挖	第四层土开挖	最大变形
隆起量/mm	4.86	5.86	6.08	6.58	6.57	6.93
累积所占比例	70%	85%	88%	95%	95%	—

表 9-10　南线隧道最大沉降在各工况下的变形值

分部工程	咬合桩施工	旋喷桩施工	第二层土开挖	第三层土开挖	第四层土开挖	最大变形
隆起量/mm	11.97	13.25	7.22	7.61	8.33	13.25
累积所占比例	70%	100%	54%	57%	63%	—

3. 基坑开挖对隧道沉降的影响

从上述分析可知，虽然基坑开挖采用了分区开挖，及时压载等措施降低了基坑开挖过程对隧道沉降的影响，但是分析基坑开挖过程中隧道的变化，有利于充分了解隧道变形规律和控制措施的有效程度。图 9-18 为北线隧道上方基坑开挖过程中隧道最大沉降发展时程曲线。从图 9-18 中可以看到，在开挖第二、三层土的时候，隧道的变形都近似呈线性增长。然而第四层土开挖时，由于采取了分块开挖并及时压重的技术措施，开挖过程中隧道虽有一定程度变形，但经过压重后，变形回复较为明显。因此在底板浇筑完成时，整个第四层开挖过程中的累计变形近乎为零。而后上部结构施工和压载的卸除使隧道产生一定的后期隆起变形，但是量值非常小，基本在 1 mm 之内，这说明压重对于控制基坑下方隧道变形是十分有效的措施。

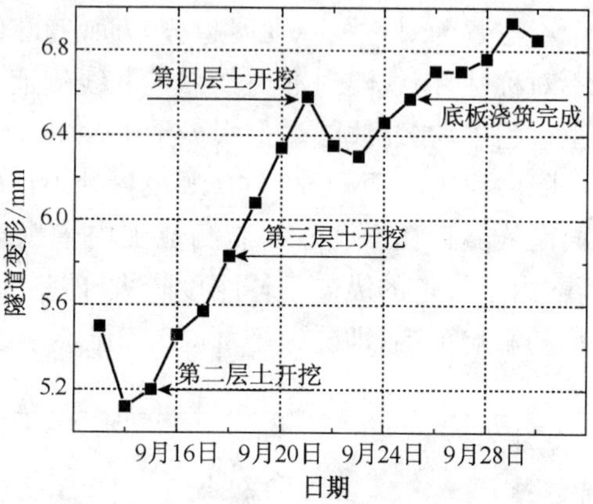

图 9-18　北线隧道最大沉降随基坑开挖时程发展曲线

图 9-18 一方面表明了压载对控制隧道沉降的影响，另一方面也可以看出在不增加控制措施的条件下，基坑开挖的影响十分显著，因此这里对基坑开挖第二、三层土时隧道的变形进行了详细分析。基坑第二、三层土开挖都各自持续了 3 d 时间，表 9-11 对开挖中每天的单次变化量进行了统计。从表 9-11 中可以看到，开挖第二层土的隧道平均变化速率同开挖第三层土时的变化速率基本相同。图 9-19 为开挖第二、三层土时的隧道纵向各点平均变化速率，变化速率形状基本同隧道纵向变形，呈正态分布曲线。影响范围基本位于中点两侧 50 m 范围内。

表 9-11　北线隧道各开挖工况下变形值

工况/日期	开挖第二层土			开挖第三层土		
	9-16	9-17	9-18	9-19	9-20	9-21
单日变化量/($mm \cdot d^{-1}$)	0.27	0.11	0.25	0.24	0.27	0.25
平均变化量/($mm \cdot d^{-1}$)	0.21			0.25		

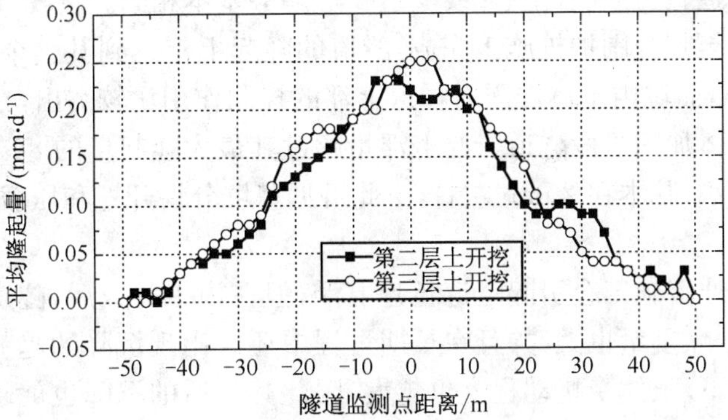

图 9-19　北线隧道沉降沿纵向发展规律

图 9-20 为南线隧道上方基坑开挖过程中隧道最大沉降的时程发展曲线。从图 9-20 中可以看出，南线隧道与北线隧道不同的是，南线隧道在开挖第二层土时，隧道基本没有隆起，仅在开挖第三层土时产生了一定的隆起。而在开挖第四层土时，沉降发展与北线隧道类似，压重措施对于控制隧道隆起有较为明显的作用。南线隧道在底板完成后基本没有后续隆起变形，隧道沉降不断恢复。南北线隧道所表现出来的不同变形特征与土体的受扰动程度和周边的施工影响有关。

图 9-21 为开挖第三层土时的隧道纵向各点平均变化速率，对比图 9-21 和图 9-17 可以看出，隧道沉降变化速率沿纵向发展变化规律同隧道沉降沿纵向的发展规律是相似的，也呈现正态分布曲线。根据隧道隆起速率的大小，基坑开挖的影响长度也位于以地下通道中心线为对称的中心两侧各 48 m 范围内。

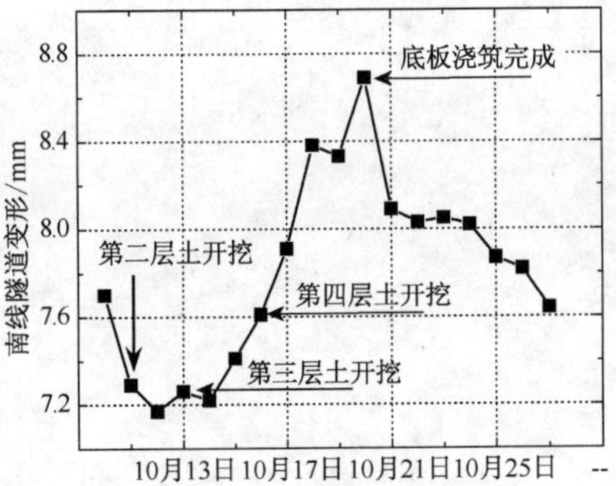

图 9-20　南线隧道 S26 点开挖阶段变形时程曲线

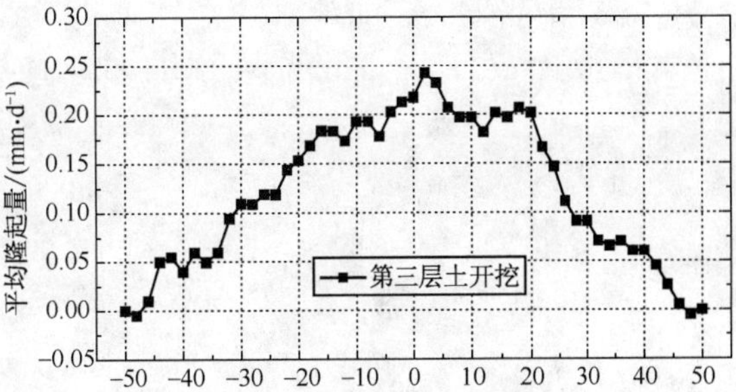

图 9-21　南线隧道单次变化曲线

9.3　小结

通过对上跨地下通道施工对下卧隧道影响监测分析，可以得到如下主要结论：

(1) 在上跨通道施工期间，南、北线隧道变形趋势基本相同。在咬合桩围护结构施工期间，隧道发生上浮，至咬合围护桩施工完成，隧道的隆起上浮达到其整个施工过程所引起的隆起上浮量的70%；而坑内土体加固对隧道上浮的控制作用比较突出，在3.5～4 mm之间；围护结构施工和土体加固阶段隧道隆起上浮量超过其最大隆起量的85%；而基坑开挖阶段引起的隧道隆起较小，基本在2 mm左右，由此可见基坑分块开挖和压载的影响对控制隧道隆起至关重要。

(2) 虽然上跨通道施工会引起隧道隆起上浮，但在施工完成后，隧道隆起会逐渐恢复，而且隧道隆起越大，恢复量也大，并且在长期过程中还会出现沉降的趋势，这主要是由于隧道隆起越大的情况下，土体受扰动程度也越大，因此其工后的沉降也就越大，这种隆起和沉降的交替发展对隧道结构产生非常不利的影响。因此，上跨结构施工期间，应尽量减小其对隧道及周围土体的扰动。

(3) 上跨施工对下卧隧道的竖向位移的影响沿隧道轴线呈对称分布，对称中心位于上跨通道的中心位置。其影响范围基本在中心点两侧各50 m左右，因此，上跨通道施工对隧道的影响范围为100 m左右，而且隧道最大隆起量越大，隧道受到上跨施工影响的范围也越大。

(4) 咬合围护桩和旋喷桩加固施工完成后隧道的累计变形占到了总变形量的85%以上，因此选择何种基坑围护结构形式和加固形式、如何控制施工对隧道周边土体的扰动，是今后上穿工程设计和施工中的重点。同时坑底压载对于控制基坑下方隧道变形是十分有效的措施。且基坑开挖完成后隧道变形基本无后续效应，也说明土体加固是控制隧道变形十分有效的措施。

参 考 文 献

[1] Clough G W, Schmidt B. Design and performance of excavations and tunnels in soft clay [D]. Palo Alto: Stanford University, 1977.

[2] Feheem H, Cai F, Ugai K. Two-dimensional base stability of excavations in soft soils using FEM [J]. Computers and Geotechnics, 2003, 30 (2): 141-163.

[3] Feheem H, Cai F, Ugai K. Three-dimensional base stability of rectangular excavations in soft soils using FEM [J]. Computers and Geotechnics, 2004, 31 (1): 67-74.

[4] 刘国彬,侯学渊. 软土的卸荷模量[J]. 岩土工程学报,1996, 18 (6):18-23.

[5] 刘国彬,黄院雄,侯学渊. 基坑回弹的实用计算法[J]. 土木工程学报,2000, 33 (4):61-67.

[6] 黄栩. 软土基坑工程明挖对已建盾构隧道的影响研究[D]. 申请博士学位论文. 上海:同济大学,2012.

[7] ITA Working Group on Maintenance and Repair underground structures. Civil Engineering Records of Underground Structures [R]. Tunneling and underground space technology, 1987, 2(3): 307-309.

[8] ITA Working Group on Maintenance and Repair underground structures. Report on the damaging effects of water on tunnels during their working life [R]. Tunneling and underground space technology, 1991, 6(1): 11-76.

[9] Haack A, Schreyer J, Jackel G. Report to ITA Working Group on Maintenance and Repair of underground structures: State-of-the-art of non-destructive testing methods for determining the state of a tunnel lining [R]. Tunneling and underground space technology, 1995,10(4): 413-426, 429-431.

[10] Gleig Frazer. 伦敦地铁隧道网的维护[J]. 现代隧道技术,2004(增刊):85-91.

[11] 日本隧道技术协会. 日本山岳隧道老朽手册[S]. 1992.

[12] 日本铁道总和技术研究所. 隧道补强、补修手册[S]. 1985.

[13] 德国工业标准 DIN1076 公路和道路的工程结构[S]. 检测与监控,1999.

[14] Jun S. Lee, Li-Yoon Choi, Hee-up Lee, et al. 隧道检测系统及其在韩国高速铁路隧道的应用[J]. 中国铁道科学,2004, 25(3):21-26.

[15] 王如路. 上海软土地铁隧道变形影响因素及变形特征分析[J]. 地下工程与隧道,2009(1):1-6.

[16] International Tunnelling Association. Guidelines for the design of shield tunnel lining [J]. Working Group No. 2,2000, 15(3):303-331.

[17] 小泉淳,小林亨,郭树棠,等. 盾构隧道最新防水技术[J]. 隧道译丛,1993(4):50-封四.

[18] 王洪德,潘科,姜福东. 基于 AHP 的影响城市地铁运营安全的危害分析及预防对策[J]. 铁道学报,2007,29(2):27-31.

[19] 陈晓剑,梁梁. 系统评价方法及应用[M]. 合肥:中国科学技术大学出版社,1993.

[20] 中华人民共和国建设部. GB 50108—2001 地下工程防水技术规范[S]. 北京:中国计划出版社,2001.

[21] 中华人民共和国建设部. GB 50175—2013 地铁设计规范[S]. 北京:中国计划出版社,2013.

[22] 吴瑾. 钢筋混凝土结构锈蚀损伤检测与评估[M]. 北京:科学出版社,2005.

[23] 张磊,杨鼎宜. 混凝土硫酸盐侵蚀过程及主要产物研究进展[J]. 混凝土与水泥制品,2006(6):19-22.

[24] 吕林女,何永佳,丁庆军,等. 混凝土的硫酸盐侵蚀机理及其影响因素[J]. 焦作工学院学报(自然科学

版),2003,22(6):465-468.
[25] 游宝坤,席耀忠.钙矾石的物理化学性能与混凝土的耐久性[J].中国建材科技,2002(3):13-18.
[26] 朱祖熹.城市隧道防水技术的现状与展望[J].地下工程与隧道,1995(4):18-24.
[27] 张辉,杨建礼.隧道裂缝分析与防治措施[J].山西建筑,2007,33(12):300-301.
[28] 王旭光.隧道纵向裂缝成因分析及控制措施[J].铁道建筑,2003(8):26-27.
[29] 中华人民共和国交通部.JTG H12—2003 公路隧道养护技术规范[S].北京:人民交通出版社,2003.
[30] 王莲芬,许树柏.层次分析法引论[M].北京:中国人民大学出版社,1990.
[31] 德国联邦铁路.DS 853 铁路隧道的设计、施工和养护标准[S].德国交通部,1993.
[32] 日本道路協会.道路トンネル維持管理便覧[S].東京:丸善株式会社出版事業部,2000.
[33] 中华人民共和国铁道部.TB/T 2820.2—1997 铁路桥隧建筑物劣化评定标准——隧道[S].北京:中国铁道出版社,1997.
[34] Federal Highway Administration (FHWA). Highway and Rail Transit Tunnel Inspection Manual Federal Transit Administration (FTA) [M], 2003.
[35] 高鹤江,刘修炜.铁路桥隧病害检查观测方法[M].北京:中国铁道出版社,1987.
[36] 日本鉄道施設協会.日本鉄道土木構造物維持管理標準・同解説(トンネル)[S].東京:丸善株式会社出版事業部,2006.
[37] 杨新安,黄宏伟.隧道病害与防治[M].上海:同济大学出版社,2003.
[38] 中华人民共和国建设部.GB 50208—2002 地下防水工程质量验收规范[S].北京:中国建筑工业出版社,2002.
[39] 吉林铁路局工务处.铁路工务技术手册——隧道[M].北京:人民铁道出版社,1980.
[40] 叶耀东.软土地区运营地铁盾构隧道结构变形及健康诊断方法研究[D].上海:同济大学,2007.
[41] 邸小坛,周燕.旧建筑物的检测加固与维护[M].北京:地震出版社,1991.
[42] 交通部第二公路勘察设计院.公路旧桥承载能力鉴定方法(试行)[M].北京:人民交通出版社,1988.
[43] 李治国,曹桢楹.铁山隧道病害治理技术[J].铁道工程学报,2000(1):77-81.
[44] 李治国.病害隧道调查及裂缝治理技术[J].现代隧道技术,2002(增):441-446.
[45] 李治国,张玉军.衬砌开裂隧道的稳定性分析及治理技术[J].现代隧道技术,2004,41(1):26-31,40.
[46] Ammouche A, Breysse B, Hornain H, et a1. A new image analysis technique for the quantitative assessment of microc racks in cement-based materials [J]. Cement and Concrete Research, 2000(30): 25-35.
[47] Ammouche A, Riss J, Breysse D, et a1. Image analysis for the automated study of micro-cracks in concrete [J]. Cement and Concrete Composites, 2001(23):267-278.
[48] Ringot E, Bascoul A. About the analysis of micro-cracking in concrete [J]. Cement and Concrete Composites, 2001(23):261-266.
[49] Soroushian P, Elzafraney M, Nossoni A. Specimen preparation and image processing and analysis techniques for automated quantification of concrete microcracks and voids [J]. Cement and ConcreteResearch, 2003(33):1949-1962.
[50] 耿飞,解建光,钱春香.图像分析技术对混凝土裂缝的定量评价[J].混凝土,2005(5):78-80,94.
[51] Liu Z W. A tunnel crack detection and classification system based on image processing [C]. Proceedings of SPIE-The International Society for Optical Engineering, 2002(4664): 145-152.
[52] 冯晓燕.隧道病害分级和衬砌裂损整治技术研究[D].硕士学位论文.北京:北方交通大学,2002.
[53] Harker P T, Vargas L G. The theory of ratio scale estimation: Saaty's analytic hierarchy process [J]. Management Science, 1987(33):1383-1403.
[54] 汪浩,马达.层次分析标度评价与新标度方法[J].系统工程理论与实践,1993,13(5):24-26.

[55] 侯岳衡，沈德家. 数标度及其与几种标度的比较[J]. 系统工程理论与实践，1995，15(10)：43-46.
[56] 熊立，梁樑，王国华. 层次分析法中数字标度的选择与评价方法研究[J]. 系统工程理论与实践，2005，25(3)：72-79.
[57] 何金平，李珍照，施玉群. 大坝结构实测性态综合评价中的权重问题[J]. 武汉大学学报(工学版)，2001，34(3)：13-17.
[58] 李洪兴，汪群，段钦治，等. 工程模糊数学方法及其应用[M]. 天津：天津科学技术出版社，1993.
[59] Buckley J J，Hayshi Y，Czogala E. On the equivalence of neural nets and fuzzy expert systems [J]. Fuzzy Sets and Systems，1993，53(2)：129-134.
[60] Buckley J J，Slami E. Neural net solutions to fuzzy problems：the quadratic equation [J]. Fuzzy Sets and Systems，1997，86(3)：289-298.
[61] Buckley J J，Eslami E，Hayashi Y. Solving fuzzy equations using neural nets [J]. Fuzzy Sets and Systems，1997，86(3)：271-278.
[62] Cui J N，Yang Q，Lu J. An improved learning algorithm for fuzzy art map [J]. In：Proc ICNNSP'95，vol. 1. Nanjing：1995，375-384.
[63] Panou K D，Sofianos A I. A fuzzy multicriteria evaluation system for the assessment of tunnels vis-a-vis surface roads：Theoretical aspects-Part I [J]. Tunneling and Underground Space Technology，2002，17(2)：209-219.
[64] Panou K D，Sofianos A I. A fuzzy multicriteria evaluation system for the assessment of tunnels vis-a-vis surface roads：the WPMA case-Part Ⅱ[J]. Tunneling and Underground Space Technology，2002，17(2)：195-207.
[65] Chowdhury S，Husain T. Evaluation of drinking water treatment technology：An entropy-based fuzzy application[J]. Journal of Environmental Engineering，2006，132(10)：1264-1271.
[66] Mraz M，Zimic N. Decomposition of a complex fuzzy controller for the truck-and-trailer reverse parking problem [J]. Mathematical and Computer Modelling，2006，43(5-6)：32-45.
[67] Sexton J O，Ramsey R D，Bartos D. L. Habitone analysis of quaking aspen in the Utah Book Cliffs：Effects of site water demand and conifer cover [J]. Ecological Modelling，2006，198(3-4)：301-311.
[68] Uyumaz A，Altunkaynak A，Ozger Mehmet. Fuzzy logic model for equilibrium scour downstream of a dam's vertical gate [J]. Journal of Hydraulic Engineering，2006，132(10)：1069-1075.
[69] Vetterlein T. Spline interpolation between hyperspaces of convex or fuzzy sets [J]. Fuzzy Sets and Systems，2006，157(18)：2472-2481.
[70] Kaufmann A，Gupta M. Fuzzy mathematical models in engineering and management science [M]. 2nd Edition. Amsterdam：North-Holland，1991.
[71] 刘普寅，吴孟达. 模糊理论及其应用[M]. 长沙：国防科技大学出版社，1998.
[72] 樊振宇. 软土盾构隧道衬砌结构计算方法及纵向变形分析[D]. 上海：同济大学，2009.
[73] Xie X Y，Ning Z W，Liu X R，et al. Centrifuge model study of impact on existing undercrossing induced by deep excavation [C]//Fulvio Tonon，Liu Xian，Wu Wei. Geotechnical Special Publication，2010：132-143.
[74] 徐凌. 软土盾构隧道纵向沉降研究[D]. 上海：同济大学，2005.
[75] Brinkgreve R B J，Broere W，Waterman D Plaxis. Finite element code for soil and rock analyses [M]. Users Manual，The Netherlands，2006.
[76] 林永国. 地铁隧道纵向变形结构性能研究[D]. 上海：同济大学，2001.
[77] 上海市建设和交通委员会. DGJ 08-37-2012 岩土工程勘察规范[S]. 上海：上海市建筑建材业市场管理总站，2012.

[78] 中华人民共和国住房和城乡建设部. GB 50011-2010 建筑抗震设计规范[S]. 北京：中国建筑工业出版社，2010.
[79] 同济大学. DGJ 08-9-2003 建筑抗震设计规程[S]. 上海：上海市建设和交通委员会，2003.
[80] 上海市市政工程管理局，上海城建(集团)公司，上海市隧道工程轨道交通设计研究院，等. DG/TJ 08-236-2006 市政地下工程施工质量验收规范[S]. 上海：上海市建设和交通委员会，2006.
[81] 上海岩土工程勘察设计研究院有限公司. DG/TJ 08-2001-2006 基坑工程施工监测规程[S]. 上海：上海市建设和交通委员会，2006.